治国理政　权谋心计　沙场谋略　智慧幽默

青少年须知《史记》中的计谋

刘美　主编

金盾出版社
JINDUN CHUBANSHE

内容提要

本书编纂了《史记》中的计谋故事228个，分为治国理政、权谋心计、沙场谋略、智慧幽默四个版块，其中既有盗符窃兵、围魏救赵、毛遂自荐、卧薪藏胆、四面楚歌、背水列阵等正能量的智慧，也有沙丘之谋、指鹿为马、焚书坑儒等付能量的诡计，作者又根据自己的理解略加评析，对于读者了解历史、开阔视野很有帮助。

图书在版编目（CIP）数据

青少年须知《史记》中的计谋 / 刘美主编. —北京：金盾出版社， 2018.11
ISBN 978-7-5186-1544-5

Ⅰ.①史… Ⅱ.①刘… Ⅲ.①中国历史－古代史－纪传体－通俗读物
Ⅳ.① K204.2–49

中国版本图书馆 CIP 数据核字（2018）第 235940 号

金盾出版社出版、总发行

北京太平路 5 号（地铁万寿路站往南）

邮政编码：100036　电话：68214039　83219215

传真：68276683　网址：www.jdcbs.cn

印刷装订：北京万友印刷有限公司

各地新华书店经销

开本：710×1000　1/16　印张：21.25　字数：330 千字

2019 年 4 月第 1 版第 1 次印刷

印数：1～5 000 册　定价：65.00 元

前　言

　　《史记》是我国历史上一部伟大的记传体通史，它记载了我国上起乾辕皇帝，下至汉武帝太初年间大约3000年的历史，包括十二本纪、十表、八书、三十世家、七十列传，共130篇，52万余字。它也是我国史学与文学交融、独树一帜的、以文学笔法记叙历史的著作。

　　由于《史记》使用了文学的创作手法，司马迁在其中收集编纂了许多惊心动魄的计谋故事，这些故事内容包含精忠报国的、治国理政的、以诚待人的，更有奇谋用兵打天下的、宫厅斗争篡权夺位的、钩心斗角互相陷害的，让人触目惊心。如盗符窃兵、赅下之盟、围魏救赵、纸上谈兵、卧薪尝胆、四面楚歌、吕后执政、暗度陈仓、离间之计、沙丘之谋、指鹿为马、焚书坑儒，等等。这些惊心动魄的计谋故事，潜藏在《史记》浩瀚的文字中，读者读时费时费事。为了让大家在短时间内欣赏到这些精彩故事，我们在浩如烟海的《史记》文字中，通过反复筛选，挑选出228个编撰成书，并把它归纳为治国理政、权谋心计、沙场谋略、智慧幽默四个版块，供读者朋友欣赏。

　　为了使读者能够了解故事的来拢去脉，领略这些故事中人物的个性、故事的前因后果，我们以金盾出版社出版的《史记》文白对照四卷本为蓝本，尽量把各个故事的节选放在本篇文章中，以保持内容的连贯性。

本书有刘美主编，参加编译工作的有：刘美、王鹏、李静、刘淑英、龚远会、邢子俊、李学茹、周学平、高波、刘强、赵洁、王秀芩、刘颖、张玉海、王秋花、刘彭、马淑贞、潘峰、邓小棒、纽进生、龚双会、纪婧、汪迎春、羽渊、李勋山、王昕、李阳、桑泽轩、张璇、周涛、龙霜、徐振阳、辛春爱、高军飞、李淑琴、扬金全、王景星、杜长云、张立成、项亚娟、吴凤利等。

由于我们水平有限，缺点和不足再所难免，恳请读者批评指正。

编　者

目　录

一、治国理政

1. 黄帝智勇平天下

　　黄帝者，少典之子，姓公孙，名曰轩辕。生而神灵，弱而能言，幼而徇齐，长而敦敏，成而聪明。轩辕之时，神农氏世衰。诸侯相侵伐，暴虐百姓，而神农氏弗能征。于是轩辕乃习用干戈，以征不享，诸侯咸来宾从。而蚩尤最为暴，莫能伐。炎帝欲侵陵诸侯，诸侯咸归轩辕。轩辕乃修德振兵，治五气，蓻五种，抚万民，度四方，教熊罴貔貅䝙虎，以与炎帝战于阪泉之野。三战，然后得其志。蚩尤作乱，不用帝命。于是黄帝乃征师诸侯，与蚩尤战于涿鹿之野，遂禽杀蚩尤。而诸侯咸尊轩辕为天子，代神农氏，是为黄帝。天下有不顺者，黄帝从而征之，平者去之，披山通道，未尝宁居。

　　黄帝是少典部落的后裔，姓公孙，名叫轩辕。轩辕生下来就很神奇，婴儿的时候就能说话，幼儿时就很聪明，长大后敦厚机灵，成年后更是耳聪目明，见识广博。黄帝的时代，神农氏部族衰落。诸侯之间相互攻伐，残害百姓，神农氏部族却不能讨伐这些作乱的诸侯。于是黄帝就训练军队，讨伐不来朝贡的诸侯，诸侯都来归附。但是蚩尤最是暴虐，没人能够讨伐。当时，炎帝想要欺凌诸侯，诸侯都归顺了黄帝。黄帝于是修行品德、整顿军旅，研究四时节气变化，种植五谷，安抚百姓，丈量四方土地，训练熊罴、貔貅、䝙虎等各种猛兽，和炎帝在阪泉的野外进行了几次大战，降伏了炎帝部落。蚩尤作乱，不听从黄帝的命令，黄帝于是在诸侯中征兵，和蚩尤在涿鹿的郊野开战，抓获并杀死了蚩尤。诸侯于是都尊奉公孙轩辕做天子，取代了神农氏，这就是黄帝。天下有不顺从的诸侯，黄帝就会前去讨伐，平定之后离开，一路上见山开山，无路开路，没有机会作宁静的休息。

选自《史记》卷一　五帝本纪第一

感言：在当时天地昏屯的年代，惩恶扬善，安抚百姓，就是一种高超的智慧。

2. 尧帝治国智谋丰

尧曰："嗟！四岳：朕在位七十载，汝能庸命，践朕位？"岳应曰："鄙德忝帝位。"尧曰："悉举贵戚及疏远隐匿者。"众皆言于尧曰："有矜在民间，曰虞舜。"尧曰："然，朕闻之。其何如？"岳曰："盲者子。父顽，母嚚，弟傲，能和以孝，烝烝治，不至奸。"尧曰："吾其试哉。"于是尧妻之二女，观其德于二女。舜饬下二女于妫汭，如妇礼。尧善之，乃使舜慎和五典，五典能从。乃遍入百官，百官时序。宾于四门，四门穆穆，诸侯远方宾客皆敬。尧使舜入山林川泽，暴风雷雨，舜行不迷。尧以为圣，召舜曰："女谋事至而言可绩，三年矣。女登帝位。"舜让于德不怿。正月上日，舜受终于文祖。文祖者，尧大祖也。

尧说："哎，各位首领，我在位七十年了，你们能顺应天命，接替我的职位吗？"首领们回答："我们的德行卑贱，配不上帝位。"尧说："那就为我推举所有亲近和疏远的隐居贤人吧。"大家都推荐说："有一个叫虞舜的在民间。"尧说："对，我听说过他。他这个人怎么样？"首领们说："他是个盲人的儿子，父亲顽劣，母亲愚昧，弟弟傲慢，舜能够尽孝道和他们和睦相处，把家治理得井井有条，不让他们走入歧途。"尧说："那我就试试他吧！"于是尧把两个女儿嫁给了舜，想从两个女儿身上看看舜的品德。舜让她们降下尊贵的身躯住在妫河边，谨守妇道。尧觉得舜表现得不错，就派舜理顺父义、母慈、兄友、弟恭、子孝五种纲常关系，五种纲常关系也被舜理顺了。于是尧又让舜参与百官事务，百官井井有序。让舜在四门接待宾客，四门和睦，来自远方的诸侯宾客都很恭敬。尧让舜进入山林和沼泽，暴风雷雨大作，舜也不会迷路。尧认为舜圣明，召见舜说：

"你做事周密，声望很高，三年以来一直如此。你登上帝位吧。"舜认为自己的德行还不够，推辞了起来。正月初一，舜最终在文祖庙接受了尧帝的禅让。文祖，就是尧帝的太祖。

于是帝尧老，命舜摄行天子之政，以观天命。

这时帝尧已经老了，命令舜以天子的身份摄政，尧想借机看看舜是不是顺应天命。

尧辟位凡二十八年而崩。百姓悲哀，如丧父母。三年，四方莫举乐，以思尧。尧知子丹朱之不肖，不足授天下，于是乃权授舜。授舜，则天下得其利而丹朱病；授丹朱，则天下病而丹朱得其利。尧曰："终不以天下之病而利一人。"而卒授舜以天下。尧崩，三年之丧毕，舜让辟丹朱于南河之南。诸侯朝觐者不之丹朱而之舜，狱讼者不之丹朱而之舜，讴歌者不讴歌丹朱而讴歌舜。舜曰："天也。"夫而后之中国践天子位焉，是为帝舜。

尧退位后二十八年去世。百姓就像父母去世一样伤心。尧死后三年间，天下没有演奏音乐，来表达对尧的哀思。尧知道自己的儿子丹朱不成器，不足以托付天下，于是把帝位禅让给舜。帝位传给舜，天下便利，只是对丹朱不利；如果传给丹朱，对天下不利，只让丹朱得利。尧说："不能让天下不利，而让一人得利。"最终把天下传给了舜。尧死后，三年的丧礼结束，舜隐居在南河的南边，让位丹朱。诸侯不去朝拜丹朱而去朝拜舜，打官司的都不去找丹朱而去找舜，人们不歌颂丹朱而是歌颂舜。舜说："这是天意啊！"之后舜到中原继承了帝位，这就是帝舜。

选自《史记》卷一 五帝本纪第一

感言：尧这位伟大的皇帝，不但治国有方，而且在选拔接班人上也任人为贤，量才使用，使人民富足，国家强盛。

3. 大禹治水国民富

当帝尧之时，鸿水滔天，浩浩怀山襄陵，下民其忧。尧求能治水者，群臣四岳皆曰鲧可。尧曰："鲧为人负命毁族，不可。"四岳曰："等之未有贤于鲧者，愿帝试之。"于是尧听四岳，用鲧治水。九年而水不息，功用不成。于是帝尧乃求人，更得舜。舜登用，摄行天子之政，巡狩。行视鲧之治水无状，乃殛鲧于羽山以死。天下皆以舜之诛为是。于是舜举鲧子禹，而使续鲧之业。

在尧为帝的时候，洪水滔天，浩浩荡荡包围了高山，淹没了丘陵，老百姓忧心忡忡。尧寻找能治水的人，群臣、首领们都说鲧可用。尧说："鲧是个违背上司命令、使族群陷入毁灭境地的人，不可用。"首领们说："相比而言，没有比鲧更能干的了，希望您试试。"于是尧听从了首领们的意见，任用鲧治理洪水。九年过去了，洪水之患没有停止，治水无功。于是帝尧就另寻治水人才，这才得到了舜。舜履职，代理执行天子的政务，巡行视察各地诸侯所守的疆土。巡行中发现鲧治水一团糟，就在羽山海边诛杀了鲧。天下之人都认为舜诛杀鲧是正确的。同时舜举荐鲧的儿子禹，让他继承鲧的治水事业。

尧崩，帝舜问四岳曰："有能成美尧之事者使居官？"皆曰："伯禹为司空，可成美尧之功。"舜曰："嗟，然！"命禹："女平水土，维是勉之。"禹拜稽首，让于契、后稷、皋陶。舜曰："女其往视尔事矣。"

尧去世后，舜帝问首领们："有能够很好地成就尧的事业并可担任官职的人吗？"众人都说："如果让伯禹做司空，一定能很好地完成尧的功业。"舜帝说："啊，就这样吧！"于是就任命禹说："你去治理水土，要好好地干啊！"禹下拜叩头，推让给契、后稷、皋陶等人。舜没有答应，说："你一定要去完成你的使命啊！"

禹为人敏给克勤；其德不违，其仁可亲，其言可信；声为律，身为度，称以出；亹亹穆穆，为纲为纪。

禹做事敏捷而且十分勤奋，他的品德不违背正道，他仁爱让人想亲近，他说的话诚实可信，说话时发出的声音悦耳动听，行为举止成为人们行为的标杆，乃至重要规范准则都可从他身上得出。他勤勉肃敬，行为可作为纲纪。

禹乃遂与益、后稷奉帝命，命诸侯百姓兴人徒以傅土，行山表木，定高山大川。禹伤先人父鲧功之不成受诛，乃劳身焦思，居外十三年，过家门不敢入。薄衣食，致孝于鬼神。卑宫室，致费于沟减。陆行乘车，水行乘船，泥行乘橇，山行乘檋。左准绳，右规矩，载四时，以开九州，通九道，陂九泽，度九山。令益予众庶稻，可种卑湿。命后稷予众庶难得之食。食少，调有余相给，以均诸侯。禹乃行相地宜所有以贡，及山川之便利。

禹于是就和伯益、后稷一起奉帝舜之命，命令诸侯百官征集被罚服劳役的人，开始分治九州土地。他穿山越岭，立下木桩做标记，测定高山大河的状貌。禹为父亲鲧治水无功被杀感到悲伤，因此不辞辛劳，苦苦思索治水方略。他在外十三年，几次经过自己家门也没敢进去。他节衣缩食，但对祖先神明的祭祀却尽心尽力。他住的房子非常简陋，却不惜在修渠挖沟等水利工程上投入巨资。他走旱路坐车，走水路坐船，走泥泞的路坐橇，走山路用履底有齿的檋。他经常行不离身的东西，就是测定平直的水准和绳墨以及划定图式的圆规和方矩，四时都带着它们，用以从事于划分九州，开辟通九州道路，修筑九州湖泽堤坝，测量九州山岳高度。同时命令伯益给老百姓发放稻种，教老百姓在低凹潮湿的地方种植。命令后稷在老百姓缺粮的时候发给食物。缺粮少食的地方，便从粮食有余的地方调来粮食来补其不足，让各诸侯境内丰歉均等。禹又巡视各地所特有的物产以确定他们的贡赋，还视察了各地山川地形，以便弄清楚各诸侯入供时交通是否便利。

禹行自冀州始。冀州：既载壶口，治梁及岐。既修太原，至于岳阳。覃怀致功，至于衡漳。其土白壤，赋上上错，田中中。常、卫既从，大陆既为。鸟夷皮服。夹右碣石，入于海（一本作"河"）。

禹督导治水的行程是从冀州开始的。冀州：已截住了壶口之水，接下来就治理梁山和岐山。治理了太原地区一直到太岳山之南。治理好了覃怀地区，就继续修治衡漳水一带。这一州的土壤是白色土壤，赋税居第一等，不过随年的丰歉杂出第二等。常水、卫水都随河道疏通了。大陆泽地也修治完毕。东北的鸟夷族纳贡的供品是供贵族做衣服用的珍奇异兽的皮毛。他们从碣石山南侧经由黄河入海口溯流而上驶入黄河航道。

济、河维沇州：九河既道，雷夏既泽，雍、沮会同，桑土既蚕，于是民得下丘居土。其土黑坟，草繇木条。田中下，赋贞，作十有三年乃同。其贡漆丝，其筐织文。浮于济、漯，通于河。

济水和黄河之间是兖州。黄河下游的九条河道已疏通了，雷夏洼地已汇聚成湖泽了，雍水、沮水汇流到雷夏湖泽中，能种桑的地方已经开始养蚕，于是人民能够从从前为了躲避洪水而迁居的高地下来，回到平地居住。这一州的土地呈黑色而隆起，它上面披盖着茂盛的长林丰草。田地列在第六等，赋税则列入第九等。这一州经过十三年的农作耕耘，才赶上其他各州。这一州的进贡品是漆和丝，还有装在筐子里进贡的色彩美丽的丝织品。它的进贡道路是由船运经由济水、漯水，直达黄河。

海岱维青州：堣夷既略，潍、淄其道。其土白坟，海滨广潟，厥田斥卤。田上下，赋中上。厥贡盐绨，海物维错，岱畎丝、枲、铅、松、怪石，莱夷为牧，其筐檿丝。浮于汶，通于济。

地跨东边的大海，一直到西边的泰山，这一区域是青州。已经给东北的嵎夷族划定疆界，使他们得以安居；又疏通潍水、淄水。这一州的土壤呈白色而隆起，海滨到处是咸卤盐场。田地列在第三等，赋税则列为第四等。这一州的贡物是盐、精细的葛布、海产品以及磨玉的砺石，还有泰山山谷里出产的丝、麻、铅、松、形状奇异的石头和莱夷族所献的畜产，以及装在筐子里进贡的山桑蚕丝。它的进贡道路是由汶水用船载运直达济水。

海岱及淮维徐州：淮、沂其治，蒙、羽其艺。大野既都，东原底平。其土赤埴坟，草木渐包。其田上中，赋中中。贡维土五色，羽畎夏狄，峄阳孤桐，泗滨浮磬，淮沂蚌珠暨鱼，其篚玄纤、缟。浮于淮、泗，通于菏。

地跨东边的沿海，北至泰山，南至淮水，这一区域是徐州。淮水和沂水都已经治理好了，蒙山、羽山地方也都能耕种上了，大野泽已汇积成湖，东原地区的水已经退去，地已整平。这一州的土壤是红色的黏土，地隆起，上面的草木繁茂丛生。田地列在第二等，赋税则列为第五等。这一州的贡物是五色土，羽山谷中所出的五色雉羽，峄山之南特产的制琴良材名桐，泗水滨的浮磬石，和淮夷族所献的珍珠贝及渔产，还有装在筐子里进贡的赤黑色细绸和白色帛丝绢。它进贡的道路是由淮水船运入泗，再通于菏水。

淮海维扬州：彭蠡既都，阳鸟所居。三江既入，震泽致定。竹箭既布。其草惟夭，其木惟乔，其土涂泥。田下下，赋下上上杂。贡金三品，瑶、琨、竹箭，齿、革、羽、旄，岛夷卉服，其篚织贝，其包橘、柚锡贡。均江海，通淮、泗。

北起淮河，东南到海，这一区域是扬州。彭蠡一带的众水已经汇集成湖，成为鸿雁之类候鸟的栖居地。彭蠡以东的诸江水已汇入大海，太湖水域也安定了，苍翠的竹林遍地丛生，芳草蔓蔓，树木参天。这一州的土壤是湿润的泥土，田地列在第九等，赋税则列为第七等，有时杂出为第六等。

这一州的贡物是三种成色的铜，以及瑶琨美玉、竹材、象牙、异兽的皮、珍禽的羽毛、牦牛的尾巴，及岛夷族所献的一种称为"卉服"的细葛布，还有装在筐子里进贡的绚丽的贝锦，和妥加包装进贡的橘子、柚子。它的进贡道路是沿着长江入海，再沿海通于淮水和泗水。

荆及衡阳维荆州：江、汉朝宗于海。九江甚中，沱、涔已道，云土梦为治。其土涂泥。田下中，赋上下。贡羽、旄、齿、革，金三品，杶、干、栝、柏，砺、砥、砮、丹，维箘簵、楛，三国致贡其名，包匦菁茅，其筐玄纁玑组，九江入赐大龟。浮于江、沱、涔、汉，逾于洛，至于南河。

由荆山一带直到衡山以南的广阔地域是荆州。长江、汉水到这里汇合奔流入海，到九江地区，才居于地势的中间部位。两水的支流沱、涔诸水都已疏通，云梦泽水域也已获得治理。这一州的土壤也是湿润的泥土，田地列在第八等，赋税则列为第三等。这一州的贡物是珍禽的羽毛、旄牛的尾巴、象牙、异兽的皮革，三种成色的铜，杶木、干木、栝木、柏木，精、粗两种磨刀石、砮镞石、朱砂，和云梦泽边三国所献的制箭良材箘竹、竹、楛木，以及有名的捆扎起来专供宗庙缩酒之用的菁茅。还有装在筐子里进贡的赤黑色与黄赤色的丝织物和用以佩玉的饰有玑珠称为"玑组"的绶带，更有九江贡纳的大龟。它的进贡道路是用船运经由江水及各支津沱、涔等通于汉水，然后经过陆路运至洛水，再进入南河（冀州以南的黄河）。

荆河惟豫州：伊、雒、瀍、涧既入于河，荥播既都，道荷泽，被明都。其土壤，下土坟垆。田中上，赋杂上中。贡漆、丝、絺、纻，其筐纤絮，锡贡磬错。浮于雒，达于河。

荆山和黄河之间是豫州：伊水、雒水、瀍水、涧水都已疏通导入了黄河，荥播地域横溢之水都已经汇积成湖了，疏导菏泽之水进入明都泽。这一州的土壤是无块柔土，低下之处是坟垆，田地列在第四等，赋税则杂用第二等，有时可上下浮动。这一州的贡物是漆、丝、精细葛布、纻麻，

还有装在筐子里进贡的细丝绵，并进贡磨磬的砺石。它的进贡道路是由
雒水船运至黄河。

华阳黑水惟梁州：汶、嶓既蓺，沱、涔既道，蔡、蒙旅平，和夷底绩，
其土青骊。田下上，赋下中三错。贡璆、铁、银、镂、砮、磬，熊、罴、狐、
狸、织皮。西倾因桓是来，浮于潜，逾于沔，入于渭，乱于河。

华山以南至黑水之间的区域是梁州：汶山和嶓冢山已可种植了，江汉
两水的支津沱涔等水都已疏浚了，蔡山和蒙山的山道也都整平了，峨水以
南的和夷族等西南夷民的安定也已获致成功了。这一州的土壤是青骊（黑）
色，田地列在第七等，赋税则为第八等，还可做上下三种浮动。这一州的贡
物是黄金、铁、银、镂钢、砮镞石、磬石，和熊、罴、狐、狸，以及诸兽之
毛织的氄布与用以制裘的兽皮。它的进贡道路可由西倾山顺着桓水前来，先
用船运经由支津潜水入于沔水，再起岸由陆路运至渭水，由渭水汇入黄河。

黑水西河惟雍州：弱水既西，泾属渭汭。漆、沮既从，沣水所同。荆、
岐已旅，终南、敦物至于鸟鼠。原隰底绩，至于都野。三危既度，三苗大序。
其土黄壤。田上上，赋中下。贡璆、琳、琅玕。浮于积石，至于龙门西河，
会于渭汭。织皮昆仑、析支、渠搜，西戎即序。

黑水和西河之间的区域是雍州：弱水已经向西流去，泾水也流入渭水
隈湾里，漆水和沮水汇合为漆沮水流入渭水，沣水同样也注入渭水。地处
渭水北面，东起荆山西迄岐山的蜿蜒山道已经修治平整；渭水之南，东自
终南山，西越敦物山，往更西北的地方延伸直抵渭源鸟鼠同穴之山，这美
丽的千里沃野，不论一马平川的平原，还是浅浅的湿地，都已治理成功，
直达都野泽这一肥沃的湖沼地区。三危山已成人们安居之所，三苗人民生
活也安置就序。这一州的土壤是黄壤，田地列在第一等，赋税则为第六等。
这一州的贡物是称为璆（球）的美玉、带青碧色的琳玉和称为琅玕的玉石。
以及兽毛制成的氄布和用来制裘的兽皮。它的进贡道路是，从积石山下的

黄河上航行千里，直达龙门山下的黄河，南与渭水航道会于渭水入河处。西边的昆仑、析支、渠搜三族向朝廷贡献织皮，西戎地区也归于和顺。

道九山：汧及岐至于荆山，逾于河；壶口、雷首至于太岳；砥柱、析城至于王屋；太行、常山至于碣石，入于海。西倾、朱圉、鸟鼠至于太华；熊耳、外方、桐柏至于负尾。道嶓冢，至于荆山；内方至于大别。汶山之阳至衡山，过九江，至于敷浅原。

然后循行九州内的大山：穿行汧山、岐山到达荆山，越过黄河；从壶口山经雷首山，直到太岳山；沿着砥柱山、析城山，直到王屋山；自太行山、常山直到碣石山，山势斜伸入于海中；从西倾山经朱圉山、鸟鼠山，直到太华山；沿熊耳山、外方山、桐柏山，直到负尾山；从嶓冢山到达荆山；接着从内方山直至大别山；又再次沿江水，从汶山之南到达衡山；接着再过九江直至敷浅源。

道九川：弱水至于合黎，余波入于流沙。道黑水，至于三危，入于南海。道河积石，至于龙门，南至华阴，东至砥柱，又东至于盟津，东过雒汭，至于大邳，北过降水，至于大陆，北播为九河，同为逆河，入于海。嶓冢道瀁，东流为汉，又东为苍浪之水，过三澨，入于大别，南入于江，东汇泽为彭蠡，东为北江，入于海。汶山道江，东别为沱，又东至于醴，过九江，至于东陵，东迤北会于汇，东为中江，入于海。道沇水，东为济，入于河，泆为荥，东出陶丘北，又东至于荷，又东北会于汶，又东北入于海。道淮自桐柏，东会于泗、沂，东入于海。道渭自鸟鼠同穴，东会于沣，又东北至于泾，东过漆、沮，入于河。道雒自熊耳，东北会于涧、瀍，又东会于伊，东北入于河。

又巡视九州内的各大河流：弱水，西流到合黎山下，它的下游折而北流，没入沙漠中。黑水，通流至于三危山下，最后长流入于南海。河水，通流于积石山下，直至龙门，更南到华山之北，东过砥柱，又东到盟津，东过雒水入河处，再往前流就到了大邳山，然后折而北流，经过降水入河处，再向前流注入了大陆泽，又自泽的东北流出，分布为九条河道，各河道下游入海口河段都受海水倒灌成为逆河，最后都入于海中。漾水，流出自嶓冢山，东流后称为汉水，又向东流称为苍浪之水，再向前流经三澨，接着流入大别山区，再南就流入了长江，又向东流汇积为彭蠡泽，自泽再东出称为北江，最后流入海中。江水，从汶山开始通流，在流程中从它的东边分出支津为沱水，江水的主河道径自折而东流，直至醴水地带，然后流过九江，到达东陵，再自东陵东去，逶迤北流，会于彭蠡泽，然后自泽中再东出称为中江，最后入于海。沇水，通流向东，称为济水，注入黄河，接着越过黄河向南溢出为荥泽，再自荥泽东出到陶丘北，再东流至与菏水相会处，又向东北流，与来注的汶水相汇然后向东北长流入海。淮水，从桐柏山开始通流，东流汇合泗水和沂水，向东流入海中。渭水，从鸟鼠同穴山流出，长驱向东流，与沣水相汇合后，再东北流至泾水入渭处，又东流经漆沮水入渭处，然后东注于黄河。雒水，通流自熊耳获舆山，向东北流，与涧水、瀍水汇合后，又向东流汇合伊水，再向东北流入黄河。

于是九州攸同，四奥既居，九山刊旅，九川涤原，九泽既陂，四海会同。六府甚修，众土交正，致慎财赋，咸则三壤成赋。中国赐土姓："祗台德先，不距朕行。"

九州的山水都已得到治理，四境内都可供老百姓安居了，九州的山都已经在木桩上刻上标志慢慢成通途，九州的水已疏通其源流，九州低洼沼泽之地都已修筑堤防积成湖泊，四海之内会同一致了。掌收贡赋的官府可以很好地完成其职责，所有的领土上都可征收赋税，但必须谨慎地征取税收，一定要依土地肥瘠为准则来定税额，天子分封诸侯，赐给他们土地和姓氏："须把尊敬我的德行放在首位，不许违背我的一贯行为作风。"

选自《史记》卷二　夏本纪第二

感言：大禹这位贤君，在哪个时代就有高尚的品德，处处为人师表；高超的组织领导能力；又是一位伟大工匠，勘察地形，疏通河道，使民富国强，可歌可泣。

4. 为强国家选良才

皋陶作士以理民。帝舜朝，禹、伯夷、皋陶相与语帝前。皋陶述其谋曰："信其道德，谋明辅和。"禹曰："然，如何？"皋陶曰："於！慎其身修，思长，敦序九族，众明高翼，近可远在已。"禹拜美言，曰："然。"

任命皋陶为审理刑狱的官长来治理人民。有一天帝舜接受大臣朝见时，禹和伯夷、皋陶就在舜的面前讨论。皋陶陈述他的主张说："要真诚地引导德教，提出明智的谋议，团结一致地辅佐天子。"禹说："太对了！怎样实现你的主张呢？"皋陶说："啊！要谨慎地提升自身的品德，深谋远虑，团结各氏族，推举众多贤明的人才做辅翼之臣，使清明的政治逐步地由近及远。"禹非常佩服这样的好主义，说："有道理！"

皋陶曰："於！在知人，在安民。禹曰："吁！皆若是，惟帝其难之。知人则智，能官人；能安民则惠，黎民怀之。能知能惠，何忧乎驩兜，何迁乎有苗，何畏乎巧言善色佞人？"皋陶曰："然，於！亦行有九德，亦言其有德。"

皋陶又说："啊！这全在于能识别人才，在于安定老百姓。"禹说："唉！要都能做到这样，连我们的君上也将感到是一件不容易的事。知人者要具备智慧，才能识别和选拔真正的贤才任职；安民要使人民得到实惠，才能使人民感恩戴德。能够知人善任又能够施惠于人民，还怕什么驩兜作乱？还需要什么放逐三苗？还畏惧什么花言巧语的伪善坏人呢？"皋陶说："是呀，啊！人们本应有九种德行，有必要谈谈这九种德行。"

乃言曰："始事事，宽而栗，柔而立，愿而共，治而敬，扰而毅，直而温，简而廉，刚而实，强而义，章其有常，吉哉。日宣三德，蚤夜翊明有家。日严振敬六德，亮采有国。翕受普施，九德咸事，俊乂在官，百吏肃谨。毋教邪淫奇谋。非其人居其官，是谓乱天事。天讨有罪，五刑五用哉。吾言厎可行乎？"禹曰："女言致可绩行。"皋陶曰："余未有知，思赞道哉。"

于是就列举说："关于人的德行，要从他的开始行事来看。宽仁而又严肃，柔和而又坚定，谨厚而又有干办之才，治事有为而又谦敬，和顺而又果毅，正直而又温良，简率而又有廉隅操守，刚劲而又踏实，强直无所屈挠而又合于义行，这些品德能昭彰为人所共见而又能经常保持这样做，那就好了。对于这九种德行，如果每天能做到其中三种，从早到晚都能敬勉遵行，就能保有你的家；如果每天能进而抓紧做到其中六种，用以诚信地治理政事，就能保有你的国。应该总承这九德而普加施行，使备有九德的人都获在位，贤俊之才都能任职，所有官吏都肃敬谨饬，不让邪淫和施阴谋诡计的人得逞。如果不合职位的人占着职位，就叫作乱天事，上天是要讨伐有罪的人的，那就按五刑去分别执行惩罚。我这些话可以成功地贯彻实行吗？"禹说："你的话完全可以成功地实行的。"皋陶说："我并没有智能，不过是想赞助治国之道罢了。"

帝舜谓禹曰："女亦昌言。"禹拜曰："於，予何言！予思日孳孳。"皋陶难禹曰："何谓孳孳？"禹曰："鸿水滔天，浩浩怀山襄陵，下民皆服于水。予陆行乘车，水行乘舟，泥行乘橇，山行乘撬，行山刊木。与益予众庶稻鲜食。以决九川致四海，浚畎浍致之川。与稷予众庶难得之食。食少，调有余补不足，徙居。众民乃定，万国为治。"皋陶曰："然，此而美也。"

帝舜对禹说："你也说说你的好意见。"禹拜手说："啊！我说什么呢！我只想到每天要孜孜不倦地为您工作。"皋陶于是诘问禹说："什么叫孳孳啊！"禹说："滔天的洪水，浩浩荡荡地包围了山岳，淹没了丘陵，老百姓都浸在水中，苦于水患。我走旱路坐车，走水路坐船，走泥泞的路坐橇，走山路用屐底有齿的樏，循行山岭刊削树木以为标志，和益一道给老百姓稻谷和生鲜食物。我把九州的河流疏通导入海中，把沟渠修通导入河流中。又和稷一道使老百姓在难于得到食物时能得到食物。缺粮少食的地方，调有余粮地方的来补其不足，为他们迁居，老百姓才安定下来，万国之地都长治久安了。"皋陶插话说："对啊！你这话真太好了！"

禹曰："於，帝！慎乃在位，安尔止。辅德，天下大应。清意以昭待上帝命，天其重命用休。"帝曰："吁，臣哉，臣哉！臣作朕股肱耳目。予欲左右有民，女辅之。余欲观古人之象。日月星辰，作文绣服色，女明之。予欲闻六律五声八音，来始滑（应为"七始咏"），以出入五言，女听。予即辟，女匡拂予。女无面谀，退而谤予。敬四辅臣。诸众谗嬖臣，君德诚施皆清矣。"禹曰："然。帝即不时，布同善恶则毋功。"

禹对舜说："啊！尊敬的舜帝，您在帝位上要特别谨慎小心呀！应该安于您所能做到的，不要做轻率之举。同时还要辅之以德，使天下都能顺应您的教化。要以清晰而昭明的意志来等待天帝的命令。上天一定会重新赐给您以美好的命运。"帝舜说："唉！大臣啊！大臣啊！臣子将成为我的手足耳目。我要佑助人民，你们应辅助我完成这样的大业；我要观察古人昭分上下等级的章服色彩，服饰上的那些日、月、星、辰等文绣图案，你们要把它考订明确；我还要谛听六律、五声、八音、七始咏等各种乐律，用以结合于维系伦理五常之言，你们要为我详审听清。我有违失之处，你们要匡正辅弼我。你们不要当面颂扬讨好我，下去就在背地里诽谤我。我敬重前后左右近臣，而那些进谗言邀宠幸的邪恶坏人，只要我真正地履行了为君的规范正道，自然都会被清除的。"禹说："太对了！陛下倘使不是这样，而使贤愚善恶的人同时在位，那么治国就不会成功。"

帝曰："毋若丹朱傲，维慢游是好，毋水行舟，朋淫于家，用绝其世。

予不能顺是。"禹曰："予娶涂山，辛壬癸甲，生启予不子，以故能成水土功。辅成五服，至于五千里，州十二师，外薄四海，咸建五长，各道有功。苗顽不即功，帝其念哉。"帝曰："道吾德，乃女功序之也。"

帝舜说："不要像丹朱那样生性傲慢，只爱好游乐，河中无水也强行行船，在家里聚众淫乱，这些行为最终导致他自己家族的灭亡。我们不能像他这样。"禹说："我娶涂山氏的女儿做妻子，新婚第四天就离开了家去治水，生了儿子启，却不曾尽一丝抚育儿子的责任，因而能全心全力完成治理水患的使命而立下功劳。最终辅助您完成划天下为五服的大业，使疆域达到方圆五千里，每州内又制定十二师的地方行政区划，向外则疆域远至四海，五方诸侯国都建立君长，他们都能各按正途建成事功。最后只剩下苗蛮没有成就事功，您要加以注意啊。"帝舜说："你把我的德教推广于天下，这些全是你的功劳所获得的！"

皋陶于是敬禹之德，令民皆则禹。不如言，刑从之。舜德大明。于是夔行乐，祖考至，群后相让，鸟兽翔舞，《箫韶》九成，凤皇来仪，百兽率舞，百官信谐。帝用此作歌，曰："陟天之命，维时维几。"乃歌曰："股肱喜哉，元首起哉，百工熙哉！"皋陶拜手稽首扬言曰："念哉，率为兴事，慎乃宪，敬哉！"乃更为歌曰："元首明哉，股肱良哉，庶事康哉！"又歌曰："元首丛脞哉，股肱惰哉，万事堕哉！"帝拜曰："然，往钦哉！"于是天下皆宗禹之明度数声乐，为山川神主。

皋陶由此非常敬重禹的德业，于是让老百姓都要以禹为表率好好学习他。如果有不听话的，就以刑罚加以惩治。如此一来，舜的德业日益昌明了。这时，乐官夔举行音乐会演奏乐曲，被音乐感动了的祖先们的神灵都纷纷降临，前来的诸侯们也都互相礼让，鸟兽们也翩翩飞舞。等到演完《箫韶》九章的时候，神鸟凤凰也仪态万方地飞来，地面上的百兽也纷纷起舞，百官们也都能配合和谐一致。帝舜由此高兴地作起歌来："敬奉上天的命令，只是在于顺时，只是在于慎微。"接着唱正曲道："大臣们欣喜啊，元首奋起啊，百官们和睦而乐于治理啊！"皋陶拜手叩头大声说道："大家要记住呀！要带头兴起事功，要慎重您的法令，千万要诚敬啊！"接着改唱道："元首为政圣明啊，大臣辅政就严谨贤良呀，万事就能蒸蒸日上呀。"又唱道："元首为政昏聩不明啊，大臣辅政就会松懈怠惰啊，万事都会堕落颓败啊！"帝舜拜谢说："对啊！去吧，大家要恭敬严谨，不懈努力啊！"到这时，天下都崇仰禹能昌明度数和声音乐律，尊奉他为祭祀山川之神的主持人。

选自《史记》卷二　夏本纪第二

5. 暴君商纣终自毙

帝纣资辨捷疾，闻见甚敏；材力过人，手格猛兽；知足以距谏，言足以饰非；矜人臣以能，高天下以声，以为皆出己之下。好酒淫乐，嬖于妇人。爱妲己，妲己之言是从。于是使师涓作新淫声，北里之舞，靡靡之乐。厚赋税以实鹿台之钱，而盈巨桥之粟。益收狗马奇物，充仞宫室。益广沙丘苑台，多取野兽蜚鸟置其中。慢于鬼神。大冣乐戏于沙丘，以酒为池，县肉为林，使男女裸相逐其间，为长夜之饮。

纣，思维敏捷，能言善辩，见多识广，观察力和见识都很灵敏；同时力气超过常人，能赤手与猛兽格斗；他的智慧足够用来拒绝采纳臣下的建议，他的言辞足够用来掩饰自己的过错；他向群臣夸耀自己的才能，他在天下人面前抬高自己的声威，认为别人都不如自己。他好沉湎于喝酒和纵欲享乐，迷恋女人。他宠爱妲己，唯妲己的话是从。于是，他让那位名叫涓的乐师创作淫荡的曲子，编制低俗的舞蹈和颓废消极的音乐。他加重人民的赋税用来充实鹿台的钱财储备和巨桥储存的粮食。他命令人四处收集狗马之类宠物和各种珍奇玩好，让这些宠物和珍玩充满宫廷。同时他大肆增加和扩建沙丘花园楼台，大量地捕捉飞禽走兽在里面放养。他轻慢鬼神。他整日与后妃们在沙丘花园中聚会玩乐嬉戏，把美酒灌满池子，把肉挂起来形成树林，叫男女脱光衣服在花园中相互追逐，通宵达旦地饮酒作乐。

百姓怨望而诸侯有畔者，于是纣乃重刑辟，有炮格之法。以西伯昌、九侯、鄂侯为三公。九侯有好女，入之纣。九侯女不憙淫，纣怒，杀之，而醢九侯。鄂侯争之强，辨之疾，并脯鄂侯。西伯昌闻之，窃叹。崇侯虎知之，以告纣，纣囚西伯羑里。西伯之臣闳夭之徒，求美女奇物善马以献纣，纣乃赦西伯。西伯出而献洛西之地，以请除炮格之刑。纣乃许之，赐弓矢斧钺，使得征伐，为西伯。而用费中为政。费中善谀，好利，殷人弗亲。纣又用恶来。恶来善毁谗，诸侯以此益疏。

朝中贵族们心生怨恨，也有的诸侯开始背叛他。于是，纣王加重了刑罚，发明一种叫炮烙的酷刑。他任命西伯昌、九侯、鄂侯为三公。九侯有一个美丽的女儿，他把女儿献给纣王。九侯的女儿不喜欢做淫荡的举动，纣王恼羞成怒，就杀了她，并把九侯剁成肉酱。鄂侯与他据理力争，由于言辞激烈，纣把鄂侯做成了肉干。西伯昌听到这件事，暗自叹息。崇侯虎得知，报告给纣，纣于是把西伯昌拘禁在羑里。西伯的臣子闳夭等人，四处搜求美丽的女子和奇异的玩物，以及良马，拿去进献给纣，纣这才赦免西伯。西伯出狱后，主动献出洛河西岸的大片土地，用它来换取纣废除炮烙的酷刑。纣同意了他的请求，并赐给西伯弓箭大斧，使他有权征讨其他诸侯，从而成为西部地区的方伯。纣用费仲管理国家政事，费仲善于奉承，贪图小利，殷朝的人都不敢亲近纣王。纣又任用恶来，恶来善于毁谤，搬弄是非，诸侯因此更加疏远纣王。

西伯归，乃阴修德行善，诸侯多叛纣而往归西伯。西伯滋大，纣由是稍失权重。王子比干谏，弗听。商容贤者，百姓爱之，纣废之。及西伯伐饥国，灭之，纣之臣祖伊闻之而咎周，恐，奔告纣曰："天既讫我殷命，假人元龟，无敢知吉，非先王不相我后人，维王淫虐用自绝，故天弃我，不有安食，不虞知天性，不迪率典。今我民罔不欲丧，曰：'天曷不降威，大命胡不至？'今王其奈何？"纣曰："我生不有命在天乎！"祖伊反，曰："纣不可谏矣。"西伯既卒，周武王之东伐，至盟津，诸侯叛殷会周者八百。诸侯皆曰："纣可伐矣。"武王曰："尔未知天命。"乃复归。

西伯回到他的封国，就暗中修养道德，推行善政。诸侯中很多背叛了纣而前往归顺西伯，西伯的力量渐渐强大起来。纣因此渐渐失去权势威望。王子比干劝说纣，纣听不进去。商容是一个贤能的人，百官敬爱他，纣却弃之不用。等到西伯攻打饥国，并把它灭掉了。纣的臣子祖伊听说此事而怨恨周国，惊惧之余赶紧跑去报告纣说："上天已经终止我们殷朝的命运，眼光敏锐的人观察，大龟占卜，都没有好兆头。并不是先王不帮助我们这些后人，而是大王荒淫无道，暴虐成性，自绝于天，所以上天要抛弃我们。大王你使每个人不能安心吃饭，又不考虑和了解天意，不遵循常法。现在我们百姓没有谁不想你灭亡，他们说：'上天为什么不降下惩罚？执行天命的人为什么不到来？'大王，现在你有什么感想呢？"纣说："我生下来不就是有天命吗？"祖伊回去对人说："纣没办法劝谏了。"西伯死后，周武王往东征伐，到达盟津，诸侯背叛殷而与周会盟的达八百个。诸侯们都说："可以讨伐殷纣了。"周武王说："你们不知道天命。"于是又领兵返回去了。

纣愈淫乱不止。微子数谏不听，乃与大师、少师谋，遂去。比干曰："为人臣者，不得不以死争。"乃强谏纣。纣怒曰："吾闻圣人心有七窍。"剖比干，观其心。箕子惧，乃详狂为奴，纣又囚之。殷之大师、少师乃持其祭乐器奔周。周武王于是遂率诸侯伐纣。纣亦发兵距之牧野。甲子日，纣兵败。纣走，入登鹿台，衣其宝玉衣，赴火而死。周武王遂斩纣头，悬之大白旗。杀妲己。

纣更加荒淫无度。微子多次劝谏他，他听不进去。于是微子与太师、少师谋划一番，然后离去。比干说："作为大臣，不能不冒死强争力谏劝诫君王。"于是强劝纣王。纣发怒说："我听说圣人的心眼多，有七个孔。"便令人剖开比干的胸膛，取出他的心脏来观看。箕子害怕，假装癫狂，扮成奴隶，纣王又囚禁了他。殷朝的太师、少师于是带着祭器和乐器逃往周国。周武王这才率领诸侯讨伐纣，纣也出兵在牧野抵抗。甲子这一天，纣王战败，跑进宫中，登上鹿台，穿上他缀有宝玉的衣服，投火自焚而死。周武王于是砍下纣的头，悬挂在大白旗杆上，还杀了妲己。

选自《史记》卷三　殷本纪第三

感言：贤能的尧、舜、禹，治国有方，品德高尚，他们使人民富裕，国家强盛，深得人民拥戴。而商纣虽思维敏捷，见多识广，但暴虐成性，荒淫无度，终被人民抛起，战败后投火自尽。可悲呀！

6. 民意宜疏不宜堵

王行暴虐侈傲，国人谤王。召公谏曰："民不堪命矣。"王怒，得卫巫，使监谤者，以告则杀之。其谤鲜矣，诸侯不朝。三十四年，王益严，国人莫敢言，道路以目。厉王喜，告召公曰："吾能弭谤矣，乃不敢言。"召公曰："是鄣之也。防民之口，甚于防水。水壅而溃，伤人必多，民亦如之。是故为水者决之使导，为民者宣之使言。故天子听政，使公卿至于列士献诗，瞽献曲，史献书，师箴，瞍赋，蒙诵，百工谏，庶人传语，近臣尽规，亲戚补察，瞽史教诲，耆艾修之，而后王斟酌焉，是以事行而不悖。民之有口也，犹土之有山川也，财用于是乎出；犹其有原隰衍沃也，衣食于是乎生。口之宣言也，善败于是乎兴。行善而备败，所以产财用衣食者也。夫民虑之于心而宣之于口，成而行之。若壅其口，其与能几何？"王不听。于是国莫敢出言，三年，乃相与畔，袭厉王。厉王出奔于彘。

厉王暴虐无道，放纵骄傲，国人都公开议论他的过失。召公劝谏说："人民忍受不了您的命令了！"厉王发怒，找来一个卫国的巫师，让他来监视那些议论的人，发现之后就来报告，立即杀掉。这样一来，议论的人少了，可是诸侯也不来朝拜了。三十四年，厉王更加严苛，国人没有谁再敢开口说话，路上相见也只能互递眼色示意而已。厉王见此非常高兴，告诉召公说："我能消除人们对我的议论了，他们都不敢说话了。"召公说："这只是把他们的话堵回去了。堵住人们的嘴巴，要比堵住水流更厉害。水蓄积多了，一旦决口，伤害的人一定会多；不让民众说话，道理也是一样。所以，治水的人开通河道，使水流通畅，治理民众的人，也应该放开他们，让他们讲话。所以天子治理国政，使公卿以下直到列士都要献讽喻朝政得失的诗篇，盲人乐师要献反映民情的乐曲，史官要献可资借鉴的史书，乐师之长要献箴戒之言，由一些盲乐师诵读公卿列士所献的诗，由另一些盲乐师诵读箴戒之言，百官可以直接进谏言，平民则可以把意思辗转上达天子，近臣要进行规谏，同宗亲属要补察过失，乐师、太史要负责教诲，师、傅等年长者要经常告诫，然后由天子斟酌而行，所以事情做起来很顺当，没有错误。民众有嘴巴，就如同大地有山川，财物器用都是从这里生产出来；民众有嘴巴，又好像大地有饶田沃野，衣服粮食也是从这里生产出来的。民众把话从嘴里说出来了，政事哪些好哪些坏也就可以从这里看出来了。好的就实行，坏的就防备，这个道理，就跟大地出财物、器用、衣服、粮食是一样的。民众心里想什么嘴里就说什么，心里考虑好了就去做。如果堵住他们的嘴巴，那能维持多久呢！"厉王不听劝阻。从此，国人都不敢说话，过了三年，大家就一起造反，袭击厉王。厉王被迫逃亡到彘。

选自《史记》卷四　周本纪第四

7. 美人一笑江山失

褒姒不好笑，幽王欲其笑万方，故不笑。幽王为烽燧大鼓，有寇至则举烽火。诸侯悉至，至而无寇，褒姒乃大笑。幽王说之，为数举烽火。其后不信，诸侯益亦不至。

褒姒不爱笑，幽王用了各种办法想让她笑，褒姒仍然不笑。周幽王设置了烽火狼烟和大鼓，有敌人来侵犯就点燃烽火。周幽王为了让褒姒笑，点燃了烽火，诸侯见到烽火，全都赶来了，赶到之后，却不见有敌寇，褒姒看了果然哈哈大笑。幽王很高兴，因而又多次点燃烽火。后来诸侯们都不相信了，也就渐渐不来了。

幽王以虢石父为卿，用事，国人皆怨。石父为人佞巧，善谀好利，王用之。又废申后，去太子也。申侯怒，与缯、西夷犬戎攻幽王。幽王举烽火征兵，兵莫至。遂杀幽王骊山下，虏褒姒，尽取周赂而去。于是诸侯乃即申侯而共立故幽王太子宜臼，是为平王，以奉周祀。

周幽王任用虢石父做卿，在国中当政，国人都愤愤不平。石父为人奸诈乖巧，善于阿谀奉承，贪图财利，周幽王却重用他。幽王又废掉了申后和太子。申侯很气愤，就联合缯国、犬戎一起攻打幽王。幽王点燃烽火召集诸侯的救兵，诸侯们没有人再派救兵来。申侯就把幽王杀死在骊山脚下，俘虏了褒姒，把周朝的财宝全都拿走才离去。于是诸侯都靠拢申侯了，共同立幽王从前的太子宜臼为王。

选自《史记》卷四　周本纪第四

感言：可悲呀，为搏得美人一笑，竟把军事法规当儿戏，戏弄诸侯，遭到身死美人失的下场。

8. 百里傒70被中用

五年，晋献公灭虞、虢，虏虞君与其大夫百里傒，以璧马赂于虞故也。既虏百里傒，以为秦缪公夫人媵于秦。百里傒亡秦走宛，楚鄙人执之。缪公闻百里傒贤，欲重赎之，恐楚人不与，乃使人谓楚曰："吾媵臣百里傒在焉，请以五羖羊皮赎之。"楚人遂许与之。当是时，百里傒年已七十余。缪公释其囚，与语国事。谢曰："臣亡国之臣，何足问！"缪公曰："虞君不用子，故亡，非子罪也。"固问，语三日，缪公大说，授之国政，号曰五羖大夫。

穆公五年，晋献公灭了虞国和虢国，俘虏了虞君和他的大夫百里傒，这是由于事先晋献公送给虞君白玉和良马以借道伐虢，虞君答应了。俘获了百里傒之后，用他做秦缪公夫人出嫁时陪嫁的奴隶送到秦国。百里傒逃离秦国跑到宛地，楚国边境的人捉住了他。缪公听说百里傒有才能，想用重金赎买他，但又担心楚国不给，就派人对楚王说："我家的陪嫁奴隶百里傒逃到这里，请允许我用五张黑色公羊皮赎回他。"楚国就答应了，交出百里傒。这时，百里傒已经七十多岁了。缪公解除了对他的禁锢，跟他谈论国家大事。百里傒推辞说："我是亡国之臣，哪里值得您来询问？"缪公说："虞国国君不任用您，所以亡国了。这不是您的罪过。"缪公坚持询问。谈了三天，缪公非常高兴，把国家政事交给了他，号称五羖大夫。

选自《史记》卷五　秦本纪第五

感言：人常说："留得青山在，不怕没柴烧"，"十年寒窗无人问，一举成名天不知"。说的都是人们的本领提升和品德修练。只要有本事，终会有人用；只要品德正，贤君终会知。

9. 送牛商人救郑国

郑人有卖郑于秦曰："我主其城门，郑可袭也。"缪公问蹇叔、百里
傒，对曰："径数国千里而袭人，希有得利者。且人卖郑，庸知我国人不
有以我情告郑者乎？不可。"缪公曰："子不知也，吾已决矣。"遂发兵，
使百里傒子孟明视，蹇叔子西乞术及白乙丙将兵。行日，百里傒、蹇叔二
人哭之。缪公闻，怒曰："孤发兵而子沮哭吾军，何也？"二老曰："臣非
敢沮君军。军行，臣子与往；臣老，迟还恐不相见，故哭耳。"二老退，
谓其子曰："汝军即败，必于殽阨矣。"三十三年春，秦兵遂东，更晋地，
过周北门。周王孙满曰："秦师无礼，不败何待！"兵至滑，郑贩卖贾人弦高，
持十二牛将卖之周，见秦兵，恐死虏，因献其牛，曰："闻大国将诛郑，
郑君谨修守御备，使臣以牛十二劳军士。"秦三将军相谓曰："将袭郑，
郑今已觉之，往无及已。"灭滑。滑，晋之边邑也。

郑国有个人向秦国出卖郑国说："我掌管郑国的城门，你们可以来偷
袭郑国。"缪公去问蹇叔、百里傒，两个人回答说："路经数国地界，到
千里之外去袭击别人，很少有占便宜的。再说，既然有人出卖郑国，怎么
知道我国的人就没有把我们的实情告诉郑国呢？不能袭击郑国。"缪公说：
"你们不懂得，我已经决定了。"于是出兵，派百里傒的儿子孟明视、蹇
叔的儿子西乞术和白乙丙率兵。军队出发的那天，百里傒、蹇叔二人对着
军队大哭。缪公听说了，生气地说："我派兵出发，你们却拦着军队大哭，
这是为什么？"二位老人说："为臣不敢阻拦军队，军队要走了，我俩的
儿子在军队中也将前往，如今我们年岁已大，他们如果回来晚了，恐怕就
见不着了，所以才哭。"二位老人退回来对他们的儿子说："你们的军队
如果失败，一定是在殽山的险要处。"三十三年春天，秦国军队向东进发，
穿过晋国，从周朝都城北门经过。周朝的王孙满看见了秦国的军队以后说：

"秦军不懂礼仪，不打败仗还等什么！"军队开进到滑邑，郑国商人弦高带着十二头牛准备去周朝都城出卖，碰见了秦军，他害怕被秦军杀掉或俘虏，就献上他的牛，说："听说贵国要去讨伐郑国，郑君已认真做了防守和抵御的准备，还派我带了十二头牛来慰劳贵国士兵。"秦国的三位将军一起商量说："我们要去袭击郑国，郑国现在已经知道了，去也袭击不成了。"于是不去袭郑，而是灭掉滑邑。滑邑是晋国的边境城邑。

选自《史记》卷五　秦本纪第五

10. 为父上书免父罪

齐太仓令淳于公有罪当刑，诏狱逮徙系长安。太仓公无男，有女五人。太仓公将行会逮，骂其女曰："生子不生男，有缓急非有益也！"其少女缇萦自伤泣，乃随其父至长安，上书曰："妾父为吏，齐中皆称其廉平，今坐法当刑。妾伤夫死者不可复生，刑者不可复属，虽复欲改过自新，其道无由也。妾愿没入为官婢，赎父刑罪，使得自新。"书奏天子，天子怜悲其意，乃下诏曰："盖闻有虞氏之时，画衣冠异章服以为僇，而民不犯。何则？至治也。今法有肉刑三，而奸不止，其咎安在？非乃朕德薄而教不明欤？吾甚自愧。故夫驯道不纯而愚民陷焉。诗曰'恺悌君子，民之父母'。今人有过，教未施而刑加焉，或欲改行为善而道毋由也。朕甚怜之。夫刑至断支体，刻肌肤，终身不息，何其楚痛而不德也，岂称为民父母之意哉！其除肉刑。"

齐国的太仓令淳于公犯了罪，应该受刑，朝廷下诏让狱官逮捕他并押解到长安。太仓令没有儿子，只有五个女儿。他被捕临走时，埋怨他的女儿们说："生孩子如果不生个男孩，一旦遇到紧急情况，就没有指望了！"他的小女儿缇萦听后伤心地哭了，就跟随父亲来到长安，向朝廷上书说：

"我的父亲做太仓令，齐人都称赞他廉洁奉公，现在他触犯法律，应当受刑。我哀伤的是，人死不能复生，受了肉刑的人肢体断了不能再接起来，即使想要改过自新，也没有办法了。我愿意被收入官府做奴婢，来赎父亲应该受刑之罪，使他得以改过自新。"上书送到文帝手里，文帝怜悯缇萦的孝心，就下诏说："我听说虞氏时代，只是在罪犯的衣帽上画上特别的图形或颜色，以此来让他们感到羞耻，这样，民众就不犯法了。为什么能这样呢？因为当时政治清明至极。如今法令中有刺面、割鼻、断足三种肉刑，可是坏人犯法屡禁不止，这其中的原因在哪儿呢？不就是因为我德义浅薄、教化不明吗？我深感惭愧。所以是训导的方法不完善而导致愚昧的百姓陷入犯罪。《诗经》上说'平易近人的君子，才是百姓的父母'。如今人犯了过错，还没进行教育就施加刑罚，有的人想改过从善也没有机会了。我非常怜悯他们。施用刑罚割断犯人的肢体，刻伤犯人的肌肤，终身不能恢复，多么令人痛苦而又不合道德啊，这样做哪里有一点为民父母的意思啊！应该废除肉刑。"淳于公的肉刑得以免除。

选自《史记》卷十　孝文本纪第十

11.节俭倡廉不扰民

孝文帝从代来，即位二十三年，宫室苑囿狗马服御无所增益，有不便，辄弛以利民。尝欲作露台，召匠计之，直百金。上曰："百金中民十家之产，吾奉先帝宫室，常恐羞之，何以台为！"上常衣绨衣，所幸慎夫人，令衣不得曳地，帏帐不得文绣，以示敦朴，为天下先。治霸陵皆以瓦器，不得以金银铜锡为饰，不治坟，欲为省，毋烦民。南越王尉佗自立为武帝，然上召贵尉佗兄弟，以德报之，佗遂去帝称臣。与匈奴和亲，匈奴背约入盗，然令边备守，不发兵深入，恶烦苦百姓。吴王诈病不朝，就赐几杖。群臣如袁盎等称说虽切，常假借用之。群臣如张武等受赂遗金钱，觉，上乃发御府金钱赐之，以愧其心，弗下吏。专务以德化民，是以海内殷富，兴于礼义。

　　孝文帝从代国来到京城，继位二十三年，宫室、园林、狗马、服饰、车驾等都没有增加。但凡有对百姓不便的事情，就开放禁令以便利民众。文帝曾打算建造一座高台，召来工匠预算费用，造价达黄金百斤。文帝说："百斤黄金相当于十户中等人家的产业，我奉守先帝留下来的宫室，时常担心有辱于先帝，还建造高台做什么呢？"文帝平时穿的是质地粗厚的丝织衣服，所宠爱的慎夫人，穿衣服也不能长得拖至地面，所用的帷帐不准织纹绣锦，以此来倡导敦厚俭朴，为天下人做表率。文帝规定，建造他的陵墓霸陵，一律用瓦器，不准用金银铜锡做装饰，不修高大的坟墓，目的就是想节省，不烦扰百姓。南越王尉佗自立为武帝，文帝却把尉佗的兄弟召来，使他们显贵，以德相报。尉佗于是取消了帝号，向汉朝称臣。汉与匈奴和亲，匈奴却背约入侵劫掠，而文帝只命令边塞戒备防守，不发兵深入匈奴境内，怕的就是给百姓带来烦扰和劳苦。吴王刘濞谎称有病不来朝见，文帝就赐给他木几和手杖以示关怀。群臣中如袁盎等人进言说事，虽然直率尖锐，而文帝总是宽容采纳。大臣中如张武等人接受金钱贿赂，事情被察觉，文帝就从皇宫仓库中取出金钱赏赐给他们，以使他们内心羞愧，没有把他们交给执法官吏处理。文帝一心一意致力于用恩德感化臣民，因此天下富足，礼义兴盛。

选自《史记》卷十　孝文本纪第十

12. 为减民负简葬礼

　　后七年六月己亥，帝崩于未央宫。遗诏曰："朕闻盖天下万物之萌生，靡不有死。死者天地之理，物之自然者，奚可甚哀。当今之时，世咸嘉生而恶死，厚葬以破业，重服以伤生，吾甚不取。且朕既不德，无以佐百姓；今崩，又使重服久临，以离寒暑之数，哀人之父子，伤长幼之志，损其饮食，绝鬼神之祭祀，以重吾不德也，谓天下何！朕获保宗庙，以眇眇之身托于天下君王之上，二十有余年矣。赖天地之灵，社稷之福，方内安宁，靡有兵革。朕既不敏，常畏过行，以羞先帝之遗德；维年之久长，惧于不终。今乃幸以天年，得复供养于高庙。朕之不明与嘉之，其奚哀悲之有！其令天下吏民，令到出临三日，皆释服。毋禁取妇嫁女祠祀饮酒食肉者。自当给丧事服临者，皆无践。绖带无过三寸，毋布车及兵器，毋发民男女哭临宫殿。宫殿中当临者，皆以旦夕各十五举声，礼毕罢。非旦夕临时，禁毋得擅哭。已下，服大红十五日，小红十四日，纤七日，释服。佗不在令中者，皆以此令比率从事。布告天下，使明知朕意。霸陵山川因其故，毋有所改。归夫人以下至少使。"

　　后元七年六月己亥日，文帝在未央宫逝世。临终前留下遗诏说："我听说天下万物萌芽生长，最终没有不死的。死是天地间的常理，生物的自然归宿，有什么值得过分悲哀呢！当今世人都喜欢活着而害怕死亡，为了安葬死者不惜花费大量财物以致倾尽家业，加重服丧以致伤害身体。我认为很不可取。况且我也没有多么高的德行，没能给百姓什么帮助；现在死了，又让人们加重服丧长期哭吊，遭受严寒酷暑的折磨，使天下的父子为我悲哀，使天下老幼心灵受到损害，减少饮食，中断对鬼神的祭祀，这就更加重了我的无德，我如何向天下人交代呢？我有幸得以侍奉宗庙，以微渺的身躯凌驾于天下诸侯王之上，至今已有二十多年了。靠着天地的威灵，社稷的福祉，才使得国内安宁，没有战乱。我并不聪敏，常常担心行为有过失，使先帝遗留下来的美德蒙受羞辱；在位的时间长了，总是担心不能善始善终。如今没想到能有幸享尽天年，又能被供奉在高庙里享受祭祀，我如此不贤明，却能得到这样好的结果，还有什么可悲哀的呢！请告知天下吏民，听到我死亡的消息后哭吊三日就脱去丧服。不要禁止娶妻、嫁女、祭祀、饮酒、吃肉。应当参加丧事、服丧哭祭的人，都不要赤脚。服丧的麻带宽度不要超过三寸，不要陈列车驾和兵器，不要发动男女百姓到宫殿来哭祭。宫中应当哭祭的人，都在早晚各哭十五声，礼毕就停止。不是早晚哭祭的时间，禁止擅自号哭。下葬以后，应穿大功之服的只服丧十五天，应穿小功之服的只服丧十四天，应服丧三个月的缌麻只服七天，期满就脱去丧服。其它不在这份遗令中的事项，都参照此令的精神办理。通告天下，使天下人都明白我的心意。葬我的霸陵周围山川要保留其原来的样子，不要有所改变。后宫夫人以下直至少使，全都遣送回娘家。"

选自《史记》卷十　孝文本纪第十

13. 歌舞升平必祸国

　　而卫灵公之时，将之晋，至于濮水之上舍。夜半时闻鼓琴声，问左右，皆对曰"不闻"。乃召师涓曰："吾闻鼓琴音，问左右，皆不闻。其状似鬼神，为我听而写之。"师涓曰："诺。"因端坐援琴，听而写之。明日，曰："臣得之矣，然未习也，请宿习之。"灵公曰："可。"因复宿。明日，报曰："习矣。"即去之晋，见晋平公。平公置酒于施惠之台。酒酣，灵公曰："今者来，闻新声，请奏之。"平公曰："可。"即令师涓坐师旷旁，援琴鼓之。未终，师旷抚而止之曰："此亡国之声也，不可遂。"平公曰："何道出？"师旷曰："师延所作也。与纣为靡靡之乐，武王伐纣，师延东走，自投濮水之中，故闻此声必于濮水之上，先闻此声者国削。"平公曰："寡人所好者音也，原遂闻之。"师涓鼓而终之。

　　卫灵公在位时，有一次他去晋国，走到濮水流域，住在一个上等馆舍中。半夜里卫灵公突然听到抚琴的声音，问左右侍从听到没有，侍从回答说"没有听到"。于是召来乐师涓，对他说："我听到了抚琴的声音，问身边的侍从，他们都说没有听到。看样子好像有鬼神，你仔细听一听，把乐曲记下来。"师涓说："好吧。"于是端坐下来，取出琴，听着抚琴的声音，随手记录下来。第二天，师涓对卫灵公说："我已经记下了所有的声音，但还不熟悉，难以成曲，请再给我一个晚上，让我多练习几遍。"灵公说："可以。"于是师涓又住一宿。第二天，他对卫灵公说："我已经练习好了。"卫灵公这才再次动身，前往晋国，会见晋平公。晋平公在施惠台摆酒宴招待卫灵公一行。酒兴酣畅之时，卫灵公说："这次我来晋国途中，得了一首新曲子，请让乐师为您演奏以助酒兴。"晋平公说："好的。"于是卫灵公让师涓坐在晋国乐师师旷的身边，取琴弹奏。一曲未了，师旷便按住琴弦止住琴音，说："这是亡国之音，不要再弹奏了。"晋平公说："乐曲出自哪里？"师旷说："这是师延作的曲子。他为纣王谱了这些靡靡之音，武王伐纣后，师延东逃，投濮水自杀，所以这首曲子一定是在濮水边上听到的。先听到这首曲子的国家，一定会衰亡。"晋平公说："我喜好的就是音乐，但愿能够听完它。"这样，师涓就把这首曲子演奏完毕。

平公曰："音无此最悲乎？"师旷曰："有。"平公曰："可得闻乎？"师旷曰："君德义薄，不可以听之。"平公曰："寡人所好者音也，愿闻之。"师旷不得已，援琴而鼓之。一奏之，有玄鹤二八集乎廊门；再奏之，延颈而鸣，舒翼而舞。

平公问道："还有比这首曲子更动人的吗？"师旷说："有。"平公说："能让我们听听吗？"师旷说："您还不能听此曲，必须德义修行深厚的才能听。"平公说："我所喜好的只有听曲子一件事，但愿能听到它。"师旷没有办法，只好取琴弹奏起来，奏第一段时，有十数只黑鹤飞集到廊门之前；奏到第二段时，这些黑鹤伸长脖子，鸣叫起来，还舒展翅膀，随琴声跳起舞来。

平公大喜，起而为师旷寿。反坐，问曰："音无此最悲乎？"师旷曰："有。昔者黄帝以大合鬼神，今君德义薄，不足以听之，听之将败。"平公曰："寡人老矣，所好者音也，愿遂闻之。"师旷不得已，援琴而鼓之。

一奏之，有白云从西北起；再奏之，大风至而雨随之，飞廊瓦，左右皆奔走。平公恐惧，伏于廊屋之间。晋国大旱，赤地三年。

平公非常高兴，站起身来为师旷祝酒。回身落座，问道："还有比这更动人的曲子吗？"师旷道："有。只是您在德义方面的修养还不够，不可以听罢了，听了将有败亡之祸。"平公说："我已经老了，我喜好的只有听曲，但愿能够听到它。"师旷没有办法，只好取琴弹奏起来。奏了第一段，就有白云从西北天际涌起；奏到第二段，大风夹着暴雨，扑天盖地而至，廊瓦横飞，左右大臣都惊慌得四处奔走。平公害怕起来，伏身躲在廊屋里。随后晋国大旱三年，寸草不生。

听者或吉或凶。夫乐不可妄兴也。

同是一支曲子，听乐曲的后果，或是吉祥，或是凶恶。可见，乐曲是不能随意演奏的。

选自《史记》卷二十四　乐书第二

感言：本文意在于告诫人们修心养德，提高素养，控制欲望。歌舞声平必祸国。

14. 大公无私好卜式

初，卜式者，河南人也，以田畜为事。亲死，式有少弟，弟壮，式脱身出分，独取畜羊百余，田宅财物尽予弟。式入山牧十余岁，羊致千余头，买田宅。而其弟尽破其业，式辄复分予弟者数矣。是时汉方数使将击匈奴，卜式上书，愿输家之半县官助边。天子使使问式："欲官乎？"式曰："臣少牧，不习仕宦，不愿也。"使问曰："家岂有冤，欲言事乎？"式曰：

"臣生与人无分争。式邑人贫者贷之，不善者教顺之，所居人皆从式，式何故见冤于人！无所欲言也。"使者曰："苟如此，子何欲而然？"式曰："天子诛匈奴，愚以为贤者宜死节于边，有财者宜输委，如此而匈奴可灭也。"使者具其言入以闻。天子以语丞相弘。弘曰："此非人情。不轨之臣，不可以为化而乱法，愿陛下勿许。"于是上久不报式，数岁，乃罢式。式归，复田牧。岁余，会军数出，浑邪王等降，县官费众，仓府空。其明年，贫民大徙，皆仰给县官，无以尽赡。卜式持钱二十万予河南守，以给徙民。河南上富人助贫人者籍，天子见卜式名，识之，曰"是固前而欲输其家半助边"，乃赐式外繇四百人。式又尽复予县官。是时富豪皆争匿财，唯式尤欲输之助费。天子于是以式终长者，故尊显以风百姓。

卜式原本是河南人，以种田养畜为业。父母去世后，还留下一个年幼的弟弟。等弟弟长大成人，卜式就和他分家，把田地、房屋等财产全都留给了弟弟，自己只带走了一百多只羊。从此卜式入山养羊，经过十多年的发展，羊繁育到一千多只，还买了田地宅舍。他的弟弟却败光了家产，卜式只好一连几次再分给他一些财产。这时候汉朝廷正数次遣将出兵对匈奴作战，卜式就上书，请求把一半家产捐给官府，以支援边疆的战事。天子派使者问他："你这样做是想做官吗？"卜式说："我从小就放羊，不熟习官场的事，不愿做官。"使者又问："你是家中有冤屈，想要申诉吗？"卜式道："我长这么大从来没有与人发生过纠纷。我还经常救济乡里邻居的贫苦者，品行不端正的人我还教导他，邻里乡亲都很爱戴我，我怎么会受到冤屈呢！我并没有什么事情要申诉。"使者说："既然如此，你为何要向朝廷捐赠一半家产呢？"卜式说："天子要讨伐匈奴，我觉得应该是有力的出力，有钱的出钱，这样才能打败匈奴。"使者把他的话禀报给了天子。天子又转告丞相公孙弘。公孙弘说："这不合常理。我们不能让这种不合规矩的人乱了法度，请陛下不要答应此事。"于是天子很久都没有答应卜式的请求。数年后，才打发他离开京城。卜式回家后，依旧种田放牧。又过了一年多，正赶上汉军屡次出征，浑邪王率领匈奴人前来投降，朝廷花费很大，财政亏空。第二年闹灾荒，贫民大迁徙，都靠国家供给，政府实在包揽不起。卜式又拿着二十万钱送给河南太守，资助官府负担迁徙老百姓的用度。后来太守向皇帝汇报富人资助贫人的名册，皇帝见到上面有卜式的名字，立刻想起了他。皇帝说"这就是从前要捐出一半家产助讨伐匈奴的那个人"，于是赏给卜式四百人欲免戍边徭役所纳的钱数。卜式又把这些钱全都交给官府。那时，别的富豪人家为了逃税都千方百计隐匿家产，唯有卜式总是向官府捐款。于是皇帝认为卜式的确是位宽厚之人，想要给他显官尊荣以为整个社会做出榜样。

初，式不原为郎。上曰："吾有羊上林中，欲令子牧之。"式乃拜为郎，布屩衣而牧羊。岁余，羊肥息。上过见其羊，善之。式曰："非独羊也，治民亦犹是也。以时起居；恶者辄斥去，毋令败群。"上以式为奇，拜为缑氏令试之，缑氏便之。迁为成皋令，将漕最。上以为式朴忠，拜为齐王太傅。

起初，卜式不愿做郎官。皇帝说："我也有羊在上林苑中，那就请你到上林苑替我放羊吧。"这样卜式才做了郎官，但是他穿着布衣草鞋在上林苑放羊。一年多以后，羊群肥壮且繁殖了很多。皇帝路过这里看到羊群，很是满意。卜式说："不但放羊如此，治理百姓也是同样的道理：让他们按时起居，不断把凶恶的羊挑出去，不要让它毁坏了羊群。"皇帝听了很是惊奇，封他为缑氏县令，想试一试他的本领，果然缑氏百姓反映很好。后来皇帝又升任他为成皋令，办理漕运的政绩又最好。皇帝认为卜式为人朴实忠厚，封他做了齐王太傅。

选自《史记》卷三十　平准书第八

15. 周公摄政不避嫌

武王既崩，成王少，在襁褓之中。周公恐天下闻武王崩而畔，周公乃践阼代成王摄行政当国。管叔及其群弟流言于国曰："周公将不利于成王。"
周公乃告太公望、召公奭曰："我之所以弗辟而摄行政者，恐天下畔周，
无以告我先王太王、王季、文王。三王之忧劳天下久矣，于今而后成。武
王蚤终，成王少，将以成周，我所以为之若此。"于是卒相成王，而使其
子伯禽代就封于鲁。周公戒伯禽曰："我文王之子，武王之弟，成王之叔父，
我于天下亦不贱矣。然我一沐三捉发，一饭三吐哺，起以待士，犹恐失天
下之贤人。子之鲁，慎无以国骄人。"

　　武王去世，成王幼小，尚在襁褓之中。周公怕天下有人听说武王去世
而背叛朝廷，就登天子位替成王代为处理国家政务，主持国家大权。管叔
和他的弟弟们就在国都散布流言说："周公将会对成王不利。"周公于是
告诉太公望、召公说："我之所以不避嫌疑代理国政，是怕天下人背叛周
王室，没法向我们的先王太王、王季、文王交代。三位先王在世的时候曾
为天下忧劳已久，现在才刚完成一统天下的王业。武王早早离世，成王又
年幼无知，只是为了完成稳定周朝大业，我才这样做。"于是继续留下来
辅佐成王，而派他的儿子伯禽代替自己到鲁地受封。周公告诫伯禽说："我
是文王的儿子，武王的弟弟，成王的叔父，我在全天下人中地位不算低了。
然而我洗一次头都要多次握起尚未梳理的头发，吃一顿饭都要多次吐出正
在咀嚼的食物，起身接待贤士，这样还怕失掉天下贤人。你到鲁国之后，
千万不要因为是国君而骄慢待人。"

　　管、蔡、武庚等果率淮夷而反。周公乃奉成王命，兴师东伐，作《大
诰》。遂诛管叔，杀武庚，放蔡叔。收殷余民，以封康叔于卫，封微子于宋，
以奉殷祀。宁淮夷东土，二年而毕定。诸侯咸服宗周。

　　管叔、蔡叔、武庚等人果然率领淮水一带的少数民族造反。周公于是
奉成王的命令，起兵东征，发布了《大诰》。于是杀掉了管叔，处死了武庚，
流放了蔡叔。收服殷商的遗民，封康叔于卫，封微子于宋，让他们奉行殷

国的祭祀。周公用两年的时间全部平定了淮水一带的少数民族及东部其它地区。诸侯们都承认周王朝为天下之宗主。

选自《史记》卷三十三　鲁周公世家第三

16. 燕王招贤用郭隗

燕昭王于破燕之后即位，卑身厚币以招贤者。谓郭隗曰："齐因孤之国乱而袭破燕，孤极知燕小力少，不足以报。然诚得贤士以共国，以雪先王之耻，孤之愿也。先生视可者，得身事之。"郭隗曰："王必欲致士，先从隗始。况贤于隗者，岂远千里哉！"于是昭王为隗改筑宫而师事之。乐毅自魏往，邹衍自齐往，剧辛自赵往，士争趋燕。燕王吊死问孤，与百姓同甘苦。

燕昭王是在燕国被攻破之后继位的，他试图用自身的谦恭和丰厚的财物来招揽贤才。他对郭隗说："齐国趁我国国内混乱不曾防备而攻破了燕国，我深知燕国国小、力量弱，没有能力报仇。然而如果真能招来贤士与我一起来治理国家，从而雪洗先王的耻辱，这是我的愿望啊。先生看到有这样合适的人才就告知我，我会亲自侍奉他的。"郭隗说："假若大王一定要招致贤士，那就先从我郭隗开始吧。至于那些比我更贤能的人，看到我受到的礼遇，难道还会以千里为远而不来吗？"昭王于是给郭隗改建了华美的宫室，并像对待老师一样礼遇他。于是，乐毅从魏国到来，邹衍从齐国到来，剧辛从赵国到来，贤士们争着奔赴燕国。燕王吊祭死者，慰问孤儿，和臣下们同甘共苦。

二十八年，燕国殷富，士卒乐轶轻战，于是遂以乐毅为上将军，与秦、楚、三晋合谋以伐齐。齐兵败，湣王出亡于外。燕兵独追北，入至临淄，尽取齐宝，烧其宫室宗庙。

二十八年，燕国国家殷实富足，士兵们都乐于出击，不惧怕战事。燕王于是任命乐毅为上将军，和秦、楚以及赵、魏、韩等国共同谋划征讨齐国。齐军战败，齐王逃亡到国外。燕军单独追击败逃的齐军，攻入齐国国都临淄，夺取了齐国所有的宝物，烧毁了齐国的宗庙宫室。

选自《史记》卷三十四　燕召公世家第四

17. 宰相索衣招祸患

昭侯十年，朝楚昭王，持美裘二，献其一于昭王而自衣其一。楚相子常欲之，不与。子常谗蔡侯，留之楚三年。蔡侯知之，乃献其裘于子常；子常受之，乃言归蔡侯。蔡侯归而之晋，请与晋伐楚。

昭侯十年，朝见楚昭王，带去了两件好皮衣，其中一件献给了昭王，自己穿了一件。楚相子常想要，昭侯没有给他。子常遂在楚王面前说蔡侯的坏话，把他留在了楚国三年。蔡侯知道后，就把皮衣献给了子常；子常得到了皮衣，才让楚王放蔡侯回国。蔡侯回国后就去了晋国，请求与晋国一起讨伐楚国。

选自《史记》卷三十五　管蔡世家第五

18. 采纳善言治国家

成公元年冬，楚庄王为夏征舒杀灵公，率诸侯伐陈。谓陈曰："无惊，吾诛征舒而已。"已诛征舒，因县陈而有之，群臣毕贺。申叔时使于齐来还，独不贺。庄王问其故，对曰："鄙语有之，牵牛径人田，田主夺之牛。径则有罪矣，夺之牛，不亦甚乎？今王以征舒为贼弑君，故征兵诸侯，以义伐之，已而取之，以利其地，则后何以令于天下！是以不贺。"庄王曰："善。"乃迎陈灵公太子午于晋而立之，复君陈如故，是为成公。孔子读史记至楚复陈，曰："贤哉楚庄王！轻千乘之国而重一言。"

　　陈成公元年冬天，楚庄王以夏征舒杀死陈灵公为由，带领诸侯之兵讨伐陈国。并且对陈国人说："别害怕，我只是诛杀夏征舒而已。"可是杀了夏征舒之后，借势就把陈国吞并，把它作为楚国的一个县而占有了，楚国群臣都为此向楚庄王祝贺。这时申叔时从齐国出使回来，却偏偏不去祝贺。楚庄王问他为什么这样，申叔时回答说："俗语说得好，有人牵牛抄近路，踩坏别人庄稼地，田地主人追过来，把牛抢来归自己。抄近路踩人田确实有罪，可是因此就把他的牛夺来，不也太过分了吗？现在大王以夏征舒杀君为不义，因此征集诸侯军队，讨伐夏征舒以申张正义，可是事后却占有陈国，贪图人家土地，那么今后还怎么号令天下！所以我不赞成。"楚庄王听后说："讲得好！"于是从晋国接回陈灵公的太子妫午，立为陈君，像过去一样治理陈国，这就是陈成公。孔子在读历史时看到楚国恢复陈国主权一段，说："楚庄王真可谓贤德！不贪图千乘之国而看重一句有益之言。"

选自《史记》卷三十六　陈杞世家第六

19. 吝财丢命教训深

　　朱公居陶，生少子。少子及壮，而朱公中男杀人，囚于楚。朱公曰："杀人而死，职也。然吾闻千金之子不死于市。"告其少子往视之。乃装黄金千溢，置褐器中，载以一牛车。且遣其少子，朱公长男固请欲行，朱公不听。

长男曰："家有长子曰家督，今弟有罪，大人不遣，乃遣少弟，是吾不肖。"欲自杀。其母为言曰："今遣少子，未必能生中子也，而先空亡长男，奈何？"朱公不得已而遣长子，为一封书遗故所善庄生。曰："至则进千金于庄生所，听其所为，慎无与争事。"长男既行，亦自私赍数百金。

范蠡居住在陶县的时候，又生了一个小儿子。等到小儿子长大，而范蠡的二儿子杀了人，被囚禁在楚国。范蠡说："杀人偿命，这是理所当然，但是我听说富贵人家的儿子不能死在刑场上。"于是告诉他的小儿子，让他去楚国看看。他让小儿子将黄金千镒装进麻袋里，放在一辆牛车上拉着。当小儿子即将出发的时候，范蠡的大儿子坚决请求让他去，范蠡不答应。他的大儿子说："家中的长子被称为家中的管家，如今弟弟犯罪，不派我去，却派最小的弟弟去，这是我不孝顺啊！"想要自杀。他的母亲帮他劝范蠡说："如今派小儿子去，也未必能救回二儿子的命，反而让大儿子白白的死了，这是为什么呢？"范蠡不得已，只好派大儿子去，写了一封信让大儿子交给自己的故友庄生。对大儿子说："你到了楚国就把千金交给庄生，听从他的安排，不要和他发生争执。"于是大儿子出发了，他还自己另外带了几百两金子。

至楚，庄生家负郭，披藜藋到门，居甚贫。然长男发书进千金，如其父言。庄生曰："可疾去矣，慎毋留！即弟出，勿问所以然。"长男既去，不过庄生而私留，以其私赍献遗楚国贵人用事者。

到了楚国，庄生家住在一个靠近城墙的地方，房舍四周都长满了杂草，家境十分贫穷。但是他还是按照父亲的吩咐把书信和千金交给庄生。庄生说："你可以赶紧回去了，千万不要留在这里！等到你弟弟出来，你们也不要问他是怎么出来的。"大儿子离开庄生家后，没有听庄生的话而私自留在了楚国，用自己私自带的那些金子献给了楚国的当权者。

庄生虽居穷阎，然以廉直闻于国，自楚王以下皆师尊之。及朱公进金，非有意受也，欲以成事后复归之以为信耳。故金至，谓其妇曰："此朱公之金。有如病不宿诚，后复归，勿动。"而朱公长男不知其意，以为殊无短长也。

庄生虽然身居陋巷，然而却因廉洁正直闻名全国，从楚王以下都尊他为老师。当范蠡让儿子给他送黄金时，他并不是有意接受，想等到成事后把钱归还给范蠡以表示自己的信义。因此，他一收到黄金就对自己的妻子说："这是范蠡的金子，没想到他突然送来了，我们日后要还给他，你不要动。"然而范蠡的大儿子不知道庄生的想法，以为他对自己弟弟的事情没有办法。

庄生间时入见楚王，言："某星宿某，此则害于楚"。楚王素信庄生，曰："今为奈何？"庄生曰："独以德为可以除之。"楚王曰："生休矣，寡人将行之。"王乃使使者封三钱之府。楚贵人惊告朱公长男曰："王且赦。"曰："何以也？"曰："每王且赦，常封三钱之府。昨暮王使使封之。"朱公长男以为赦，弟固当出也，重千金虚弃庄生，无所为也，乃复见庄生。庄生惊曰："若不去邪？"长男曰："固未也。初为事弟，弟今议自赦，故辞生去。"庄生知其意欲复得其金，曰："若自入室取金。"长男即自入室取金持去，独自欢幸。

庄生找了一个机会去见楚王说："现在某颗星星正在某个位置，这种现象对楚国有害。"楚王素来相信庄生，于是问他："那要怎么办好呢？"庄生回答说："只有施德于人才能免除灾害。"楚王回答说："先生去休息吧，我马上就照您说的办。"楚王于是派使者把钱库封了起来。楚国贵族赶紧告诉范蠡的长子，说："大王马上就要宣布大赦天下了。"范蠡的长子回答说："有什么证据呢？"贵族回答说："每次大王大赦天下之前，总要把钱库封起来，昨晚大王又派人把钱库封起来了。"范蠡的大儿子认为楚王既然要宣布大赦天下，自己的弟弟必然会被放出来。因此把千金重礼白白送给庄生没有必要，于是又去见庄生。庄生惊讶地说："你怎么还没有离去？"大儿子说："本来就没有离去，当初我是为救二弟来的，现在我的弟弟马上就要被放出来，所以来向先生辞行。"庄生知道他想要回自己的金子，于是说："你自己到屋子里拿走金子吧。"大儿子于是进屋子拿走了金子，自己内心十分开心。

庄生羞为儿子所卖，乃入见楚王曰："臣前言某星事，王言欲以修德报之。今臣出，道路皆言陶之富人朱公之子杀人囚楚，其家多持金钱赂王左右，故王非能恤楚国而赦，乃以朱公子故也。"楚王大怒曰："寡人虽不德耳，奈何以朱公之子故而施惠乎！"令论杀朱公子，明日遂下赦令。朱公长男竟持其弟丧归。

庄生羞愧被一个年轻人欺骗，于是又进宫见楚王说："我前些天说某星在某处，大王您说要用德政来报答上天。可是今天我出门，路上的人都说陶县的富人陶朱公的儿子杀人囚禁在楚国，他的家人带着金子贿赂大王您的亲信，因此大王您不是为了体恤楚国而大赦天下，而是为了朱公的儿子才大赦天下的。"楚王大怒说："我虽然没有那么仁德，又怎么会因为朱公的儿子就大赦天下呢？"于是下令杀了朱公的二儿子，第二日才下令大赦天下，朱公的大儿子只好带着弟弟的尸体回家了。

至，其母及邑人尽哀之，唯朱公独笑，曰："吾固知必杀其弟也！彼非不爱其弟，顾有所不能忍者也。是少与我俱见苦，为生难，故重弃财。至如少弟者，生而见我富，乘坚驱良逐狡兔，岂知财所从来，故轻弃之，非所惜吝。前日吾所为欲遣少子，固为其能弃财故也。而长者不能，故卒以杀其弟，事之理也，无足悲者。吾日夜固以望其丧之来也。"

大儿子带着尸体回家后，他的母亲和邻里都非常哀伤，只有范蠡一个人笑着说："我本来就知道，楚王一定会杀了老二的。并不是因为老大不爱他的弟弟，而是因为他舍不得丢掉钱财。老大从小和我一起操劳，受过苦，知道生计的艰难，因此舍不得钱财。至于他的小弟弟，生下来就见到我的富贵，乘高车，骑大马，行围打猎，又怎么会知道钱财是怎么来的呢？因此轻易挥霍，从不吝啬。当初我之所以想要派小儿子去营救老二，就是因为他舍得花钱。而大儿子吝惜钱财，最终为此断送了老二的性命，这是事情原本的道理，没有什么值得悲伤的。我日夜在等着老二的尸体回来啊。"

选自《史记》卷四十一　越王勾践世家第十一

20. 为国忧者赵简子

赵简子有臣曰周舍，好直谏。周舍死，简子每听朝，常不悦，大夫请罪。简子曰："大夫无罪。吾闻千羊之皮不如一狐之腋。诸大夫朝，徒闻唯唯，不闻周舍之鄂鄂，是以忧也。"

赵简子有个家臣名叫周舍，喜欢直言进谏。周舍死后，赵简子每当上朝处理政事的时候，常常不高兴，大夫们请罪。赵简子说："你们没有罪。我听说一千张羊皮也不如一只狐狸腋下的皮毛。诸位大夫上朝，只听到恭敬顺从的应答声，听不到周舍那样的争辩之声了，我为此而忧虑。"

选自《史记》卷四十三　赵世家第十三

21. 胡服骑射为保国

召楼缓谋曰："我先王因世之变，以长南藩之地，属阻漳、滏之险，立长城，又取蔺、郭狼，败林人于荏，而功未遂。今中山在我腹心，北有燕，东有胡，西有林胡、楼烦、秦、韩之边，而无强兵之救，是亡社稷，奈何？夫有高世之名，必有遗俗之累。吾欲胡服。"楼缓曰："善。"群臣皆不欲。

　　武灵王召见楼缓，商议说："我们先王趁着世事的变化，做了南边领地的君长，连接了漳水、滏水的险阻，修筑长城，又夺取了蔺城、郭狼，在荏地打败了林胡人，可是功业尚未完成。如今中山国在我们腹心，北面是燕国，东面是东胡，西面是林胡、楼烦、秦国、韩国的边界，然而没有强大兵力的救援，这样下去国家要灭亡，怎么办呢？要取得高出世人的功名，必定要受到背离习俗的牵累。我要穿起胡人服装。"楼缓说："很好。"可是群臣都不愿意。

　　于是肥义侍，王曰："简、襄主之烈，计胡、翟之利。为人臣者，宠有孝弟长幼顺明之节，通有补民益主之业，此两者臣之分也。今吾欲继襄主之迹，开于胡、翟之乡，而卒世不见也。为敌弱，用力少而功多，可以毋尽百姓之劳，而序往古之勋。夫有高世之功者，负遗俗之累；有独智之虑者，任骜民之怨。今吾将胡服骑射以教百姓，而世必议寡人，奈何？"肥义曰："臣闻疑事无功，疑行无名。王既定负遗俗之虑，殆无顾天下之议矣。夫论至德者不和于俗，成大功者不谋于众。昔者舜舞有苗，禹袒裸国，非以养欲而乐志也，务以论德而约功也。愚者暗成事，智者睹未形，则王何疑焉。"王曰："吾不疑胡服也，吾恐天下笑我也。狂夫之乐，智者哀焉；愚者所笑，贤者察焉。世有顺我者，胡服之功未可知也。虽驱世以笑我，胡地中山吾必有之。"于是遂胡服矣。

　　当时肥义在旁侍奉，武灵王说："简子、襄子二位君主的功业，就在于考虑到了胡、翟的利益。做臣子的，受宠时应有明孝悌、知长幼、顺从明理的节操，通达时应建立利民利君的功业，这两者是臣子的本分。如今我想继承襄主的功业，开拓胡人、翟人所住之地，可是找遍世间也见不到这样的贤臣。为了削弱敌人，花费气力少而能取得更多的功效，可以不耗尽百姓的力气，就能延续两位先主的勋业。凡是有高出世上功业的人，就要承受背弃习俗的牵累；有独特智谋考虑的人，就要听任傲慢民众的埋怨。如今我要穿胡人服装骑马射箭，并用这个教化百姓，可是世人一定要议论我，怎么办呢？"肥义说："我听说做事犹疑就不会成功，行动犹豫就不会成名。您既然考虑决定承受背弃风俗的责难，那就无须顾虑天下的议论了。德行最高的人不附和世俗，成就大业的人不找凡夫俗子商议。从前舜用舞蹈感化三苗，禹到裸国脱去上衣，他们不是为了满足欲望和愉悦心志，而是必须用这种方法宣扬德政并取得成功。愚蠢的人事情成功了他还不明白，聪明人在事情尚无迹象的时候就能看清，您还犹疑什么呢！"武灵王说："穿胡服我不犹疑，我恐怕天下之人要嘲笑我。无知的人快乐，也就是聪明人的悲哀；蠢人讥笑的事，贤人却能看得清。如果世人顺从我，穿胡服的功效是不可估量的。即便驱使世人都来笑我，胡地和中山国我也一定要占有。"于是就穿起了胡服。

使王绁告公子成曰："寡人将胡服以朝也，亦欲叔服之。家听于亲而国听于君，古今之公行也。子不反亲，臣不逆君，先王之通义也。今寡人作教易服而叔不服，吾恐天下议之也。制国有常，利民为本；从政有经，令行为上。明德先论于贱，而行政先信于贵。今胡服之意，非以养欲而乐志也；事有所止而功有所出，事成功立，然后善也。今寡人恐叔之逆从政之经，以辅叔之议。且寡人闻之，事利国者行无邪，因贵戚者名不累，故愿慕公叔之义，以成胡服之功。使绁谒之叔，请服焉。"公子成再拜稽首曰："臣固闻王之胡服也。臣不佞，寝疾，未能趋走以滋进也。王命之，臣敢对，因竭其愚忠。臣闻中国者，盖聪明徇智之所居也，万物财用之所聚也，贤圣之所教也，仁义之所施也，《诗》《书》礼乐之所用也，异敏技能之所试也，远方之所观赴也，蛮夷之所义行也。今王舍此而袭远方之服，变古之教，易古人道，逆人之心，而怫学者，离中国，故臣愿王图之也。"使者以报。王曰："吾固闻叔之疾也，我将自往请之。"

武灵王派王绁转告公子成说："寡人将要穿上胡服上朝，也希望叔父穿上它。家事要听从双亲，国事要听从国君，这是古今公认的行为准则。子女不能反对双亲，臣子不能违背君主，这是先王定下的规矩。如今我制定政令，改变服装，可是叔父您要不穿，我恐怕天下人要议论。治国有常规，利民是根本；处理政事有常法，依令行事最为重要。宣传德政要先从平民谈起，而推行政令就要先让贵族信从。如今穿胡服的目的，不是为了满足欲望和愉悦心志；事情要达到一定的目的，功业才能有所成就。事情完成了，功业建立了，然后才算是妥善的。如今我恐怕叔父违背了处理政事的原则，因此来帮助叔父考虑。况且我听说过，做有利于国家的事，行为不会偏邪；依靠贵戚的人，名声不会受损。所以我愿仰仗叔父的忠义，来成就胡服的功效。我派王𬘭来拜见叔父，请您穿上胡服。"公子成再拜叩头说："我原来听说了大王穿胡服的事，我没有才能，卧病在床，不能奔走效力多多进言。大王命令我，我斗胆回答，是为了尽我的愚忠。我听说中原是聪明智慧的人居住的地方，是万物财富聚集的地方，是圣贤进行教化的地方，是仁义可以施行的地方，是《诗》《书》礼乐能够盛行的地方，是奇异灵巧的技能得以施展的地方，是远方之人愿来观览的地方，是蛮夷乐于效法的地方。如今大王抛弃了这些而穿起远方的服装，变更传统的教化，改易古时的正道，违反众人的心意，背弃学者之教，远离中原风俗，所以我希望大王仔细考虑此事。"使者回去如实禀报。武灵王说："我本就知道叔父有病，我要亲自去请求他。"

王遂往之公子成家，因自请之，曰："夫服者，所以便用也；礼者，所以便事也。圣人观乡而顺宜，因事而制礼，所以利其民而厚其国也。夫剪发文身，错臂左衽，瓯越之民也。黑齿雕题，却冠秫绌，大吴之国也。故礼服莫同，其便一也。乡异而用变，事异而礼易。是以圣人果可以利其国，不一其用；果可以便其事，不同其礼。儒者一师而俗异，中国同礼而教离，况于山谷之便乎？故去就之变，智者不能一；远近之服，贤圣不能同。穷乡多异，曲学多辩。不知而不疑，异于己而不非者，公焉而众求尽善也。今叔之所言者俗也，吾所言者所以制俗也。吾国东有河、薄洛之水，与齐、中山同之，无舟楫之用。自常山以至代、上党，东有燕、东胡之境，而西有楼烦、秦、韩之边，今无骑射之备。故寡人无舟楫之用，夹水居之民，将何以守河、薄洛之水；变服骑射，以备燕、三胡、秦、韩之边。且昔者简主不塞晋阳以及上党，而襄主并戎取代以攘诸胡，此愚智所明也。先时中山负齐之强兵，侵暴吾地，系累吾民，引水围鄗，微社稷之神灵，则鄗几于不守也。先王丑之，而怨未能报也。今骑射之备，近可以便上党之形，而远可以报中山之怨。而叔顺中国之俗以逆简、襄之意，恶变服之名以忘鄗事之丑，非寡人之所望也。"公字成再拜稽首曰："臣愚，不达于王之义，敢道世俗之闻，臣之罪也。今王将继简、襄之意以顺先王之志，臣敢不听命乎！"再拜稽首。乃赐胡服。明日，服而朝。于是始出胡服令也。

　　武灵王于是前往公子成家中，亲自请求他，说："衣服，是为了穿用方便的；礼仪，是为了便于行事的。圣人观察乡俗而顺俗制宜，根据实际情况制定礼仪，这是为了利民利国。剪掉头发，身上刺花纹，臂膀上绘画，衣襟开在左边，这是瓯越百姓的习俗。染黑牙齿，额上刺花，戴鱼皮帽子，穿粗针大线的衣服，这是大吴国的习俗。所以礼制服装各地不同，而在为了便利上却是一致的。地方不同使用会有变化，情况不同礼制也会更改。因此圣人认为如果对国家有利，方法不必一致；如果可以便于行事，礼制不必相同。儒者同一师承而习俗有别，中原礼仪相同而教化互异，何况是为了荒远地区的方便呢？所以进退取舍的变化，聪明人也不能一致；远方和近处的服饰，圣贤也不能使它相同。穷乡僻壤风俗多异，学识浅陋却多诡辩。不了解的事不去怀疑，与自己的意见不同却不去非议的人，才会公正地博采众见以求尽善。如今叔父所说的是世俗之见，我所说的是为了制止世俗之见。我国东有黄河、薄洛水，和齐国、中山国共有，却缺少舟楫设施。自常山以至代和上党，东边是燕国、东胡的国境，西边有楼烦、秦国、韩国的边界，如今没有骑射的装备。所以如果我没有舟船，住在河两岸的百姓，将用什么守住黄河、薄洛之水；改变服装、练习骑射，就是为了守备与燕、三胡、秦、韩相邻的边界。况且从前先主简子不在晋阳以及上党设要塞，先主襄子吞并戎地、攻取代国以便排斥各地胡人，这是愚人和智者都能明白的。从前中山国仗恃齐国的强大兵力，侵犯践踏我国土地，掳掠我国百姓，引水围困鄗城，如果不是社稷神灵保佑，鄗城几乎失守。先王以此为耻，可是这个仇还没有报。如今有了骑射的装备，近可以使上党的局势更为有利，远可以报中山国之仇。可是叔父却顺从中原的习俗，违背先主简子、襄子的意愿，厌恶变服的名声而忘掉了鄗城被困的耻辱，这不是我所希望的。"公子成再拜叩头说："我很愚蠢，没能理解大王的深意，竟敢乱说世俗的见解，这是我的罪过。如今大王要继承先主简子、襄子的遗志，顺从先王的意愿，我怎敢不听从王命呢！"公子成再拜叩头。武灵王于是赐给他胡服。第二天，公子成穿上胡服上朝。这时武灵王开始发布改穿胡服的命令。

选自《史记》卷四十三　　赵世家第十三

22. 赏罚分明国家兴

威王初即位以来，不治，委政卿大夫，九年之间，诸侯并伐，国人不治。于是威王召即墨大夫而语之曰："自子之居即墨也，毁言日至。然吾使人视即墨，田野辟，民人给，官无留事，东方以宁。是子不事吾左右以求誉也。"封之万家。召阿大夫语曰："自子之守阿，誉言日闻。然使使视阿，田野不辟，民贫苦。昔日赵攻甄，子弗能救。卫取薛陵，子弗知。是子以币厚吾左右以求誉也。"是日，烹阿大夫，及左右尝誉者皆并烹之。遂起兵西击赵、卫，败魏于浊泽而围惠王。惠王请献观以和解，赵人归我长城。于是齐国震惧，人人不敢饰非，务尽其诚。齐国大治。诸侯闻之，莫敢致兵于齐二十余年。

威王从即位以来，不理国事，把政事交给卿大夫办理，九年之间，各国诸侯都来讨伐，齐国人不得太平。于是齐威王召见即墨大夫对他说："自从您治理即墨，毁谤您的言论每天都有。可是我派人到即墨视察，田野得到开发，百姓生活富足，官府没有积压的公事，齐国的东方因而得到安宁。

这是由于您不会逢迎我的左右以求得赞扬啊！"于是，封给他一万户食邑。又召见阿城大夫对他说："自从你治理阿城，赞扬你的话每天都能听到。可是我派人到阿城视察，田野荒废，百姓贫苦。从前赵军进攻甄城，你未能援救。卫国夺取薛陵，你也不知道。这是你用财物贿赂我的左右来求得赞扬吧！"当天就用开水煮了阿城大夫，并把左右曾经吹捧过他的人也都一起用开水煮了。于是发兵往西边进攻赵国、卫国，在浊泽打败魏军并围困了魏惠王。魏惠王请求献出观城来讲和，赵国人归还了齐国的长城。于是齐国全国震惊，人人都不敢文过饰非，努力表现出他们的忠诚。齐国得到很好的治理。诸侯听到以后，不敢对齐国用兵达二十多年。

选自《史记》卷四十六　田敬仲完世家第十六

23. 国王论宝意见异

二十四年，与魏王会田于郊。魏王问曰："王亦有宝乎？"威王曰："无有。"魏王曰："若寡人国小也，尚有径寸之珠照车前后各十二乘者十枚，奈何以万乘之国而无宝乎？"威王曰："寡人之所以为宝与王异。吾臣有檀子者，使守南城，则楚人不敢为寇东取，泗上十二诸侯皆来朝；吾臣有盼子者，使守高唐，则赵人不敢东渔于河；吾吏有黔夫者，使守徐州，则燕人祭北门，赵人祭西门，徙而从者七千余家；吾臣有种首者，使备盗贼，则道不拾遗。将以照千里，岂特十二乘哉！"梁惠王惭，不怿而去。

二十四年，齐王与魏王在郊外一起打猎。魏王问道："大王也有宝物吗？"齐威王说："没有。"魏王说："像寡人的国家这样小，也还有能照亮前后各十二辆车的直径一寸的夜明珠十颗，齐国这样的万乘之国怎么能没有宝物呢？"齐威王说："寡人当作宝物的与大王不同。我有个大臣叫檀子的，派他镇南城，楚国人就不敢向东方侵犯掠夺，泗水之滨的十二位诸侯都来朝拜；我有个大臣叫朌子的，派他镇守高唐，赵国人就不敢到东边的黄河里捕鱼；我有个官吏叫黔夫的，派他镇守徐州，燕国人就到北门来祭祀，赵国人就到西门来祭祀，搬家去追随他的有七千多家；我有个大臣叫种首的，派他戒备盗贼，结果就道不拾遗。这些都将光照千里，岂止是十二辆车呢！"魏惠王心中惭愧，败兴离去。

选自《史记》卷四十六　田敬仲完世家第十六

感言：一个视珠宝玉器为国宝，一个视人才为国宝，视人才为宝者国家盛兴，边境安宁。

24. 国家稳固靠德政

魏文侯既卒，起事其子武侯。武侯浮西河而下，中流，顾而谓吴起曰："美哉乎山河之固，此魏国之宝也！"起对曰："在德不在险。昔三苗氏左洞庭，右彭蠡，德义不修，禹灭之。夏桀之居，左河济，右泰华，伊阙在其南，羊肠在其北，修政不仁，汤放之。殷纣之国，左孟门，右太行，常山在其北，大河经其南，修政不德，武王杀之。由此观之，在德不在险。若君不修德，舟中之人尽为敌国也。"武侯曰："善。"

魏文侯死后，吴起奉事他的儿子魏武侯。有一次，魏武侯乘船沿黄河顺流而下，行至半途，回过头来对吴起说："多么壮美、险要的山川啊，这真是魏国的瑰宝啊！"吴起回答说："一个国家的强大和稳固，在于实行德政，而不在于地势的险要。昔日三苗氏左临洞庭湖，右濒鄱阳湖，因为他们不修仁义道德，最终夏禹消灭了他们。夏桀的领土，左临黄河、济水，右靠泰山、华山，伊阙山耸立在它的南边，羊肠坂在它的北面，但由于他为政不仁，结果被商汤打败而遭到流放。殷纣的领土，左边有孟门山，右边有太行山，常山在它的北边，黄河流经它的南面，可是由于他不实行德政，最后被武王所杀。由此可见，一个国家的强大和稳固，在于实行德政，而不在于地势的险要。如果您不实行德政，就是同船之人也会变成您的敌人啊！"武侯听了吴起这番话后说："讲得好。"

选自《史记》卷六十五　孙子吴起列传第五

25. 以信立国赢民心

令既具，未布，恐民之不信己，乃立三丈之木于国都市南门，募民有能徙置北门者予十金。民怪之，莫敢徙。复曰："能徙者予五十金。"有一人徙之，辄予五十金，以明不欺。卒下令。

新法制定完成后，尚未公布，卫鞅担心老百姓不相信自己，就在国都市场的南门立起一根三丈长的杆，然后通告百姓，谁能把这根杆搬到北门去，就赏他给十金。百姓们觉得很奇怪，没有人敢去搬。于是公孙鞅又下令说："能把杆搬到北门的赏赐五十金。"这时有一个人把杆搬到了北门，公孙鞅当即就赏给他五十金，以表明决不欺骗。然后颁布了新法。

令行于民期年，秦民之国都言初令之不便者以千数。于是太子犯法。卫鞅曰："法之不行，自上犯之。"将法太子。太子，君嗣也，不可施刑；刑其傅公子虔，黥其师公孙贾。明日，秦人皆趋令。行之十年，秦民大悦，道不拾遗，山无盗贼，家给人足。民勇于公战，怯于私斗，乡邑大治。秦民初言令不便者有来言令便者，卫鞅曰"此皆乱化之民也"，尽迁之于边城。其后民莫敢议令。

在民间推行新法的第一年里，秦国数以千计的老百姓跑到国都反映新法不好。这时，秦国的太子触犯了新法。卫鞅说："新法不能顺利推行，关键在于上头有人触犯它。"于是要依法处置太子。可太子是国君的继承人，又不能对他动用刑罚；于是就处罚了太子的太傅公子虔，以墨刑处罚了太子的太师公孙贾。第二天，秦国人就都遵循新法了。到新法实行后的第十年，秦国百姓都非常喜欢新法了，路上丢了东西没有人捡去占为己有，山林里也没有强盗了，家家户户过得都很富足。百姓们勇于为国家作战，不敢为私利斗殴，乡村、城镇到处都是一片太平。那些当初说新法不好的百姓，有的又来说新法好了，卫鞅说"这些都是扰乱国家秩序的人"，于是把他们都发配到边疆去。从此，百姓中没有人敢随便议论新法了。

选自《史记》卷六十八　商君列传第八

26. 将相和、国家兴

秦伐赵，拔石城。明年复攻赵，杀二万人。

秦国攻打赵国，占领了赵国的石城。第二年秦军再次攻打赵国，杀了赵国两万人。

秦王使使者告赵王，欲与王为好会于西河外渑池。赵王畏秦，欲毋行。廉颇、蔺相如计曰："王不行，示赵弱且怯也。"赵王遂行。相如从。廉颇送至境，与王诀曰："王行，度道里会遇之礼毕，还，不过三十日。三十日不还，则请立太子为王，以绝秦望。"王许之，遂与秦王会渑池。秦王饮酒酣，曰："寡人窃闻赵王好音，请奏瑟。"赵王鼓瑟。秦御史前书曰"某年月日，秦王与赵王会饮，令赵王鼓瑟。"蔺相如前曰："赵王窃闻秦王善为秦声，请奏盆缶秦王，以相娱乐。"秦王怒，不许。于是相如前进缶，因跪请秦王。秦王不肯击缶。相如曰："五步之内，相如请得以颈血溅大王矣！"左右欲刃相如，相如张目叱之，左右皆靡。于是秦王不怿，为一击缶。相如顾召赵御史书曰"某年月日，秦王为赵王击缶。"秦之群臣曰："请以赵十五城为秦王寿。"蔺相如亦曰："请以秦之咸阳为赵王寿。"秦王竟酒，终不能加胜于赵。赵亦盛设兵以待秦，秦不敢动。

　　秦王派使者告诉赵王，想要与赵王在西河外的渑池举行和平会谈。赵王害怕秦国，不想去。廉颇、蔺相如商量说："如果大王不去，会显得赵国弱小而怯懦。"赵王只好前去赴会。蔺相如跟随赵王一道前往。廉颇送他们到边境，和赵王辞别说："这次大王去渑池，估计路上的行程，加上会见的时间，直到执行完礼节回国，不会超过三十天。如果大王三十天还不回来，就请允许我拥立太子为王，以断绝秦国扣留大王要挟赵国的念头。"赵王答应了他。赵王就与秦王在渑池进行了会晤。秦王喝得兴起，说："我私下里听说赵王喜好音乐，请赵王奏瑟。"赵王不好推辞，就弹奏起瑟来。这时，秦国的史官走上前来写道："某年某月某日，秦王与赵王会盟饮酒，秦王命令赵王弹瑟。"蔺相如见此情形，走上前去说："赵王私下听说秦王擅长演奏秦地的乐曲，请允许我献盆缶给您，以此作为娱乐。"秦王大怒，不答应。这时蔺相如向前把缶献给秦王，跪下请秦王敲击演奏。秦王还是不肯击缶。相如说："现在我与大王相距五步之内，大王如果再不击缶，我只好让自己颈上的热血溅在大王身上了！"秦王的左右侍从要杀相如，相如怒目圆睁呵斥他们，秦王的左右侍从们都退却了。于是秦王很不高兴地敲了一下缶。相如回头召来赵国史官写道："某年某月某日，秦王为赵王击缶。"秦国的大臣们又说："请把赵国的十五座城给秦王作为进贺之礼。"蔺相如也说："请把秦国的都城咸阳给赵王作为进贺之礼。"直到酒宴结束，秦王始终未能压倒赵王。而赵国此时也部署了大批军队来防备秦国，秦军不敢轻举妄动。

　　既罢归国，以相如功大，拜为上卿，位在廉颇之右。廉颇曰："我为赵将，有攻城野战之大功，而蔺相如徒以口舌为劳，而位居我上。且相如素贱人，吾羞，不忍为之下！"宣言曰："我见相如，必辱之。"相如闻，不肯与会。相如每朝时，常称病，不欲与廉颇争列。已而相如出，望见廉颇，相如引车避匿。于是舍人相与谏曰："臣所以去亲戚而事君者，徒慕君之高义也。今君与廉颇同列，廉君宣恶言而君畏匿之，恐惧殊甚。且庸人尚羞之，况于将相乎！臣等不肖，请辞去。"蔺相如固止之，曰："公之视廉将军孰与秦王？"曰："不若也。"相如曰："夫以秦王之威，而相如廷叱之，辱其群臣。相如虽驽，独畏廉将军哉？顾吾念之，强秦之所以不敢加兵于赵者，徒以吾两人在也。今两虎共斗，其势不俱生。吾所以为此者，以先国家之急而后私雠也。"廉颇闻之，肉袒负荆，因宾客至蔺相如门谢罪。曰："鄙贱之人，不知将军宽之至此也。"卒相与欢，为刎颈之交。

　　渑池会晤结束后，回到赵国，由于蔺相如功劳大，被封为上卿，位列廉颇之上。廉颇说："我是赵国的大将，有攻城野战的大功，而蔺相如只会耍嘴皮子，职位却在我之上。况且蔺相如本来就是一个出身低贱的人，我感到羞耻，不甘心位列蔺相如之下！"于是廉颇扬言说："我见了蔺相如，一定要好好羞辱他。"蔺相如听说后，不愿和他碰面。每逢上朝的时候，蔺相如总是推说有病，不想与廉颇争位次高低。后来有一次蔺相如出门，远远看见了廉颇，立即掉转车子躲避。于是蔺相如的门客纷纷对他说："我们之所以离开亲人来侍奉您，就是因为仰慕您高尚的品德。如今您与廉颇的职位等级相同，廉颇口出恶言，您却对他畏惧避让，表现得十分恐惧。这种情况普通人尚且感到羞耻，更何况是将相呢！我们实在是无能，请允许我们告辞吧！"蔺相如坚决挽留他们，说："你们认为廉将军与秦王哪个厉害？"门客们回答说："廉将军不如秦王厉害。"蔺相如说："尽管秦王那样的威严，我蔺相如却敢在朝廷上呵斥他，羞辱他的大臣们。相如虽然驽钝，难道就唯独害怕廉将军吗？我考虑的问题是，强大的秦国之所以不敢轻易对赵国用兵，就是因为赵国有我们两个人在啊！现在如果我和廉将军两虎相斗，势必不能两全。我之所以这样做，是先考虑国家的利益而把个人恩怨放在其次啊。"廉颇听到了这番话，非常惭愧，于是袒露上身，背着荆条，由门客领着来到蔺相如家门前请罪，说："我这个鄙陋卑贱的人，竟不知您如此胸怀宽广！"从此两人相处融洽，成为了生死之交。

选自《史记》卷八十一　廉颇蔺相如列传第二十一

27. 赵奢收税国库充

赵奢者，赵之田部吏也。收租税而平原君家不肯出租，奢以法治之，杀平原君用事者九人。平原君怒，将杀奢。奢因说曰："君于赵为贵公子，今纵君家而不奉公则法削，法削则国弱，国弱则诸侯加兵，诸侯加兵是无赵也，君安得有此富乎？以君之贵，奉公如法则上下平，上下平则国强，国强则赵固，而君为贵戚，岂轻于天下邪？"平原君以为贤，言之于王。王用之治国赋，国赋大平，民富而府库实。

赵奢原来是赵国征收田赋的官吏。有一次他收租税的时候，平原君家不肯交租，赵奢依法处治，杀了平原君门下九个当权管事的人。平原君大怒，要杀赵奢。赵奢对平原君说："您在赵国是贵公子，现在如果纵容您家不依据国家的法令办事，那么法令的作用就会削弱，法令的作用削弱就会导致国家衰弱，国家衰弱了其他诸侯国就会出兵侵犯，诸侯纷纷出兵侵犯就将没有赵国了，到那时您还怎么保有这些财富呢？像您这样显贵的人，能带头奉公守法，就会使国家上下公平，上下公平就能使国家变得强大，国家强大了赵氏的政权就会稳固，而您身为皇亲国戚，难道还会被天下人轻视吗？"平原君听后，觉得他很贤能，于是把他推荐给了赵王。赵王任用他掌管全国的赋税，赵奢把全国的赋税工作搞得非常稳定，百姓富足，国库充实。

选自《史记》卷八十一　廉颇蔺相如列传第二十一

28. 张氏劝王别乱封

释之从行，登虎圈。上问上林尉诸禽兽簿，十余问，尉左右视，尽不能对。虎圈啬夫从旁代尉对上所问禽兽簿甚悉，欲以观其能口对响应无穷者。文帝曰："吏不当若是邪？尉无赖！"乃诏释之拜啬夫为上林令。释之久之前曰："陛下以绛侯周勃何如人也？"上曰："长者也。"又复问："东阳侯张相如何如人也？"上复曰："长者。"释之曰："夫绛侯、东阳侯称为长者，此两人言事曾不能出口，岂教此啬夫谍谍利口捷给哉！且秦以任刀笔之吏，吏争以亟疾苛察相高，然其敝徒文具耳，无恻隐之实。以故不闻其过，陵迟而至于二世，天下土崩。今陛下以啬夫口辩而超迁之，臣恐天下随风靡靡，争为口辩而无其实。且下之化上疾于景响，举错不可不审也。"文帝曰："善。"乃止不拜啬夫。

有一次，张释之跟随汉文帝出行，登上了虎圈。汉文帝问上林尉圈内各种禽兽的情况，问了十多个问题，上林尉东瞧西看，都答不上来。看管虎圈的啬夫在旁边替上林尉回答了刚才皇上提出的问题，答得很详细，想让皇上看到他能滔滔不绝地回答问题。汉文帝说："做官不就该像这个样子吗？上林尉不足任用。"于是命令张释之让啬夫做上林令。张释之过了一会儿才上前说："您认为绛侯周勃是什么样的人？"汉文帝说："是长者啊。"张释之又问："东阳侯张相如是什么样的人呢？"汉文帝说："也是长者啊。"张释之说："绛侯与东阳侯都被称为长者，可他们两个人议论事情时都不善于言谈。难道让人们都去效法像啬夫这样伶牙俐齿的人吗？秦国就是重用了那些舞文弄法的官吏，使他们争着以办事急迫、苛刻严厉为标准，可这样做的弊端就是空有官样文书的形式，而没有怜悯同情百姓的实质。因此，秦朝的统治者听不到自己的过失，到秦二世时国势就衰微了，于是秦国土崩瓦解。现在您因为他伶牙俐齿就破格提拔他，恐怕天下人都会跟风，争相以伶牙俐齿为能事而没有真正的才干。况且皇上感化百姓，比影随形、声比音还快，您做任何事情不能不审慎啊。"汉文帝听了，说："有道理。"于是，不再任命啬夫为上林令了。

选自《史记》卷一百零二　张释之冯唐列传第四十二

29. 张氏劝帝公执法

上行出中渭桥，有一人从桥下走出，乘舆马惊。于是使骑捕，属之廷尉。释之治问。曰："县人来，闻跸，匿桥下。久之，以为行已过，即出，见乘舆车骑，即走耳。"廷尉奏当，一人犯跸，当罚金。文帝怒曰："此人亲惊吾马，吾马赖柔和，令他马，固不败伤我乎？而廷尉乃当之罚金！"释之曰："法者天子所与天下公共也。今法如此而更重之，是法不信于民也。且方其时，上使立诛之则已。今既下廷尉，廷尉，天下之平也，一倾而天下用法皆为轻重，民安所措其手足？唯陛下察之。"良久，上曰："廷尉当是也。"

汉文帝出巡，经过长安城北的中渭桥。有一个人突然从桥下跑了出来，吓到了汉文帝的马。那个人被抓起来，交给廷尉审理。张释之负责审讯那个人。那人说："我是长安县人，听到清道戒严的声音，就躲在桥下。等了好长时间，以为皇上的队伍都过去了，就从桥下出来，没想到一下子撞见了车队，所以才跑。"张释之向汉文帝奏上判处结果，说那个人违禁通行，应该罚款。汉文帝生气地说："那个人惊了我的马，多亏我的马温顺听话，换了别的马，我还不被摔伤了！可你却只说要罚款！"张释之说："法律是您和天下人应该共同遵守的。现在法律就这样规定，如要再加重处罚，这样百姓就不会相信法律了。如果那时您让人立刻杀了他也就罢了。可现在，这个人已被交给廷尉了。廷尉，就是天下的天平，执法一有偏颇，天下的法律都会随之减轻或加重而不公，那百姓岂不就手足无措了吗？希望您明察。"过了许久，汉文帝说："廷蔚判得对。"

选自《史记》卷一百零二　张释之冯唐列传第四十二

30. 冯唐直言惹文帝

冯唐者，其大父赵人。父徙代。汉兴徙安陵。唐以孝著，为中郎署长，事文帝。文帝辇过，问唐曰："父老何自为郎？家安在？"唐具以实对。文帝曰："吾居代时，吾尚食监高祛数为我言赵将李齐之贤，战于巨鹿下。今吾每饭，意未尝不在巨鹿也。父知之乎？"唐对曰："尚不如廉颇、李牧之为将也。"上曰："何以？"唐曰："臣大父在赵时，为官率将，善李牧。臣父故为代相，善赵将李齐，知其为人也。"上既闻廉颇、李牧为人，良说，而搏髀曰："嗟乎！吾独不得廉颇、李牧时为吾将，吾岂忧匈奴哉！"唐曰："主臣！陛下虽得廉颇、李牧，弗能用也。"上怒，起入禁中。良久，召唐让曰："公奈何众辱我，独无间处乎？"唐谢曰："鄙人不知忌讳。"

冯唐的祖父是战国时赵国人。他的父亲移居到了代地。汉朝建立后，又迁到安陵。冯唐的孝行在当时是出了名的，他是中郎署的一把手，侍奉汉文帝。一次汉文帝乘车经过中郎署，问冯唐说："老人家这么大年纪了怎么仍做郎官？家在哪里？"冯唐如实作答。汉文帝说："我在代地做王时，我的尚食监高祛多次和我谈到赵国将领李齐的才能，讲他在巨鹿城下作战的情景。现在我每次吃饭的时候，心里总会想起巨鹿之战时的李齐。老人家知道他吗？"冯唐回答说："他作为将领比不上廉颇和李牧。"汉文帝说："凭什么这么说呢？"冯唐说："我的祖父在赵国时，当官带过兵，与李牧关系很好。我父亲从前也做过代国丞相，和李齐的关系也不错，知道他的为人。"汉文帝听他这么讲，高兴地拍着大腿说："哎，我就得不到像廉颇、李牧这样的人，如果有他们，难道我还会担心匈奴进犯嘛！"冯唐说："恕臣冒死直言！即使您得到廉颇、李牧，也不会用他们。"汉文帝很生气，起身回到屋中。过了好一会儿，才又召冯唐，责备他说："你为什么当着众人面侮辱我，难道就不会私下告诉我吗？"冯唐谢罪道："我是个鄙陋的人，不懂得忌讳。"

选自《史记》卷一百零二　张释之冯唐列传第四十二

31. 文帝清醒断事明

当是之时，匈奴新大入朝那，杀北地都尉卬。上以胡寇为意，乃卒复问唐曰："公何以知吾不能用廉颇、李牧也？"唐对曰："臣闻上古王者之遣将也，跪而推毂，曰阃以内者，寡人制之；阃以外者，将军制之。军功爵赏皆决于外，归而奏之。此非虚言也。臣大父言，李牧为赵将居边，军市之租皆自用飨士，赏赐决于外，不从中扰也。委任而责成功，故李牧乃得尽其智能，遣选车千三百乘，彀骑万三千，百金之士十万，是以北逐单于，破东胡，灭澹林，西抑强秦，南支韩、魏。当是之时，赵几霸。其后会赵王迁立，其母倡也。王迁乃用郭开谗，卒诛李牧，令颜聚代之。是以兵破士北，为秦所擒灭。今臣窃闻魏尚为云中守，其军市租尽以飨士卒，出私养钱，五日一椎牛，飨宾客军吏舍人，是以匈奴远避，不近云中之塞。虏曾一入，尚率车骑击之，所杀甚众。夫士卒尽家人子，起田中从军，安知'尺籍'伍符'。终日力战，斩首捕虏，上功莫府，一言不相应，文吏以法绳之。其赏不行而吏奉法必用。臣愚，以为陛下法太明，赏太轻，罚太重。且云中守魏尚坐上功首虏差六级，陛下下之吏，削其爵，罚作之。由此言之，陛下虽得廉颇、李牧，弗能用也。臣诚愚，触忌讳，死罪死罪！"文帝说。是日令冯唐持节赦魏尚，复以为云中守，而拜唐为车骑都尉，主中尉及郡国车士。

　　在这时，匈奴人又开始大举侵犯朝那县，杀死北地都尉孙卬。汉文帝担心匈奴的进犯，就最后又一次问冯唐："您怎么知道我不能任用廉颇、李牧呢？"冯唐回答说，我听说古时候君王派遣将军，跪下来推着车轮中的那根圆木，对将军说，城门以内的事我说了算，城门以外的事将军说了算。军队中因功封爵奖赏的事都由将军在外决定，归来后再奏报朝廷。这不是空话。我祖父说，李牧镇守赵国边境时，把征来的税都自行用来犒赏士兵，赏赐由将军决定，朝廷不从中干预。朝廷委以重任而要求他成功，李牧才能够充分发挥才智，派遣精选的兵车一千三百辆，善于骑射的士兵一万三千人，能征善战的士兵十万人，驱逐了北方的单于，击破了东边的匈奴，消灭澹林，抑制住西面强大的秦国，支援南面的韩国与魏国。在那时，赵国几乎成为霸主。后来，赶上赵王迁继位，他的母亲是个卖唱的女子。他听信郭开谗言，最终杀了李牧，让颜聚代替李牧，结果军溃兵败，被秦国消灭。如今，我听说魏尚做云中郡郡守时，把军市上收的税都用来犒赏士兵，还自己出钱，五天宰一头牛，宴请宾客、军吏和周围的人，因此匈奴远远躲开，不敢靠近云中郡这个要塞。匈奴曾经入侵过云中郡一次，魏尚率领军队出击，杀了很多敌人。那些士兵都是普通百姓家的孩子，从村野来参军，哪里知道'尺籍''伍符'这些法令律例。他们整日卖力气打仗，杀敌人、抓俘虏，到幕府报功，只要有一句话不合实际情况，法官就用法律制裁他们。奖赏力度不够，也要依法追究。为臣很愚蠢，认为按您明确的法规，奖赏太轻，惩罚太重。况且云中郡郡守魏尚因为上报杀敌数目时多了六个人，您就把他交给法官，削夺他的爵位，罚他劳作。因为上述缘故，我才说您即使得到廉颇、李牧，也不能重用他们。我确实很愚蠢，触犯了禁忌，该当死罪，该当死罪！"汉文帝听了很高兴。当天就让冯唐拿着符节去救免了魏尚，让他重新担任云中郡郡守，同时，任命冯唐做车骑都尉，掌管中尉和各郡国负责车战的士兵。

　　　　　　　　　选自《史记》卷一百零二　张释之冯唐列传第四十二

32. 憨厚达理直不疑

塞侯直不疑者，南阳人也。为郎，事文帝。其同舍有告归，误持同舍郎金去，已而金主觉，妄意不疑，不疑谢有之，买金偿。而告归者来而归金，而前郎亡金者大惭，以此称为长者。文帝称举，稍迁至太中大夫。朝廷见，人或毁曰："不疑状貌甚美，然独无奈其善盗嫂何也！"不疑闻，曰："我乃无兄。"然终不自明也。

塞侯直不疑是南阳人。做郎官侍奉汉文帝。一次，与他同住一屋的一个人请假回家，错拿了同屋人的金子。那个人走后，金子的主人才发觉，胡乱猜测是直不疑偷了。直不疑向他道歉并承认了这件事，买金子偿还他。等请假探家的人回来将金子归还给失主，先前称丢金子的人感觉极为惭愧。因此，他到处说直不疑憨厚。汉文帝称赞他的行为并任用他，逐渐提升他为太中大夫。大臣上朝相见时，有人诋毁他说："直不疑相貌很美，可偏偏喜欢和他嫂子私通！"直不疑听说后，说："我没有兄长。"然后就不再解释了。

选自《史记》卷一百零三　万石张叔列传第四十三

33. 神医扁鹊躲桓公

扁鹊过齐，齐桓侯客之。入朝见，曰："君有疾在腠理，不治将深。"桓侯曰："寡人无疾。"扁鹊出，桓侯谓左右曰："医之好利也，欲以不疾者为功。"后五日，扁鹊复见，曰："君有疾在血脉，不治恐深。"桓侯曰："寡人无疾。"扁鹊出，桓侯不悦。后五日，扁鹊复见，曰："君有疾在肠胃间，不治将深。"桓侯不应。扁鹊出，桓侯不悦。后五日，扁鹊复见，望见桓侯而退走。桓侯使人问其故。扁鹊曰："疾之居腠理也，汤熨之所及也；在血脉，针石之所及也；其在肠胃，酒醪之所及也；其在骨髓，虽司命无奈之何。今在骨髓，臣是以无请也。"后五日，桓侯体病，使人召扁鹊，扁鹊已逃去。桓侯遂死。

扁鹊经过齐国，齐桓侯把他当客人招待。他到朝廷拜见桓侯，说："您有小病在皮肤和肌肉之间，不治将会深入体内。"桓侯说："我没病。"扁鹊走出宫门后，桓侯对身边的人说："医生贪图钱财，想把没病的人说成是自己治好的。"过了五天，扁鹊再去见桓侯，说："您的病已在血脉里，不治恐怕会深入体内。"桓侯说："我没病。"扁鹊出去后，桓侯有些不高兴。过了五天，扁鹊又去见桓侯，说："您的病已在肠胃间，不治将更深侵入体内。"桓侯不肯答话。扁鹊出去后，桓侯很不高兴。又过了五天，扁鹊又去见桓侯，但他看见桓侯就向后退着跑了。桓侯派人问他为什么跑。扁鹊说："疾病在皮肉之间，汤剂、药熨可以治愈；疾病在血脉中，靠针刺和砭石也能治愈；疾病在肠胃中，药酒还可以治愈；等疾病进入骨髓，就是掌管生命的神也无可奈何。现在他的病已进入骨髓，因此我不再要求为他治病了。"又过了五天，桓侯患了重病，派人去召请扁鹊，扁鹊已逃离齐国。桓侯于是就病死了。

使圣人预知微，能使良医得蚤从事，则疾可已，身可活也。人之所病，疾病多；而医之所病，病道少。故病有六不治：骄恣不论于理，一不治也；轻身重财，二不治也；衣食不能适，三不治也；阴阳并，藏气不定，四不治也；形羸不能服药，五不治也；信巫不信医，六不治也。有此一者，则重难治也。

圣人见微知著，好医生能及早诊治，那就能治好病，保住命。人们担忧的，是疾病太多；医生担忧的则是治病方法太少。所以有六种病治不了：为人傲慢放纵不讲道理，是一不治；轻视身体看重钱财，是二不治；衣着饮食调节不适当，是三不治；阴阳错乱，五脏气脉不稳定，是四不治；形体赢弱，不能药的，是五不治；迷信巫术不信医术的，是六不治。只要有一种情况，那就很难医治了。

选自《史记》卷一百零五　扁鹊仓公列传第四十五

感言：这六不治讲的好。在哪个朝代人们就鄙视巫术、为人傲慢、重财轻身的做法了，且把为人傲慢、重财轻身视为疾病。

34. 骄横霸道终遭报

丞相尝使籍福请魏其城南田。魏其大望曰："老仆虽弃，将军虽贵，宁可以势夺乎！"不许。灌夫闻，怒，骂籍福。籍福恶两人有隙，乃谩自好谢丞相曰："魏其老且死，易忍，且待之。"已而武安闻魏其、灌夫实怒不予田，亦怒曰："魏其子尝杀人，蚡活之。蚡事魏其无所不可，何爱数顷田？且灌夫何与也？吾不敢复求田！"武安由此大怨灌夫、魏其。

田蚡曾经派籍福去请求魏其侯以城南的田地相赠。魏其侯极为恼火，说："我虽然已经被朝廷革职，将军现在虽然显贵，怎么可以仗势硬夺我的田地呢！"坚决不答应。灌夫听说后也很愤恨，大骂籍福。籍福不愿两人的矛盾愈益加深，就自己编了一套话，向丞相道歉说："魏其侯年岁已高，活不了多久，您应该忍耐一下，姑且等待些时日吧！"没过多久，田蚡听说魏其侯和灌夫对他要田一事很愤怒，不肯让给田地，也极为恼怒地说："魏其侯的儿子曾经杀人，我救了他的命。我位居其下时，没有不听从他的，他竟然舍不得这几顷田地？再说这件事和灌夫又有什么关系呢？我再也不要这块田地了！"从此田蚡十分怨恨灌夫和魏其侯。

元光四年春，丞相言灌夫家在颍川，横甚，民苦之，请案。上曰："此丞相事，何请。"灌夫亦持丞相阴事，为奸利，受淮南王金与语言。宾客居间，遂止，俱解。

元光四年春天，田蚡听说灌夫家族在颍川极为横行霸道，百姓都深受其苦，请求皇上查办。皇上说："这是丞相的分内之事，不必向我请示。"灌夫也抓住了田蚡的一些把柄，诸如用非法手段牟取私利，接受淮南王的金钱贿赂，还说了些不该说的话。两家的宾客们从中调解，双方才没有大动干戈，暂时和解。

夏，丞相取燕王女为夫人，有太后诏，召列侯宗室皆往贺。魏其侯过灌夫，欲与俱。夫谢曰："夫数以酒失得过丞相，丞相今者又与夫有隙。"魏其曰："事已解。"强与俱。饮酒酣，武安起为寿，坐皆避席伏。已魏其侯为寿，独故人避席耳，余半膝席。灌夫不悦。起行酒，至武安，武安膝席曰："不能满觞。"夫怒，因嬉笑曰："将军贵人也，属之！"时武安不肯。行酒次至临汝侯，临汝侯方与程不识耳语，又不避席。夫无所发怒，乃骂临汝侯曰生平毁程不识不值一钱，今日长者为寿，乃效女儿咕嗫耳语！"武安谓灌夫曰："程、李俱东西宫卫尉，今众辱程将军，仲孺独不为李将军地乎？"灌夫曰："今日斩头陷匈，何知程李乎！"坐乃起更衣，稍稍去。魏其侯去，麾灌夫出。武安遂怒曰："此吾骄灌夫罪。"乃令骑留灌夫。灌夫欲出不得。籍福起为谢，案灌夫项令谢。夫愈怒，不肯谢。武安乃麾骑缚夫置传舍，召长史曰："今日召宗室，有诏。"劾灌夫骂坐不敬，系居室。遂按其前事，遣吏分曹逐捕诸灌氏支属，皆得弃市罪。魏其侯大愧，为资使宾客请，莫能解。武安吏皆为耳目，诸灌氏皆亡匿，夫系，遂不得告言武安阴事。

同年夏天，田蚡娶燕王的女儿做夫人，太后下令让列侯和皇族都前去祝贺。魏其侯找到灌夫，想和他同去祝贺。灌夫推辞说："我曾经多次因为酒后失言而得罪了他，最近他和我又有些嫌隙。"魏其侯说："事情已经和解了啊。"就硬拉着他一道去。当酒兴正浓时，武安侯田蚡起身给客人敬酒，在坐的宾客都赶紧离开席位，伏在地上，表示不敢当。过了一会儿，魏其侯起身为大家敬酒，只有魏其侯的那些老朋友离开了席位，其余半数的人都只是在席位上跪着身子，并没有离席。灌夫看了很不高兴，就起身给大家敬酒，敬到田蚡时，田蚡照常坐在席位上，只稍欠了一下上身说："不能喝满杯了。"灌夫十分恼火，故意嬉笑着说："您是个贵人，应该干了这一杯！"田蚡坚持不喝。敬酒到临汝侯时，临汝侯正在跟程不识说悄悄话，也没有离开席位。灌夫无处发泄心中怒气，便骂临汝侯说："平日里你把程不识诋毁得不值一钱，今天长辈给你敬酒，你却像个女孩子一样在那儿同程不识嘀咕个不停！"田蚡赶紧阻拦灌夫说："程将军和李将军都是东西两宫的卫尉，今天你当众侮辱程将军，难道不能给你尊敬的李广将军留点面子吗？"灌夫说："今天杀我的头，穿我的胸，我都不在乎，还顾什么程将军、李将军的面子！"宾客们一看情势不对，都借口要上厕所，渐渐离去。魏其侯离去，也赶紧挥手示意灌夫出去。但田蚡已经发火说："这都是我太过于纵容灌夫的过错。"便命令骑士拦住灌夫。灌夫是想走也走不了了。籍福一看情况不对，赶紧起身替灌夫道了歉，并按住灌夫的脖子让他道歉。灌夫愈加火了，就是不肯道歉。田蚡命令骑士捆绑灌夫关在客房中，叫来长史说："今天我请宗室宾客来参加宴会，是有太后诏令的。"于是让长史起草文书弹劾灌夫，说他在宴席上辱骂宾客，是对太后诏令的大不敬，把灌夫关在监狱里。并着手追查灌夫以往的不法罪行，派遣差吏分头追捕灌氏家族亲属，企图一网打尽，通通判了死罪。魏其侯感到对不住灌夫，使尽金钱请宾客去向田蚡求情和解，但也无济于事。武安侯的属吏都是他的耳目，所有灌氏的党羽都唯恐避之不及，灌夫身陷监狱，无法向皇帝告发田蚡的不法罪行。

选自《史记》卷一百零七　魏其武安侯列传第四十七

感言：虽身居高位，但为人不端、骄横霸道也必然失败。

35.邓通忠厚受皇恩

　　孝文时中宠臣，士人则邓通，宦者则赵同、北宫伯子。北宫伯子以爱人长者；而赵同以星气幸，常为文帝参乘；邓通无伎能。邓通，蜀郡南安人也，以濯船为黄头郎。孝文帝梦欲上天，不能，有一黄头郎从后推之上天，顾见其衣裻带后穿。觉而之渐台，以梦中阴目求推者郎，即见邓通，其衣后穿，梦中所见也。召问其名姓，姓邓氏，名通，文帝说焉，尊幸之日异。通亦愿谨，不好外交，虽赐洗沐，不欲出。于是文帝赏赐通巨万以十数，官至上大夫。文帝时时如邓通家游戏。然邓通无他能，不能有所荐士，独自谨其身以媚上而已。上使善相者相通，曰"当贫饿死"。文帝曰："能富通者在我也。何谓贫乎？"于是赐邓通蜀严道铜山，得自铸钱，"邓氏钱"布天下。其富如此。

　　汉文帝时的宫中宠臣，士人有邓通，宦官有赵同、北宫伯子。北宫伯子因为仁慈厚道而受到宠信，赵同因善于观察星象和望气而受到宠信，常常做文帝的陪乘；邓通却没有任何特殊的才能。邓通是蜀郡南安人，因为会划船当了黄头郎。有一天，汉文帝做梦想上天，上不去，这时有个黄头郎从背后推着他上了天，他回头看见那人衣衫的横腰部分，衣带在背后打了结。梦醒后，文帝前往渐台，按梦中所见暗自寻找把他推上天的黄头郎。等到见到邓通，恰巧他的衣带也是在背后打了结，和梦中所见一模一样。文帝把他召来询问他的姓名，他说姓邓名通。文帝很喜欢他，一天比一天宠爱他。邓通老实谨慎，不喜欢和外面的人交往，虽然皇帝给予休假的恩赐，他也不想外出。于是皇帝就十多次赏赐给他钱财，总共数十亿，他的官职也升到上大夫。文帝还经常到邓通家里玩。只是邓通没有什么特殊的才能，又不能推荐能人，只是一味谨慎行事，讨好皇上而已。有一次，皇上让一个算命的人给邓通相面，那人看后说："他以后会穷得饿死。"文帝说："能使邓通富有的就是我，怎能说他会贫困呢？"于是文帝把蜀郡严道的铜山赐给了邓通，并给他自己铸钱的特权，因此邓通家铸造的钱币曾一度流通到全国。邓通也因此富甲一方。

选自《史记》卷一百二十五　佞幸列传第六十五

36. 邓通遭妒受惩罚

文帝尝病痈，邓通常为帝唶吮之。文帝不乐，从容问通曰："天下谁最爱我者乎？"通曰："宜莫如太子。"太子入问病，文帝使唶痈，唶痈而色难之。已而闻邓通常为帝唶吮之，心惭，由此怨通矣。及文帝崩，景帝立，邓通免，家居。居无何，人有告邓通盗出徼外铸钱。下吏验问，颇有之，遂竟案，尽没入邓通家，尚负责数巨万。长公主赐邓通，吏辄随没入之，一簪不得著身。于是长公主乃令假衣食。竟不得名一钱，寄死人家。

文帝曾经长了一个毒疮，邓通就经常用嘴给文帝吸血吸脓。这倒勾起了汉文帝的心思，他故作从容地问邓通说："天下谁最爱我呢？"邓通说："应该没有谁比得上太子更爱您了。"太子前来看望文帝的病情，文帝让他给自己吮吸脓血，太子虽然照办，但是脸上却明显露出很痛苦的表情。后来，太子听说邓通常为文帝吮吸脓血，心里感到惭愧，也因此而怨恨邓通。文帝去世后，太子景帝继位，邓通就被免职了，在家闲居。过了不久，有人告发邓通私自到境外铸钱。于是景帝让法吏彻查此事，结果情况属实，于是案情了结，景帝没收了邓通家的所有钱财，全部充公后，邓通还欠着国家好几亿钱。长公主刘嫖看着不忍心，就赏赐了邓通一些钱财，但随即就被官吏没收顶债，连一只簪子也不给留下。于是长公主只好让手下的人借给邓通一些衣食的费用，以维持生计。就这样，邓通真的一点钱财也没有了，最后死在别人家里了。

选自《史记》卷一百二十五　佞幸列传第六十五

37. 门豹体查民间情

魏文侯时，西门豹为邺令。豹往到邺，会长老，问之民所疾苦。长老曰："苦为河伯娶妇，以故贫。"豹问其故，对曰："邺三老、廷掾常岁赋敛百姓，收取其钱得数百万，用其二三十万为河伯娶妇，与祝巫共分其余钱持归。当其时，巫行视小家女好者，云是当为河伯妇，即娉娶。洗沐之，为治新缯绮縠衣，闲居斋戒；为治斋宫河上，张缇绛帷，女居其中，为具牛酒饭食。行十余日，共粉饰之，如嫁女床席，令女居其上，浮之河中。始浮，行数十里乃没。其人家有好女者，恐大巫祝为河伯取之，以故多持女远逃亡。以故城中益空无人，又困贫，所从来久远矣。民人俗语曰'即不为河伯娶妇，水来漂没，溺其人民'云。"西门豹曰："至为河伯娶妇时，愿三老、巫祝、父老送女河上，幸来告语之，吾亦往送女。"皆曰："诺。"

魏文侯的时候，西门豹做邺县令。西门豹到了邺县，召集县里有名望的老人，向他们询问民间最痛心疾首的事情。老人们说："最痛心疾首的事情就是给河神娶媳妇，因为这个缘故弄得老百姓都很穷困。"西门豹问其原因，老人们说："邺县掌管教化的乡官、县府的群僚，每年都要向老百姓征收大量的赋税，收取的钱财多达数百万，他们把其中的二三十万用作河神娶媳妇，其余的钱则同装神弄鬼的祭师与巫婆一同瓜分了。每逢娶亲期间，巫婆祭师便四处巡游，见到穷人家里有长得好看的女子，就说应该做河神的媳妇，说罢就留下聘礼把人带走。他们给这个姑娘洗澡，给她穿上丝绸衣服，让她单独住在河边盖起的房子里，进行斋戒。在河边为该女子搭建了'斋戒'的房子，挂上大红厚绢的帐子，让女孩住在里面，又给她准备了各种饭食。十几天后，替姑娘梳妆打扮，让她坐在像出嫁女儿的床席那样的沉浮工具里，放到河中漂行。开始时还漂在水面，漂出几十里就沉没了。那些有漂亮女子的人家，害怕大巫婆替河神娶他们的女儿，都事先带着女儿逃走了。为此，县城里的居民越来越少，留下来的人也越来越穷，这种风俗已经形成很久了。民间俗话说'如果不替河神娶媳妇，河神就要发大水，淹死这里所有的百姓。'"西门豹说："到给河神娶亲的那天，请掌管教化的乡官、巫婆、祭师和父老乡亲都到河边给新娘送行，也希望来告诉我，我也要去送新娘。"那些老人说："好。"

选自《史记》卷一百二十六　滑稽列传第六十六

38. 门豹送巫面河神

至其时，西门豹往会之河上。三老、官属、豪长者、里父老皆会，以人民往观之者三二千人。其巫，老女子也，已年七十。从弟子女十人所，皆衣缯单衣，立大巫后。西门豹曰："呼河伯妇来，视其好丑。"即将女出帷中，来至前。豹视之，顾谓三老、巫祝、父老曰："是女子不好，烦大巫妪为入报河伯，得更求好女，后日送之。"即使吏卒共抱大巫妪投之河中。有顷，曰："巫妪何久也？弟子趣之！"复以弟子一人投河中。有顷，曰："弟子何久也？复使一人趣之！"复投一弟子河中。凡投三弟子。西门豹曰："巫妪弟子是女子也，不能白事，烦三老为入白之。"复投三老河中。西门豹簪笔磬折，向河立待良久。长老、吏傍观者皆惊恐。西门豹顾曰："巫妪、三老不来还，奈之何？"欲复使廷椽与豪长者一人入趣之。皆叩头，叩头且破，额血流地，色如死灰。西门豹曰："诺，且留待之须臾。"须臾，豹曰："廷椽起矣。状河伯留客之久，若皆罢去归矣。"邺吏民大惊恐，从是以后，不敢复言为河伯娶妇。

到河伯娶媳妇那一天，西门豹到河边和大家一起参加这个仪式。掌管教化的乡官、县府的群僚、豪绅以及父老乡亲都到了，连同看热闹的百姓共两三千人。大巫师是个七十多岁的老太婆，带着十几个女弟子，都穿着绸子单衣，站在大巫婆后面。西门豹说："请河神的媳妇过来，让我看看长得美不美。"巫婆们就将新娘从帐子里扶出，来到西门豹面前。西门豹看了看，回头对巫师、三老和父老们说："这个姑娘长得不太好看，烦劳大巫婆去向河伯汇报一下，得再找一个漂亮些的姑娘，后天给他送来。"说完就让士兵把大巫婆抬起来扔进河里。过了一会儿，西门豹说："大巫婆怎么去了这么久，还不回来呢？让她的徒弟去催一下吧！"说罢，便让人把一个女弟子抬起来扔进河里。过了一会儿，西门豹说："徒弟怎么也去了这么久还不回来呢？再派一个人去催一下她们！"又把一个女弟子扔进河里。总共扔进河里三个女弟子。又过了一会儿，西门豹说："巫婆、徒弟是女人，不会禀告事由，烦劳三老替我进去禀告河神。"于是又把三老投进河里。西门豹整理了一下自己的礼服，恭敬地面对河水站着等了很长时间。这时乡里的长者、县府里的群僚和旁边看热闹的人，都吓坏了。西门豹回头说："巫婆、三老都不回来，这可怎么办？"他想再派县吏和豪绅们下河催促一下他们。县吏和豪绅都吓得在地上磕头，把头都磕破了，血流在地上，面如死灰。西门豹说："好吧，暂且等待一会儿。"待了一会儿，西门豹说："你们都起来吧。看样子是河神想留他们多待一会，你们都各自回家吧。"邺县所有的官民都吓得心惊肉跳，从此以后，再也没有人敢提给河伯娶媳妇的事情了。

选自《史记》卷一百二十六　滑稽列传第六十六

39. 兴修水利富乡民

　　西门豹即发民凿十二渠，引河水灌民田，田皆溉。当其时，民治渠少烦苦，不欲也。豹曰："民可以乐成，不可与虑始。今父老子弟虽患苦我，然百岁后期令父老子孙思我言。"至今皆得水利，民人以给足富。十二渠经绝驰道，到汉之立，而长吏以为十二渠桥绝驰道，相比近，不可。欲合渠水，且至驰道合三渠为一桥。邺民人父老不肯听长吏，以为西门君所为也，贤君之法式不可更也。长吏终听置之。故西门豹为邺令，名闻天下，泽流后世，无绝已时，几可谓非贤大夫哉！

　　西门豹随即征调老百姓开凿了十二条沟渠，引漳河水浇灌农田，农田都得到灌溉。开始征调时，老百姓开渠难免有些劳苦，不太愿意干。西门豹说："对于黎民百姓，只能等事成之后与他们共享成果，但是却不能共患事业开创之初的艰难。现在父老乡亲们虽然埋怨我给他们带来辛苦，但是百年以后，希望让父老子弟们再想想我所说的话。"直到现在，邺县仍在享着西门豹治水带来的好处，百姓因此富裕起来。十二条河渠横穿秦始皇时所修的御道。汉朝建立后，地方官吏认为十二条河渠上的桥梁截断了御道，彼此相距又很近，修路架桥很麻烦。想要合并渠水，并且把流经御道的那段，三条渠水合为一条，只架一座桥。邱县的百姓不同意，认为那些渠道是西门豹规划开凿的，贤良长官的法度规范是不能更改的。汉朝的地方官最终听取了老百姓的意见，放弃了并渠计划。所以西门豹做邺县县令，名闻天下，惠及子孙，永无尽头，难道能说他不是贤大夫吗？

　　　　　　　　　选自《史记》卷一百二十六　滑稽列传第六十六

二、权谋心计

40. 焚书坑儒李斯计

　　始皇置酒咸阳宫，博士七十人前为寿。仆射周青臣进颂曰："他时秦地不过千里，赖陛下神灵明圣，平定海内，放逐蛮夷，日月所照，莫不宾服。以诸侯为郡县，人人自安乐，无战争之患，传之万世。自上古不及陛下威德。"始皇悦。博士齐人淳于越进曰："臣闻殷周之王千余岁，封子弟功臣，自为枝辅。今陛下有海内，而子弟为匹夫，卒有田常、六卿之臣，无辅拂，何以相救哉？事不师古而能长久者，非所闻也。今青臣又面谀以重陛下之过，非忠臣。"始皇下其议。丞相李斯曰："五帝不相复，三代不相袭，各以治，非其相反，时变异也。今陛下创大业，建万世之功，固非愚儒所知。且越言乃三代之事，何足法也？异时诸侯并争，厚招游学。今天下已定，法令出一，百姓当家则力农工，士则学习法令辟禁。今诸生不师今而学古，以非当世，惑乱黔首。丞相臣斯昧死言：古者天下散乱，莫之能一，是以诸侯并作，语皆道古以害今，饰虚言以乱实，人善其所私学，以非上之所建立。今皇帝并有天下，别黑白而定一尊。私学而相与非法教，人闻令下，则各以其学议之，入则心非，出则巷议，夸主以为名，异取以为高，率群下以造谤。如此弗禁，则主势降乎上，党与成乎下。禁之便。臣请史官非秦记皆烧之。非博士官所职，天下敢有藏《诗》《书》百家语者，悉诣守、尉杂烧之。有敢偶语《诗》《书》者弃市。以古非今者族。吏见知不举者与同罪。令下三十日不烧，黥为城旦。所不去者，医药卜筮种树之书。若欲有学法令，以吏为师。"制曰："可。"

　　秦始皇在咸阳宫摆设酒宴，七十位博士上前敬酒祝寿。仆射周青臣走上前去颂扬说："从前秦国土地不过千里，仰仗陛下神灵明圣，平定天下，驱逐蛮夷，凡是日月所照耀到的地方，没有不臣服的。把诸侯国改置为郡县，人人安居乐业，不必再担心战争，功业可以传之万代。您的威德，自古及今无人能比。"始皇十分高兴。博士齐人淳于越上前说："我听说殷朝、周朝统治天下达一千多年，分封子弟功臣，给自己当作辅佐。如今陛下拥有天下，而您的子弟却是平民百姓，一旦出现像齐国田常、晋国六卿之类谋杀君主的臣子，没有辅佐，靠谁来救援呢？凡事不师法古人而能长久的，还没有听说过。刚才周青臣又当面阿谀，以致加重陛下的过失，这不是忠臣。"始皇把他们的意见下交群臣议论。丞相李斯说："五帝的制度不是一代重复一代，夏、商、周的制度也不是一代因袭一代，可是都凭着各自的制度治理好了，这并不是他们故意要彼此相反，而是由于时代变了，情况不同了。现在陛下开创了大业，建立起万世不朽之功，这本来就不是愚陋的儒生所能理解的。况且淳于越所说的是夏、商、周三代的事，哪里值得取法呢？从前诸侯并起纷争，才大量招揽游说之士。现在天下平定，法令出自陛下一人，百姓在家就应该致力于农工生产，读书人就应该学习法令刑禁。现在儒生们不学习今天的却要效法古代的，以此来诽谤当世，惑乱民心。丞相李斯冒死罪进言：古代天下散乱，没有人能够统一，所以诸侯并起，说话都是称引古人为害当今，矫饰虚言扰乱名实，人们只欣赏自己私下所学的知识，指责朝廷所建立的制度。当今皇帝已统一天下，分辨是非黑白，一切决定于至尊皇帝一人。可是私学却一起非议法令，教化人们一听说有命令下达，就各根据自己所学加以议论，入朝就在心里指责，出朝就去街巷谈议，在君主面前夸耀自己以求取名利，追求奇异说法以抬高自己，在民众当中带头制造谤言。像这样却不禁止，在上面君主的威势就会下降，在下面朋党的势力就会形成。臣以为禁止这些是合适的。我请求让史官把不是秦国的典籍全部焚毁。除博士官署所掌管的之外，天下敢有收藏《诗》《书》诸子百家著作的，全都送到地方官那里去一起烧掉。有敢在一块儿谈议《诗》《书》的处以死刑示众，借古非今的满门抄斩。官吏如果知道而不举报，以同罪论处。命令下达三十天仍不烧书的，处以脸上刺字的黥刑，处以城旦之刑四年，发配边疆。所不取缔的，是医药、占卜、种植之类的书。如果有人想要学习法令，就以官吏为师。"秦始皇下诏说："可以。"

选自《史记》卷六　秦始皇本纪第六

感言：李斯虽然有才，忠于秦王，但焚书坑儒的主义遭世人唾骂，最终也被赵高害死。封建社会的政坛尔虞我诈，是何等残忍呀？

41. 沙丘之谋藏悬机

至平原津而病。始皇恶言死，群臣莫敢言死事。上病益甚，乃为玺书赐公子扶苏曰："与丧会咸阳而葬。"书已封，在中车府令赵高行符玺事所，未授使者。七月丙寅，始皇崩于沙丘平台。丞相斯为上崩在外，恐诸公子及天下有变，乃秘之，不发丧。棺载辒凉车中，故幸宦者参乘，所至上食。百官奏事如故，宦者辄从辒凉车中可其奏事。独子胡亥、赵高及所幸宦者五六人知上死。赵高故尝教胡亥书及狱律令法事，胡亥私幸之。高乃与公子胡亥、丞相斯阴谋破去始皇所封书赐公子扶苏者，而更诈为丞相斯受始皇遗诏沙丘，立子胡亥为太子。更为书赐公子扶苏、蒙恬，数以罪，赐死。

秦始皇到达平原津时生了病。始皇讨厌说"死"这个字，群臣没有敢说死的事情。皇帝病得更厉害了，就写了一封盖上御印的信给公子扶苏说："回咸阳来参加丧事，在咸阳安葬。"信已封好了，存放在中东府令赵高兼掌印玺事务的办公处，没有交给使者。七月丙寅日，始皇在沙丘平台逝世。丞相李斯认为皇帝在外地逝世，恐怕皇子们和各地乘机制造变故，就对此事严守秘密，不发布丧事消息。棺材放置在既密闭又能通风的辒凉车中，让过去受始皇宠幸的宦官做陪乘，每走到适当的地方，就献上饭食，百官像平常一样向皇上奏事。宦官就在辒凉车中降诏批签。只有胡亥、赵高和五六个曾受宠幸的宦官知道皇上死了。赵高过去曾经教胡亥写字和狱律法令等事，胡亥私下里很喜欢他。赵高与公子胡亥、丞相李斯秘密商量拆开始皇赐给公子扶苏的那封已封好的信。谎称李斯在沙丘接受了始皇遗诏，立皇子胡亥为太子。又写了一封信给公子扶苏、蒙恬，列举他们的罪状，赐他们自杀。

选自《史记》卷六　秦始皇本纪第六

感言：为了保公子胡亥接替皇位，赵高、胡亥、李斯不仅封锁秦始皇逝世的消息，还写信编造胡亥为太子的谎言，并编造公子扶苏、忠臣蒙恬的罪状，赐他们自杀，这些大臣与公子勾结，这些诡计多么奸诈。

42. 指鹿为马耍二世

八月己亥，赵高欲为乱，恐群臣不听，乃先设验，持鹿献于二世，曰："马也。"二世笑曰："丞相误邪？谓鹿为马。"问左右，左右或默，或言马以阿顺赵高。或言鹿。高因阴中诸言鹿者以法。后群臣皆畏高。

八月己亥日，赵高想要谋反，恐怕群臣不听从他，就先设下计谋进行试验，带来一只鹿献给二世，说："这是一匹马。"二世笑着说："丞相错了，把鹿说成是马。"问左右大臣，左右大臣有的沉默，有的故意迎合赵高说是马，有的说是鹿。赵高就暗中对所有说是鹿的人强加罪名，予以惩治。以后，大臣们都畏惧赵高。

选自《史记》卷六　秦始皇本纪第六

感言：赵高这个秦国的大内奸、大公贼，瞒上欺下，十恶不赦。他愚弄皇帝，陷害忠良，可见大臣专权也是国家的祸患。

43. 破釜沉舟战秦军

项羽已杀卿子冠军，威震楚国，名闻诸侯。乃遣当阳君、蒲将军将卒二万渡河，救巨鹿。战少利，陈余复请兵。项羽乃悉引兵渡河，皆沉船，破釜甑，烧庐舍，持三日粮，以示士卒必死，无一还心。于是至则围王离，与秦军遇，九战，绝其甬道，大破之，杀苏角，虏王离。涉间不降楚，自烧杀。当是时，楚兵冠诸侯。

　　项羽杀死了卿子冠军宋义之后，威震楚国，名闻于诸侯。于是项羽派遣当阳君、蒲将军率领两万士卒渡河，援救巨鹿。战事刚获得一些胜利，陈余又向项羽请求增援。于是项羽率领全军渡河，凿沉全部的船只，砸破炊具，烧毁营舍，携带三天口粮，以此向士卒们宣示决死战斗、毫无退还之心。楚军一到巨鹿，就立即包围了王离，随即与秦军遭遇，交战九次，截断了秦军的甬道，大破秦军，杀死了苏角，俘虏了王离，涉间不向楚军投降，自焚而死。这时候楚军勇冠诸侯。

　　　　　　　　　　　　　　　　选自《史记》卷七　项羽本纪第七

　　感言：破釜沉舟、背水列阵不失为一种取胜的战术。

44. 刘邦受启立大志

　　高祖，沛丰邑中阳里人，姓刘氏，字季。父曰太公，母曰刘媪。其先，刘媪尝息大泽之陂，梦与神遇。是时雷电晦冥，太公往视，则见蛟龙于其上。已而有身，遂产高祖。

　　高祖是沛郡丰邑县中阳里人（今江苏省丰县），姓刘，字季。人们称他的父亲叫刘太公，称他的母亲叫刘太婆。当年，刘太婆曾在大泽岸边睡着了，梦中与天神相会。这时电闪雷鸣，天昏地暗，刘太公去寻找刘太婆，只见一条蛟龙伏在她身上。后来刘太婆有了身孕，生了高祖刘邦。

　　高祖为人，隆准而龙颜，美须髯，左股有七十二黑子。仁而爱人，喜施，意豁如也。常有大度，不事家人生产作业。及壮，试为吏，为泗水亭长，廷中吏无所不狎侮。好酒及色。常从王媪、武负贳酒，醉卧，武负、王媪见其上常有龙，怪之。高祖每酤留饮，酒雠数倍。及见怪，岁竟，此两家常折券弃责。

高祖刘邦长着高高的鼻梁，像龙一样丰满的额角，漂亮的须髯，左腿上有七十二颗黑痣。他仁厚爱人，喜欢施舍，心胸豁达。他平素就有成就一番大事业的气度，不从事普通百姓人家生产劳作的事。到了成年以后，他试着去做官，当了泗水亭亭长，他虽然地位不高，但县衙里的官吏没有不被他戏侮的。他喜欢喝酒，好女色。常常到王老太和武老婆子那里去赊酒喝，喝醉了躺倒就睡，武老婆子和王老太看到他身上常常有龙出现，感到很奇怪。高祖每次去买酒，留在店中畅饮，售出去的酒就会比平常多好几倍。由于这种种奇怪的现象，年终时，这两家酒店常毁弃借据，免除债务。

高祖常繇咸阳，纵观，观秦皇帝，喟然太息曰："嗟乎，大丈夫当如此也！"

高祖曾经去咸阳服徭役，有一次秦始皇出巡，允许人们夹道观看，刘邦看到了秦始皇，长叹一声说："唉，大丈夫就应该像这样啊！"

选自《史记》卷八 高祖本纪第八

感言：刘邦远大的理想受启发于观看秦始皇出巡的威风。

45. 吕公嫁女给刘季

单父人吕公善沛令，避仇从之客，因家沛焉。沛中豪杰吏闻令有重客，皆往贺。萧何为主吏，主进，令诸大夫曰："进不满千钱，坐之堂下。"高祖为亭长，素易诸吏，乃绐为谒曰"贺钱万"，实不持一钱。谒入，吕公大惊，起，迎之门。吕公者，好相人，见高祖状貌，因重敬之，引入坐。萧何曰："刘季固多大言，少成事。"高祖因狎侮诸客，遂坐上坐，无所诎。酒阑，吕公因目固留高祖。高祖竟酒，后。吕公曰："臣少好相人，相人多矣，无如季相，愿季自爱。臣有息女，愿为季箕帚妾。"酒罢，吕媪怒吕公曰："公始常欲奇此女，与贵人。沛令善公，求之不与，何自妄许与刘季？"吕父曰："此非儿女子所知也。"卒与刘季。吕公女乃吕后也，生孝惠帝、鲁元公主。

　　单父县的吕公与沛县县令关系很好，为躲避仇人来到沛县县令家做客，后来就在沛县安家。沛县的豪杰、官吏们听说县令家里来了贵客，都前往祝贺。当时萧何是县令的属官，掌管收贺礼事宜，他对那些送礼的宾客们说："凡是贺礼不满千金的请坐在堂下。"高祖当时是亭长，平素就看不起这帮官吏，于是在贺帖上谎称"贺钱一万"，实际上他一文钱也没带。贺帖递进去后，吕公一见大为吃惊，起身到门口去迎接他。吕公喜欢给人看相，一见高祖的相貌，就非常敬重他，把他领到堂上就坐。萧何说："刘季向来满口大话，很少能成事。"而高祖则趁机戏弄那些宾客，干脆坐在上座，一点也不谦让。酒宴即将结束的时候，吕公向高祖递眼色，让他务必留下来。高祖喝完了酒，就留在后面。吕公说："我年轻的时候就喜欢给人看相，相过的人多了，但还没有见过像你刘季这样的贵相，希望你好自珍爱。我有一个亲生女儿，希望她能服侍你，做你的妻子。"酒宴结束后，吕老太恼怒地对吕公说："你起初总是想让这个女儿出人头地，想把她许配给一个贵人。沛县县令与你关系好，想娶这个女儿你都没有答应，今天你为什么胡乱地把她许给刘季了呢？"吕公说："这不是你们女人家所能理解的。"终于还是把女儿嫁给了刘季。吕公的女儿就是吕后，她生下了孝惠帝和鲁元公主。

选自《史记》卷八　高祖本纪第八

46. 当官帽子也尊贵

高祖为亭长，乃以竹皮为冠，令求盗之薛治之，时时冠之。及贵常冠，所谓"刘氏冠"乃是也。

高祖刘邦做亭长时，喜欢戴用竹皮编成的帽子，这是他让巡捕去薛地专门定做的，他经常戴着，到后来显贵了，仍然经常戴着。人们所说的"刘氏冠"，指的就是这种帽子。

选自《史记》卷八 高祖本纪第八

感言：人走时运马看腰，官当大了，帽子、姓名……成文物。世间竟是胜者为王、败为寇，深刻呀！封建社会真封建。

47. 众推刘季当县令

樊哙从刘季来。沛令后悔，恐其有变，乃闭城城守，欲诛萧、曹。萧、曹恐，逾城保刘季。刘季乃书帛射城上，谓沛父老曰："天下苦秦久矣。今父老虽为沛令守，诸侯并起，今屠沛。沛今共诛令，择子弟可立者立之，以应诸侯，则家室完。不然，父子俱屠，无为也。"父老乃率子弟共杀沛令，开城门迎刘季，欲以为沛令。刘季曰："天下方扰，诸侯并起，今置将不善，一败涂地。吾非敢自爱，恐能薄，不能完父兄子弟。此大事，愿更相推择可者。"萧、曹等皆文吏，自爱，恐事不就，后秦种族其家，尽让刘季。诸父老皆曰："平生所闻刘季诸珍怪，当贵，且卜筮之，莫如刘季最吉。"于是刘季数让，众莫敢为，乃立季为沛公。祠黄帝，祭蚩尤于沛庭，而衅鼓旗，帜皆赤。由所杀蛇白帝子，杀者赤帝子，故上赤。

于是少年豪吏如萧、曹、樊哙等皆为收沛子弟二三千人，攻胡陵、方与，还守丰。

　　樊哙和刘季一起来到沛县。这时沛县县令又后悔了，他害怕刘季的到来会引发变故，就关闭城门，据守城池，而且想要杀掉萧何和曹参。萧何和曹参害怕，逃出城去投靠了刘季。刘季用缣帛写了封信射到城上去，向沛县的父老百姓宣告说："天下百姓饱受秦朝的暴政已经很久了。如今父老们竟然还为沛县县令守城，诸侯纷纷起兵反秦，现在很快就要杀到沛县。你们现在只有一起杀了沛县县令，从沛县子弟中挑选一个可以拥立的人为首，来响应各地诸侯，你们的家室才能得以保全。不然的话，全城老少都要遭屠杀，那就太不值得了。"沛县父老见信后，率领城中子弟一起杀了沛县县令，打开城门迎接刘季，想让他当沛县县令。刘季说："如今正当乱世，诸侯纷纷起事，如果将领推选不当就将一败涂地。我不敢顾惜自己的性命，只是怕自己能力浅薄，不能保全父老兄弟。这是一件大事，希望大家另外推选更加合适的人。"萧何、曹参等都是文官，顾惜身家性命，害怕起事不成被秦朝满门抄斩，所以他们极力地推选刘季。城中父老也都说："我们平素就听说刘季的那些奇异之事，日后必当显贵，而且占卜的结果显示没有谁比刘季更吉利。"刘季还是再三推让。众人也没有敢出头的，于是就拥立刘季做了沛公。然后在沛县祭祀能定天下的黄帝和善制兵器的蚩尤，杀牲取血涂在旌旗和战鼓上，旗帜都是红色的。因为先前高祖刘邦所杀的那条蛇是白帝之子，而杀蛇的刘邦就是赤帝之子，所以崇尚红色。萧何、曹参、樊哙等年轻有为的官吏为高祖在沛县召集了两三千人，一起攻打胡陵、方与，然后返回驻守丰邑。

选自《史记》卷八　高祖本纪第八

　　感言：此时的刘邦多谦虚，在百姓的拥戴下终于当上了县令。

48.刘项联手打天下

秦二世二年，陈涉之将周章军西至戏而还。燕、赵、齐、魏皆自立为王。项氏起吴。秦泗川监平将兵围丰，二日，出与战，破之。命雍齿守丰，引兵之薛。泗川守壮败于薛，走至戚，沛公左司马得泗川守壮，杀之。沛公还军亢父，至方与，（周市来攻方与，）未战。陈王使魏人周市略地。周市使人谓雍齿曰："丰，故梁徙也。今魏地已定者数十城。齿今下魏，魏以齿为侯守丰。不下，且屠丰。"雍齿雅不欲属沛公，及魏招之，即反为魏守丰。沛公引兵攻丰，不能取。沛公病，还之沛。沛公怨雍齿与丰子弟叛之，闻东阳宁君、秦嘉立景驹为假王，在留，乃往从之，欲请兵以攻丰。是时秦将章邯从陈，别将司马尼将兵北定楚地，屠相，至砀。东阳宁君、沛公引兵西，与战萧西，不利。还收兵聚留，引兵攻砀，三日乃取砀。因收砀兵，得五六千人。攻下邑，拔之。还军丰。闻项梁在薛，从骑百余往见之。项梁益沛公卒五千人、五大夫将十人。沛公还，引兵攻丰。

秦二世二年，陈胜的将领周章率军入关打到戏水，被章邯打败而回。燕、赵、齐、魏各国都自立为王。项梁、项羽在吴县起兵。秦朝泗川郡监平率兵包围了丰邑，两天后，沛公率众出城迎击，打败了泗川郡监率领的部队。沛公让雍齿守卫丰邑，自己率兵攻打薛县。泗川郡守壮在薛县被打败，逃到戚县，沛公的左司马曹无伤抓获泗川郡守壮并杀了他。沛公回师亢父，一直到方与，（此时陈涉部将周市来攻方与，）没有发生战斗。陈胜派魏国人周市攻城略地。周市派人对雍齿说："丰邑，是过去魏国曾一度迁都的地方。如今魏国已经平定了几十座城邑。如果你现在归降魏国，魏国就封你为侯驻守丰邑。如果你不归降，我就要屠戮丰邑。"雍齿本来就不愿跟着沛公，现在魏国又来招降，他立刻就背叛了沛公而为魏国驻守丰邑。沛公带兵攻打丰邑，没能攻下。这时沛公病倒了，只好撤回了沛县。沛公怨恨雍齿和丰邑的子弟背叛他，他听说东阳县的宁君和秦嘉拥立景驹做了代理王，驻守在留县，于是前去投奔景驹，想向他借兵攻打丰邑。这时秦将章邯正在追击陈胜的军队，章邯的别将司马尼带兵向北平定楚地，屠戮相县，到达了砀县。东阳宁君和沛公领兵向西，与司马尼在萧县西边交战，作战失利。只好退回来收集兵卒聚集在留县，然后出兵攻打砀县，三天后攻取了砀县。于是收编了砀县的兵卒，共得到五六千人。接着攻打下邑，夺取了它。随后他们回师驻军丰邑。听说项梁在薛县，沛公就带着一百多随从前去拜见项梁。项梁又给沛公增兵五千人，并给了十名五大夫级的将领。沛公回来后，带兵攻打丰邑。

选自《史记》卷八　高祖本纪第八

感言：刘邦、项羽当初起兵造反，精诚合作，难能可贵。

49.沛公顺民连取胜

当是时，秦兵强，常乘胜逐北，诸将莫利先入关。独项羽怨秦破项梁军，奋，愿与沛公西入关。怀王诸老将皆曰："项羽为人僄悍猾贼。项羽尝攻襄城，襄城无遗类，皆坑之，诸所过无不残灭。且楚数进取，前陈王、项梁皆败。不如更遣长者扶义而西，告谕秦父兄。秦父兄苦其主久矣，今诚得长者往，毋侵暴，宜可下。今项羽僄悍，今不可遣。独沛公素宽大长者，可遣。"卒不许项羽，而遣沛公西略地，收陈王、项梁散卒。乃道砀至成阳，与杠里秦军夹壁，破秦二军。楚军出兵击王离，大破之。

这时候，秦军仍然很强大，常常乘着胜利继续追击败逃之敌，各路将领都不认为先入关是有利的事。唯独项羽怨恨秦军打败了项梁的军队，自告奋勇表示愿意和沛公一起西进入关。楚怀王手下的老将们都说："项羽这个人敏捷勇猛，狡诈而残忍。他曾经攻下襄城，那里的军民无一幸免，项羽把他们全部活埋了。凡是他经过的地方，没有不被毁灭的。况且楚军多次西进，先前陈王、项梁都失败了，不如改派一个忠厚老实的人，实行仁义，率军西进，向秦地的父老兄弟讲明道理。秦地的父老兄弟饱受他们君主的暴政已经很久了，现在如果真的能有一位忠厚老实的人前往，不侵犯暴掠，那么应该能够拿下关中。项羽为人残暴凶悍，不能派他去。而沛公向来宽大忠厚，可以派他前往。"怀王采纳了大家的意见，最终没有答应项羽，而派遣沛公领兵西进攻城略地，沛公一路上收编了陈胜及项梁的部分散兵。他取道砀县到达成阳，与杠里的秦军对垒，结果击败了两支秦军。这时北上救赵的楚军也出击王离，把王离的军队打得大败。

选自《史记》卷八　高祖本纪第八

　　感言：此时的刘邦宽容厚道，深得部下拥戴，怀王信任。他战术灵活，作战也连连取胜。

50. 沛公收编各路军

　　沛公引兵西，遇彭越昌邑，因与俱攻秦军，战不利。还至栗，遇刚武侯，夺其军，可四千余人，并之。与魏将皇欣、魏申徒武蒲之军并攻昌邑，昌邑未拔。西过高阳。郦食其为监门，曰："诸将过此者多，吾视沛公大人长者。"乃求见说沛公。沛公方踞床，使两女子洗足。郦生不拜，长揖，曰："足下必欲诛无道秦，不宜踞见长者。"于是沛公起，摄衣谢之，延上坐。食其说沛公袭陈留，得秦积粟。乃以郦食其为广野君，郦商为将，将陈留兵，与偕攻开封，开封未拔。西与秦将杨熊战白马，又战曲遇东，大破之。杨熊走之荥阳，二世使使者斩以徇。南攻颍阳，屠之。因张良遂略韩地轘辕。

　　刘邦率兵西进，在昌邑遇上了彭越。于是和他一起攻打秦军，结果作战不利。撤兵到栗县，正好遇到了刚武侯，就把他的军队夺了过来，有四千多人，刘邦把他们并入了自己的军队。又与魏将皇欣、魏申徒武蒲的军队合力攻打昌邑，没有攻下。沛公继续西进，经过高阳。当时，郦食其在高阳看守城门，他说："各路将领经过此地的很多，我看只有沛公才是个德行高尚的仁厚长者。"于是前去求见并游说沛公。沛公当时正坐在床上，让两个女子给他洗脚。郦食其见了沛公并不下拜，只是拱手高举，自上而下行礼，说："如果您真想消灭残暴无道的秦朝，就不应该这样坐着接见长者。"于是沛公站起身来，整理衣服向郦食其道歉，并请他坐在上坐。郦食其劝沛公袭击陈留，夺取了秦军储存的粮食。沛公就封郦食其为广野君，并任命他的弟弟郦商为将军，率领陈留的军队，与沛公一起攻打开封，结果没有攻下开封。随后刘邦继续西进，与秦将杨熊在白马打了一仗，又在曲遇东面交战，大破杨熊的军队。杨熊逃到荥阳，秦二世派使者将他斩首示众。接着沛公南下攻打颍阳，屠戮了颍阳。随后在张良的帮助下占领了韩国的轘辕关。

选自《史记》卷八　高祖本纪第八

感言：刘邦礼贤下仕，收编造反的各路人马，状大自己，一路向前。

51. 沛公纳言乘西进

　　当是时，赵别将司马卬方欲渡河入关，沛公乃北攻平阴，绝河津。南，战洛阳东，军不利，还至阳城，收军中马骑，与南阳守齮战犨东，破之。略南阳郡，南阳守齮走，保城守宛。沛公引兵过而西。张良谏曰："沛公虽欲急入关，秦兵尚众，距险。今不下宛，宛从后击，强秦在前，此危道也。"于是沛公乃夜引兵从他道还，更旗帜，黎明，围宛城三匝。南阳守欲自到。其舍人陈恢曰："死未晚也。"乃逾城见沛公，曰："臣闻足下约，先入咸阳者王之。今足下留守宛。宛，大郡之都也，连城数十，人民众，积蓄多，吏人自以为降必死，故皆坚守乘城。今足下尽日止攻，士死伤者必多；引兵去宛，宛必随足下后。足下前则失咸阳之约，后又有强宛之患。为足下计，莫若约降，封其守，因使止守，引其甲卒与之西。诸城未下者，闻声争开门而待，足下通行无所累。"沛公曰："善。"乃以宛守为殷侯，封陈恢千户。引兵西，无不下者。至丹水，高武侯鳃、襄侯王陵降西陵。还攻胡阳，遇番君别将梅鋗，与皆，降析、郦。遣魏人宁昌使秦，使者未来，是时章邯已以军降项羽于赵矣。

　　这时候，赵国的别将司马卬正想渡过黄河，进入函谷关，沛公为了阻止他前进就向北进攻平阴，封锁了黄河渡口。接着向南进军，与秦军在洛阳东面交战，结果作战不利，退回到了阳城，沛公聚集了军中的骑兵，与南阳太守吕齮在犨县东面交战，打败了秦军，夺取了南阳郡，南阳郡守吕齮逃到宛城据守。沛公想率兵绕过宛城西进，张良劝他说："您入关的心情迫切，但目前秦兵数量仍然很多，又占据着险要的地势。如果现在不攻下宛城，日后宛城的敌人从后面发动进攻，前面又有强大的秦军，这是危险的作战方式啊。"于是沛公夜里率兵从另一条路返回，更换旗帜，黎明时分，把宛城包围了三层。南阳郡守见此情形想要自刎。他的门客陈恢说："还没到要寻死的时候。"于是他越过城墙去见沛公，说："我听说怀王与您有约在先，先攻入咸阳的可以在关中称王。如今您停下来围攻宛城。宛城是南阳大郡的首府，相连的城池有几十座，人口众多，粮草充足，军民都认为投降必死，所以都决心据坚守城池。如今您一天天停在这里攻城，士兵伤亡必定很多；如果您率兵离开宛城，继续西进，宛城军队一定从您后方出击。这样一来，您向西前进则错过先进咸阳就可称王的约定，后面又有宛城强大军队的忧患。为您着想，不如与宛城约定条件让他们投降，封赏南阳太守，让他留下来驻守南阳，您率领宛城的士兵一道西进。那些还没有攻下的城邑，听到了这个消息，一定会争相打开城门恭候您。您就可以畅通无阻地西进，没有什么顾虑了。"沛公说："好！"便封宛城郡守为殷侯，封给陈恢一千户。于是沛公率兵继续西进，所过之处没有不臣服的。沛公到达丹水时，高武侯戚鳃、襄阳侯王陵也在西陵归降了。沛公回师攻打胡阳，遇到了番君的别将梅鋗，便跟他一起，攻下了析县和郦县。随后沛公派遣魏国人宁昌出使秦地，宁昌还没有回来。这时，秦将章邯已经在赵地率领秦军投降项羽了。

选自《史记》卷八　高祖本纪第八

感言：沛公不改初衷，善待部僚，收编各路造反的人马，势力日益壮大。

52. 沛公仁慈安民心

汉元年十月，沛公兵遂先诸侯至霸上。秦王子婴素车白马，系颈以组，封皇帝玺符节，降轵道旁。诸将或言诛秦王。沛公曰："始怀王遣我，固以能宽容；且人已服降，又杀之，不祥。"乃以秦王属吏，遂西入咸阳。欲止宫休舍，樊哙、张良谏，乃封秦重宝财物府库，还军霸上。召诸县父老豪杰曰："父老苦秦苛法久矣，诽谤者族，偶语者弃市。吾与诸侯约，先入关者王之，吾当王关中。与父老约，法三章耳：杀人者死，伤人及盗抵罪。余悉除去秦法。诸吏人皆案堵如故。凡吾所以来，为父老除害，非有所侵暴，无恐！且吾所以还军霸上，待诸侯至而定约束耳。"乃使人与秦吏行县乡邑，告谕之。秦人大喜，争持牛羊酒食献飨军士。沛公又让不受，曰："仓粟多，非乏，不欲费人。"人又益喜，唯恐沛公不为秦王。

汉元年十月，沛公的军队先于各路诸侯到达霸上。秦王子婴驾着普通的白色车马，用丝绳系着脖子，封好皇帝的御玺和符节，在轵道旁向沛公投降。沛公的将领们有的说应该杀掉秦王。沛公说："当初怀王之所以派我来，就是认为我能宽厚待人，况且他已经投降了，我们还要杀掉他，这么做不吉利。"于是把秦王子婴交给主管官吏，然后向西进入了咸阳。沛公想留在秦宫中休息，樊哙和张良劝阻，他才下令封起秦宫中的珍宝财物和库府，回师驻扎在霸上。沛公召集关中各县的父老及豪杰，对他们说："你们苦于秦朝的苛政已经很久了，秦朝的法令规定，敢说朝廷坏话的要灭族，私下聚集议论国事的要处以死刑。我们各路诸侯有约在先，率先进入关中的可以称王，我理所应当称王关中。现在我与诸位父老约定，法律只有三条：杀人者偿命，伤人及偷盗抢劫酌情治罪。其余秦朝的法令一律废除。所有官吏和百姓都和以往一样，安居乐业。总之，我之所以来到这里，就是要为父老们除害，而不会侵害或者残暴地对待你们，请大家不要恐慌！我之所以把军队撤回霸上，是想等各路诸侯到来后一起制定法律法规。"随即派人跟着秦朝的官吏一起前往各县镇乡村，向民众讲明情况。秦地的百姓都非常高兴，争相带着牛羊酒食慰劳士兵。沛公又推让不肯接受，说："仓库里的粮食很多，并不缺乏，不想让大家破费。"于是人们更加欢喜，唯恐沛公不在关中称王。

选自《史记》卷八　高祖本纪第八

感言：沛公一是不杀俘虏，二是不入秦宫（标志着他不贪图享乐，与秦朝决裂），三是不贪财物，四是勇立新规，五是安抚民心，所以他在关中称王，深得秦地百姓拥戴，这是他在秦地站稳脚跟的根本。

53. 张良一书化危机

或说沛公曰："秦富十倍天下，地形强。今闻章邯降项羽，项羽乃号为雍王，王关中。今则来，沛公恐不得有此。可急使兵守函谷关，无内诸侯军，稍征关中兵以自益，距之。"沛公然其计，从之。十一月中，项羽果率诸侯兵西，欲入关，关门闭。闻沛公已定关中，大怒，使黥布等攻破函谷关。十二月中，遂至戏。沛公左司马曹无伤闻项王怒，欲攻沛公，使人言项羽曰："沛公欲王关中，令子婴为相，珍宝尽有之。"欲以求封。亚父劝项羽击沛公。方飨士，旦日合战。是时项羽兵四十万，号百万。沛公兵十万，号二十万，力不敌。会项伯欲活张良，夜往见良，因以文谕项羽，项羽乃止。沛公从百余骑，驱之鸿门，见谢项羽。项羽曰："此沛公左司马曹无伤言之。不然，籍何以至此！"沛公以樊哙、张良故，得解归。归，立诛曹无伤。

有人劝沛公说："秦地的富足是其它地区的十倍，而且地势险要。如今听说章邯已经投降了项羽，项羽封他为雍王，让他在关中称王。现在如果他来了，沛公您恐怕就不能占有关中地区了。您可以赶紧派兵把守函谷关，不要让诸侯军进来，再逐步征集关中的兵卒，加强自己的实力，以此来抵御他们。"沛公觉得他说得很对，就采纳了他的计策。十一月中旬，项羽果然率领诸侯军西进，想要进入函谷关，可是关门紧闭。听说沛公已经平定了关中，项羽大怒，就派黥布等人攻下了函谷关。十二月中旬，到达戏水。沛公的左司马曹无伤听说项羽发怒，要攻打沛公，就派人对项羽说："沛公要在关中称王，以秦王子婴为丞相，把秦地的珍宝都占为己有。"曹无伤想以此求得项羽的封赏。亚父范增劝项羽攻打沛公。项羽同意了，于是犒劳将士，准备第二天和沛公会战。当时，项羽的兵力达四十万，号称百万。沛公兵力十万，号称二十万，实力不如项羽。恰巧项伯想救张良，他趁着夜色来到沛公军营见张良，而张良和沛公借此机会写了一封信给项羽，项羽这才作罢。第二天，沛公带着百余名随从，骑马来到鸿门，见了项羽后向他道歉。项羽说："这都是你的左司马曹无伤说的，不然我怎么会这样呢？"沛公在樊哙和张良的帮助下，才得以脱身，返回霸上。回来之后，沛公立即杀了曹无伤。

选自《史记》卷八　高祖本纪第八

感言：沛公深知自己的实力不如项羽，看了张良给项羽的信，又亲自登门拜访项羽，化解了一场危机。

54. 沛公决心争天下

四月，兵罢戏下，诸侯各就国。汉王之国，项王使卒三万人从，楚与诸侯之慕从者数万人，从杜南入蚀中。去辄烧绝栈道，以备诸侯盗兵袭之，亦示项羽无东意。至南郑，诸将及士卒多道亡归，士卒皆歌思东归。韩信说汉王曰："项羽王诸将之有功者，而王独居南郑，是迁也。军吏士卒皆山东之人也，日夜跂而望归。及其锋而用之，可以有大功。天下已定，人皆自宁，不可复用。不如决策东乡，争权天下。"

四月，在项羽旄麾之下罢兵散归，诸侯各自回到封国。汉王刘邦也前往封国，项羽派了三万士兵随从前往，楚国和诸侯国中因为敬慕而跟随汉王的有几万人，他们从杜县城南进入蚀地的山谷中。每通过一处就把在陡壁上架起的栈道烧毁，为的是防备诸侯或其他强盗来侵扰汉中，也是向项羽表示没有东进之意。到达南郑时，很多部将和士兵在途中逃跑回去了，士兵们都唱着歌，想东归回乡。韩信劝汉王说："项羽封各位有功的将领为王，而唯独您被封在南郑，这实际上是流放。军中官吏和士卒都是崤山以东的人，日夜翘足期盼回到故乡。乘他们气势旺盛时加以利用，可以建立大的功业。等到日后天下太平，人人都自享安乐，就再也用不上他们了。不如立即决策，率兵东进，争夺天下大权。"

选自《史记》卷八　高祖本纪第八

感言：韩信，军师也，有了这样的军师，刘邦就有了称王的智囊。

55. 项羽凶悍众叛离

项羽出关，使人徙义帝。曰："古之帝者地方千里，必居上游。"乃使使徙义帝长沙郴县，趣义帝行。群臣稍倍叛之，乃阴令衡山王、临江王击之，杀义帝江南。项羽怨田荣，立齐将田都为齐王。田荣怒，因自立为齐王，杀田都而反楚；予彭越将军印，令反梁地。楚令萧公角击彭越，彭越大破之。陈余怨项羽之弗王己也，令夏说说田荣，请兵击张耳。齐予陈余兵，击破常山王张耳，张耳亡归汉。迎赵王歇于代，复立为赵王。赵王因立陈余为代王。项羽大怒，北击齐。

项羽出了函谷关，派人让义帝迁都。说："古代的帝王拥有纵横各千里的土地，而且一定要居住在江河的上游。"项羽就派使者把义帝迁徙到长沙的郴县，催促义帝赶快动身。义帝部下的群臣渐渐开始背离项羽，项羽暗地里让衡山王、临江王袭击义帝，把他杀死在江南。项羽怨恨田荣，封齐将田都为齐王。田荣大怒，便自立为齐王，杀死田都，反叛了楚国。他把将军印交给彭越，让他在梁地起兵反楚。项羽派萧公角攻打彭越，结果彭越大败萧公角。陈余也怨恨项羽不封自己为王，派夏说游说田荣，向田荣借兵攻打张耳。田荣给了陈余一些兵力，陈余打败了常山王张耳，张耳逃走投奔了汉王刘邦。陈余把赵王歇从代地接了回来，重新拥立他为赵王。赵王因此立陈余为代王。项羽大怒，亲自率兵北伐齐国。

选自《史记》卷八　高祖本纪第八

56. 刘邦封侯收将心

二年，汉王东略地，塞王欣、翟王翳、河南王申阳皆降。韩王昌不听，使韩信击破之。于是置陇西、北地、上郡、渭南、河上、中地郡；关外置河南郡。更立韩太尉信为韩王。诸将以万人若以一郡降者，封万户。缮治河上塞。诸故秦苑囿园池，皆令人得田之。正月，虏雍王弟章平。大赦罪人。

汉二年，刘邦率兵东出夺取土地，塞王司马欣、翟王董翳、河南王申阳纷纷投降。韩王郑昌不肯归降，刘邦派韩信打败了他。于是设置了陇西、北地、上郡、渭南、河上、中地各郡；在关外地区设置了河南郡，改封韩国的太尉信为韩王。凡是带着一万人或一个郡投降的将领，封为万户侯。刘邦还派人修缮河套地区的防御工事。开放秦朝时期的各处苑囿园池，让百姓耕种。正月，俘虏了雍王的弟弟章平。刘邦宣布大赦有罪的人。

选自《史记》卷八　高祖本纪第八

感言：项羽虽然凶悍勇猛，但刚愎自用，缺少计谋，不能很好的用人，使得部下众叛亲离，原来收复的领地也得而复失。而刘邦采取的策略正好与之相反，对有功的封侯，不听话的诛之，大赦罪人，安抚百姓，深得民众拥护。

57. 为报义帝伐楚军

三月，汉王从临晋渡，魏王豹将兵从。下河内，虏殷王，置河内郡。南渡平阴津，至洛阳。新城三老董公遮说汉王以义帝死故。汉王闻之，袒而大哭。遂为义帝发丧，临三日。发使者告诸侯曰："天下共立义帝，北面事之。今项羽放杀义帝于江南，大逆无道。寡人亲为发丧，诸侯皆缟素。悉发关内兵，收三河士，南浮江汉以下，愿从诸侯王击楚之杀义帝者。"

三月，汉王从临晋渡黄河进入魏国，魏王豹领兵跟随。刘邦攻下河内，俘虏了殷王司马印，在那里设置了河内郡。然后率军南渡平阴津，到达洛阳。

新城县的三老董公拦住了汉王，向他诉说了义帝被杀的情况。汉王听后，袒露左臂大哭起来。随即下令为义帝发丧，哭吊了三天。派使者通告各诸侯说："天下诸侯共同拥立义帝，向他称臣并侍奉他。如今项羽把义帝流放到江南并杀害了他，真是大逆不道。我亲自为义帝发丧，诸侯们也都应该披麻戴孝。我将发动关中所有兵力，聚集河南、河东、河内三郡的士兵，向南沿长江、汉水而下，希望与各路诸侯共同讨伐楚国那个杀害义帝的罪人！"

选自《史记》卷八　高祖本纪第八

58.众拥刘邦为汉王

正月，诸侯及将相相与共请尊汉王为皇帝。汉王曰："吾闻帝贤者有也，空言虚语，非所守也，吾不敢当帝位。"群臣皆曰："大王起微细，诛暴逆，平定四海，有功者辄裂地而封为王侯。大王不尊号，皆疑不信。臣等以死守之。"汉王三让，不得已，曰："诸君必以为便，便国家。"二月甲午，乃即皇帝位汜水之阳。

同年正月，各路诸侯及汉王刘邦手下的将相们共同请求他即位为皇帝。汉王说："我听说贤能的人才能据有皇帝的宝座，虚言浮语，徒有虚名的人是不能享有帝位的，我可不敢承受皇帝之位。"群臣都说："大王从平民起事，诛伐暴逆，平定四海，对于有功之人，大王划地而封他们为王侯。如果大王不称帝，人们都会对此而疑虑不安。我们愿意以死相请求。"汉王再三谦让，实在没有办法推辞，就说："既然大家一定要让我做皇帝，认为这样有利于国家，我只好听从大家的意见了。"于是在二月初三那一天，刘邦在汜水北面即位称帝。

皇帝曰义帝无后。齐王韩信习楚风俗，徙为楚王，都下邳。立建成侯彭越为梁王，都定陶。故韩王信为韩王，都阳翟。徙衡山王吴芮为长沙王，都临湘。番君之将梅鋗有功，从入武关，故德番君。淮南王布、燕王臧荼、赵王敖皆如故。

刘邦说，义帝没有后代。齐王韩信熟悉楚地的风俗，因此改封韩信为楚王，建都下邳。封建成侯彭越为梁王，建都定陶。原来的韩王信为韩王，建都阳翟。改封衡山王吴芮为长沙王，建都临湘。番君的部将梅鋗有功，曾经随汉军进入武关，所以刘邦很感激番君。淮南王黥布、燕王臧荼、赵王张敖都保留原来的封号。

天下大定。高祖都洛阳，诸侯皆臣属。故临江王骓为项羽叛汉，令卢绾、刘贾围之，不下。数月而降，杀之洛阳。

天下已经基本平定。高祖定都洛阳，各路诸侯都向高祖称臣。原临江王共骓仍然忠于项羽，反叛了汉朝，高祖派卢绾、刘贾包围了他，没有攻下。几个月后，共骓投降，高祖在洛阳杀死了他。

五月，兵皆罢归家。诸侯子在关中者复之十二岁，其归者复之六岁，食之一岁。

五月，各路人马都解甲回家了。刘邦下令各路诸侯的儿子留在关中的免除徭役十二年，回去的免除赋税徭役六年，此外，国家供养他们一年。

选自《史记》卷八　高祖本纪第八

59. 刘邦使用褒人计

高祖置酒洛阳南宫。高祖曰："列侯诸将无敢隐朕，皆言其情。吾所

以有天下者何？项氏之所以失天下者何？"高起、王陵对曰："陛下慢而
侮人，项羽仁而爱人。然陛下使人攻城略地，所降下者因以予之，与天下
同利也。项羽妒贤嫉能，有功者害之，贤者疑之，战胜而不予人功，得地
而不予人利，此所以失天下也。"高祖曰："公知其一，未知其二。夫运
筹策帷帐之中，决胜于千里之外，吾不如子房。镇国家，抚百姓，给馈饷，
不绝粮道，吾不如萧何。连百万之军，战必胜，攻必取，吾不如韩信。此
三者，皆人杰也，吾能用之，此吾所以取天下也。项羽有一范增而不能用，
此其所以为我擒也。"

　　高祖在洛阳南宫设酒宴。高祖说："在座的各位诸侯、将领不要对我
有所隐瞒，只管说实话。我为什么能够取得天下？而项羽又为什么会失去
天下？"高起、王陵回答说："陛下您傲慢而喜欢羞辱别人，项羽仁厚而
爱护部下。然而陛下派人攻城略地，把所招降攻占的地方就势封给他，与
天下人共享利益。而项羽却妒贤嫉能，谁有功他就忌妒谁，谁有才能他就
怀疑谁，打了胜仗不给人家赏赐，夺得了土地不给人家好处，这就是他失
去天下的原因。"高祖说："你们只知其一，不知其二。论运筹帷幄，决
胜千里，我比不上张良。论镇守国家，安抚百姓，供给粮饷，保证粮道不
被阻断，我比不上萧何。论统率百万大军，逢战必胜，每攻必取，我比不
上韩信。这三位都是人中俊杰，我能够重用他们，这就是我取得天下的原因。
项羽身边有一位范增却不能善用他，这就是我打败他的原因。"

选自《史记》卷八　高祖本纪第八

　　感言：刘邦使用褒奖别人、贬低自己的计谋，起到了安慰将心的作用。

60.汉王巧封太上皇

　　六年，高祖五日一朝太公，如家人父子礼。太公家令说太公曰："天

无二日，土无二王。今高祖虽子，人主也；太公虽父，人臣也。奈何令人主拜人臣！如此，则威重不行。"后高祖朝，太公拥彗，迎门却行。高祖大惊，下扶太公。太公曰："帝，人主也，奈何以我乱天下法！"于是高祖乃尊太公为太上皇。心善家令言，赐金五百斤。

高祖六年，高祖每隔五天就去朝拜太公一次，像平民百姓那样行父子礼节。太公的管家对太公说："天上不会有两个太阳，一个国家也不会有两个君主。如今高祖虽然在家为子，在天下却是万民之主；太公您在家虽然身为父亲，但却是君主的臣民。怎么能够让君主给臣民行礼呢！长此以往，会使君主失去威严和尊重。"后来高祖再去拜见太公，太公就抱着扫帚到门口迎接，然后倒退着给他引路。高祖见状大吃一惊，赶紧下车搀扶太公。太公说："皇帝乃是万民之主，怎么能因为我而乱了天下的规矩呢！"于是高祖就尊太公为太上皇。高祖心里对那个管家的话大为赞赏，赐给他五百斤黄金。

选自《史记》卷八　高祖本纪第八

感言：汉王这位万民之主，能曲能伸，他这样坚守中国的人伦道德，怎么能不胜呢。

61. 汉王假游捕韩信

十二月，人有上变事告楚王信谋反，上问左右，左右争欲击之。用陈平计，乃伪游云梦，会诸侯于陈，楚王信迎，即因执之。

十二月，有人上书举报楚王韩信谋反，高祖向左右大臣询问对策，左右大臣们都争着想去讨伐韩信。最后高祖采用了陈平的计策，假装去游览云梦泽，让各地诸侯到陈县来拜会他，楚王韩信前来迎接，高祖立即趁机逮捕了他。

选自《史记》卷八　高祖本纪第八

62. 高祖平叛救好人

八月，代相国陈豨反代地。上曰："豨尝为吾使，甚有信。代地吾所急也，故封豨为列侯，以相国守代，今乃与王黄等劫掠代地！代地吏民非有罪也，其赦代吏民。"九月，上自东往击之。至邯郸，上喜曰："豨不南据邯郸而阻漳水，吾知其无能为也。"闻豨将皆故贾人也，上曰："吾知所以与之。"乃多以金啖豨将，豨将多降者。

这年八月，代国的相国陈豨在代地发动叛乱。高祖说："陈豨曾给我做事，为人很讲信义。代地是我很看重的地方，所以我才封陈豨为列侯，以相国的身份守卫代地，如今他竟然和王黄等人劫掠代地！代地的官吏和百姓并没有什么罪过，一律予以赦免。"九月，高祖御驾亲征，率军东进讨伐陈豨。抵达邯郸后，高祖高兴地说："陈豨竟然不南去据守邯郸，在漳水上设防，由此可见他没有什么本事。"又听说陈豨的将领过去都是商人，高祖说："我知道该怎么对付他们了。"于是就用大量金钱去引诱陈豨的将领，陈豨的将领有很多都投降了。

十一年，高祖在邯郸诛豨等未毕，豨将侯敞将万余人游行，王黄军曲逆，张春渡河击聊城。汉使将军郭蒙与齐将击，大破之。太尉周勃道太原入，定代地。至马邑，马邑不下，即攻残之。

高祖十一年，高祖在邯郸讨伐陈豨等人还没有结束，陈豨的部将侯敞率领一万多人四处打游击，王黄驻军曲逆，张春率部队渡过黄河攻打聊城。

高祖派将军郭蒙与齐国的将领去攻打他们，把他们打得大败。太尉周勃从太原攻入，平定了代地。周勃到马邑后，马邑叛军坚守不降，于是周勃摧毁了马邑。

豨将赵利守东垣，高祖攻之，不下。月余，卒骂高祖，高祖怒。城降，令出骂者斩之，不骂者原之。于是乃分赵山北，立子恒以为代王，都晋阳。

陈豨的部将赵利守卫东垣，高祖攻打东垣，没有攻下。一个多月后，东垣的士兵辱骂高祖，高祖大怒。东垣投降后，高祖下令交出那些曾经辱骂他的人，把他们全部处死，没有辱骂高祖的人获得了赦免。随后高祖把赵国常山以北的地区划归代国，立皇子刘恒为代王，建都晋阳。

选自《史记》卷八　高祖本纪第八

63. 高祖免税谢乡亲

高祖还归，过沛，留。置酒沛宫，悉召故人父老子弟纵酒，发沛中儿得百二十人，教之歌。酒酣，高祖击筑，自为歌诗曰："大风起兮云飞扬，威加海内兮归故乡，安得猛士兮守四方！"令儿皆和习之。高祖乃起舞，慷慨伤怀，泣数行下。谓沛父兄曰："游子悲故乡。吾虽都关中，万岁后吾魂魄犹乐思沛。且朕自沛公以诛暴逆，遂有天下，其以沛为朕汤沐邑，复其民，世世无有所与。"沛父兄诸母故人日乐饮极欢，道旧故为笑乐。十余日，高祖欲去，沛父兄固请留高祖。高祖曰："吾人众多，父兄不能给。"乃去。沛中空县皆之邑西献。高祖复留止，张饮三日。沛父兄皆顿首曰："沛幸得复，丰未复，唯陛下哀怜之。"高祖曰："丰吾所生长，极不忘耳，吾特为其以雍齿故反我为魏。"沛父兄固请，乃并复丰，比沛。于是拜沛侯刘濞为吴王。

　　高祖返回京都，路过沛县时停留下来。在沛宫摆设酒宴，把老朋友和父老子弟都请来一起开怀畅饮，从沛县挑选了一百二十个儿童，教他们唱歌。酒喝得正痛快时，高祖一边弹击着筑琴，一边自己作歌道："大风起兮云飞扬，威加海内兮归故乡，安得猛士兮守四方！"让儿童们跟着学唱。接着高祖翩然起舞，慷慨激昂又万分感伤，泪下数行。高祖对沛县父老兄弟说："离家的游子总是思念故乡。我虽然建都关中，但是将来死后我的魂魄还是会喜爱和思念沛县。而且我当初是以沛公的身份起兵讨伐暴逆，最终夺取天下的，我把沛县作为我的封地，免除沛县百姓的赋税徭役，并且让他们世世代代不必纳税服役。"沛县父老兄弟、长辈妇女、旧日朋友，天天开怀畅饮，尽情欢宴，叙谈往事取乐。过了十多天，高祖要走了。沛县父老执意请求高祖多留几天。高祖说："我的随从众多，父兄们供应不起。"于是准备离去。这天，沛县父老倾城而出，百姓们纷纷拿着礼物赶到城西来敬献高祖。高祖见此情形，再次停留下来，搭起帐篷，畅饮三天。沛县父兄都叩头请求说："沛县有幸得以免除赋税徭役，丰邑却没有免除，希望陛下可怜他们，免除他们的赋税徭役。"高祖说："丰邑是我出生的地方，我最不能忘，只因当初丰邑人跟着雍齿反叛我而帮助魏王，我才没有免除他们的赋税徭役。"沛县父老兄弟再三请求，高祖才答应一并免除丰邑的赋税徭役，让他们享受跟沛县一样的待遇。接着，高祖封沛侯刘濞为吴王。

选自《史记》卷八　高祖本纪第八

64. 吕后发丧救天下

　　四月甲辰，高祖崩长乐宫。四日不发丧。吕后与审食其谋曰："诸将与帝为编户民，今北面为臣，此常怏怏，今乃事少主，非尽族是，天下不安。"人或闻之，语郦将军。郦将军往见审食其，曰："吾闻帝已崩，四日不发丧，欲诛诸将。诚如此，天下危矣。陈平、灌婴将十万守荥阳，樊哙、周勃将二十万定燕、代，此闻帝崩，诸将皆诛，必连兵还乡以攻关中。大臣内叛，诸将外反，亡可翘足而待也。"审食其入言之，乃以丁未发丧，大赦天下。

　　这一年的四月甲辰日，高祖在长乐宫驾崩。吕后过了四天仍未发布丧事消息。吕后与审食其商量说："朝中的很多将领当初和皇帝一样同为登记在册的平民百姓，如今却北面称臣，为此常常怏怏不乐，很不服气，现在又要侍奉年轻的皇帝，如果不把他们全部诛灭，天下不得安宁。"有人听到了这话，告诉了将军郦商。郦将军去见审食其，说："我听说皇上已经驾崩，过去四天了仍没有发丧，说是要杀掉所有的将领。如果真是这样，天下恐怕就要危险了。如今陈平、灌婴率领十万大军守卫荥阳，樊哙、周勃率领二十万大军平定燕地和代地，如果他们听说皇上驾崩了，朝中将领全部被杀，必定联合军队回过头来进攻关中。到那时，大臣们在朝内叛乱，诸将们在外面造反，国家覆亡举足可待。"审食其进宫把这番话告诉了吕后，于是吕后便在丁未日发布了高祖驾崩的消息，同时宣布大赦天下。

　　　　　　　　　　　　　　选自《史记》卷九　吕太后本纪第九

65. 吕后杀人如杀畜

　　吕后最怨戚夫人及其子赵王，乃令永巷囚戚夫人，而召赵王。使者三反，赵相建平侯周昌谓使者曰："高帝属臣赵王，赵王年少。窃闻太后怨戚夫人，欲召赵王并诛之，臣不敢遣王。王且亦病，不能奉诏。"吕后大怒，乃使人召赵相。赵相征至长安，乃使人复召赵王。王来，未到。孝惠帝慈仁，知太后怒，自迎赵王霸上，与入宫，自挟与赵王起居饮食。太后欲杀之，不得间。孝惠元年十二月，帝晨出射。赵王少，不能蚤起。太后闻其独居，使人持鸩饮之。犁明，孝惠还，赵王已死。于是乃徙淮阳王友为赵王。夏，诏赐郦侯父追谥为令武侯。太后遂断戚夫人手足，去眼，煇耳，饮瘖药，使居厕中，命曰"人彘"。居数日，乃召孝惠帝观人彘。孝惠见，问，乃知其戚夫人，乃大哭，因病，岁余不能起。使人请太后曰："此非人所为。臣为太后子，终不能治天下。"孝惠以此日饮为淫乐，不听政，故有病也。

　　吕后最怨恨戚夫人和她的儿子赵王，高祖一死，吕后就下令把戚夫人囚禁永巷，并召赵王进京。使者往返了多次，赵国丞相建平侯周昌对使者说："高祖皇帝把赵王托付给我，赵王年纪还小。我听说太后怨恨戚夫人，想把赵王召去一起杀死，因此我不敢让赵王去。况且赵王也病了，不能奉诏前往。"吕后一听大怒，就派人召周昌。周昌被召至长安后，吕后又派人去召赵王。赵王动身赴京，还没有到京城。孝惠帝为人仁慈，知道太后发怒，于是亲自到霸上迎接赵王，和赵王一起回到宫中，与赵王同饮食，共起居。太后想要杀害赵王，却没有机会下手。孝惠帝元年十二月，惠帝早晨出去打猎。赵王年龄小，没能早起。太后听说赵王单独一人在家，就派人拿着毒酒去给他喝。等到天亮以后，孝惠帝回到宫中，赵王已经死了。于是吕后就把淮阳王刘友迁为赵王。同年夏天，吕后下诏追谥郦侯的父亲为令武侯。吕后砍断了戚夫人的手脚，挖掉了她的眼睛，用火熏聋了她的耳朵，给她喝了哑药，把她扔进猪圈里，称她为"人彘"。过了几天，吕后让孝惠帝去观看人彘。孝惠帝看到后，经过询问，才知道这是戚夫人，就放声大哭起来，随即病倒，一年多不能起来。孝惠帝派人去见太后说："这简直不是人干的事。我身为您的儿子，无论如何也不能治理天下了。"孝惠帝从此天天饮酒淫乐，不问朝政，以致身患疾病。

选自《史记》卷九　吕太后本纪第九

66.齐王献城化危机

　　二年，楚元王、齐悼惠王皆来朝。十月，孝惠与齐王燕饮太后前，孝惠以为齐王兄，置上坐，如家人之礼。太后怒，乃令酌两卮鸩，置前，令齐王起为寿。齐王起，孝惠亦起，取卮欲俱为寿。太后乃恐，自起泛孝惠卮。齐王怪之，因不敢饮，详醉去。问，知其鸩，齐王恐，自以为不得脱长安，忧。齐内史士说王曰："太后独有孝惠与鲁元公主。今王有七十余城，而公主乃食数城。王诚以一郡上太后，为公主汤沐邑，太后必喜，王必无忧。"于是齐王乃上城阳之郡，尊公主为王太后。吕后喜，许之。乃置酒齐邸，乐饮，罢，归齐王。三年，方筑长安城，四年就半，五年九月城就。

孝惠帝二年，楚元王刘交、齐悼惠王刘肥都进京参加十月初一的朝贺，孝惠帝和齐王在太后跟前设宴饮酒，孝惠帝觉得齐王是兄长，就按平民百姓的礼节安排他坐在上座。太后见此情形大怒，就让人倒了两杯毒酒，放在他们面前，让齐王起来为她祝酒。齐王站起来，孝惠帝也站了起来，拿过酒杯想和齐王一起给太后祝酒。太后大为惊慌，赶紧起身倒掉了孝惠帝杯子里的酒。齐王觉得很奇怪，因而没敢喝这杯酒，假装酒醉退了席。后来一问，才知道那是毒酒。齐王很害怕，估计自己这回不能从长安脱身，心里非常忧虑。齐王的内史向齐王献策说："太后只有孝惠帝和鲁元公主两个亲生子女。如今大王您坐拥七十多座城，而鲁元公主的食邑才寥寥几座。大王如果能把一个郡的封地献给太后，把它作为公主收取赋税的私邑，太后一定会很高兴，大王也一定没有什么可忧虑的了。"于是齐王就献上了城阳郡，并违背常礼尊自己的异母妹鲁元公主为王太后。吕后很高兴，准许了齐王的请求。随后就在齐王驻京的官邸摆酒设宴，欢饮一番，酒宴结束后，放齐王返回了封国。孝惠帝三年，开始修筑长安城，四年时，修完了一半，五年九月全部完工。

选自《史记》卷九 吕太后本纪第九

67. 张氏献计稳吕后

七年，诸侯来会十月，朝贺。秋，八月戊寅，孝惠帝崩。发丧，太后哭，泣不下。留侯子张辟强为侍中，年十五，谓丞相曰："太后独有孝惠，今崩，哭不悲，君知其解乎？"丞相曰："何解？"辟强曰："帝毋壮子，太后畏君等。君今请拜吕台、吕产、吕禄为将，将兵居南北军，及诸吕皆入宫，居中用事，如此则太后心安，君等幸得脱祸矣。"丞相乃如辟强计。太后说，其哭乃哀。吕氏权由此起。乃大赦天下。九月辛丑，葬。太子即位为帝，谒高庙。元年，号令一出太后。

孝惠帝七年，诸侯们进京参加十月初一的朝贺。秋天，八月十二日，孝惠帝驾崩。发丧时，太后哭了，却不见流眼泪。留侯张良的儿子张辟强为侍中，当时十五岁，他对丞相陈平说："太后只有孝惠帝这么一个儿子，如今去世了，她却哭得并不悲伤，您知道这其中的缘故吗？"丞相问："是什么缘故？"张辟强说："皇帝没有成年的儿子，太后怕的是制不住你们这些大臣。你现在要求拜吕台、吕产、吕禄为将，统领两宫卫队南北二军，再等其他吕家的人都进入朝廷，在朝廷中掌握实权，这样太后就放心了，你们这些大臣也就能够幸免于祸了。"丞相就按照张辟强的计策去做了。太后很高兴，这才哭得伤心起来。吕氏家族的权势由此而起。接着吕后宣布大赦天下。九月五日，安葬了孝惠帝。太子继位做了皇帝，拜谒了高祖庙。吕后元年，朝廷的号令一律由太后下达。

选自《史记》卷九　吕太后本纪第九

68. 吕后大封吕家人

　　太后称制，议欲立诸吕为王，问右丞相王陵。王陵曰："高帝刑白马盟曰'非刘氏而王，天下共击之'。今王吕氏，非约也。"太后不说。问左丞相陈平、绛侯周勃。勃等对曰："高帝定天下，王子弟，今太后称制，王昆弟诸吕，无所不可。"太后喜，罢朝。王陵让陈平、绛侯曰："始与高帝睫血盟，诸君不在邪？今高帝崩，太后女主，欲王吕氏，诸君纵欲阿意背约，何面目见高帝地下？"陈平、绛侯曰："于今面折廷争，臣不如君；夫全社稷，定刘氏之后，君亦不如臣。"王陵无以应之。十一月，太后欲废王陵，乃拜为帝太傅，夺之相权。王陵遂病免归。乃以左丞相平为右丞相，以辟阳侯审食其为左丞相。左丞相不治事，令监宫中，如郎中令。食其故得幸太后，常用事，公卿皆因而决事。乃迫尊郦侯父为悼武王，欲以王诸吕为渐。

　　吕后行使皇帝的职权后，打算封吕氏子弟为王，她询问右丞相王陵。王陵说："高帝当年杀白马和大臣们盟誓说：'不是刘氏子弟而称王的，天下人一起讨伐他。'现在如果封吕氏子弟为王，是不合先帝盟约的。"吕后很不高兴，又问左丞相陈平与绛侯周勃。周勃等人回答说"高帝平定天下，封刘氏子弟为王，如今太后行使皇帝职权，封自己的弟兄以及其他吕氏子弟为王，没有什么不可以的。"吕后这才高高兴兴地退了朝。王陵责备陈平和周勃说："当初和高帝歃血盟誓，难道你们不在场吗？如今高帝驾崩了，太后一个女人当权，想封吕氏子弟为王，你们竟然纵容她的私欲，阿谀逢迎，背弃盟誓，将来你们有什么面目到九泉之下去见高帝？"陈平、周勃说："如今在太后面前公开反对，当朝力争，我们不如您；但说到保住大汉江山，安定刘氏后代的君王地位，您就不如我们了。"王陵无言以对。十一月，吕后想要罢免王陵，就假意拜他为幼帝的太傅，夺了他的丞相权。而王陵也声称患病，解职回乡了。于是吕后任命左丞相陈平为右丞相，任命辟阳侯审食其为左丞相。左丞相不管日常宰相事务，而是像郎中令一样负责监督宫中事务。审食其由于受吕后的宠幸，常常决断政务，公卿大臣们有什么事情都找他决断。吕后接着又追尊郦侯的父亲为悼武王，打算以此作为封吕氏子弟为王的开端。

四月，太后欲侯诸吕，乃先封高祖之功臣郎中令无择为博城侯。鲁元公主薨，赐谥为鲁元太后。子偃为鲁王。鲁王父，宣平侯张敖也。封齐悼惠王子章为朱虚侯，以吕禄女妻之。齐丞相寿为平定侯。少府延为梧侯。乃封吕种为沛侯，吕平为扶柳侯，张买为南宫侯。

四月，太后准备封吕氏子弟为侯，就先封高祖的功臣郎中令冯无择为博城侯。鲁元公主死了，赐谥为鲁元太后。她的儿子张偃被封为鲁王。鲁王的父亲就是宣平侯张敖。封齐悼惠王刘肥的儿子刘章为朱虚侯，把吕禄的女儿嫁给他为妻。齐丞相齐寿被封为平定侯。少府阳成延被封为梧侯。接着就封吕种为沛侯，吕平为扶柳侯，张买为南宫侯。

太后欲王吕氏，先立孝惠后宫子强为淮阳王，子不疑为常山王，子山为襄城侯，子朝为轵侯，子武为壶关侯。太后风大臣，大臣请立郦侯吕台为吕王，太后许之。建成康侯释之卒，嗣子有罪，废，立其弟吕禄为胡陵侯，续康侯后。二年，常山王薨，以其弟襄城侯山为常山王，更名义。十一月，吕王台薨，谥为肃王，太子嘉代立为王。三年，无事。四年，封吕婴为临光侯，吕他为俞侯，吕更始为赘其侯，吕忿为吕城侯，及诸侯丞相五人。

太后为了封吕氏子弟为王，先立孝惠帝后宫所生的儿子刘强为淮阳王，刘不疑为常山王，刘山为襄城侯，刘朝为轵侯，刘武为壶关侯。太后又放出口风暗示大臣，于是大臣们请求封郦侯吕台为吕王，太后准许了。建成康侯吕释之去世，本该继承侯位的儿子犯了罪，被废黜了，于是改立吕释之的少子吕禄为胡陵侯，作为继承康侯吕释之的后代。二年，常山王刘不疑去世，封他的弟弟襄城侯刘山为常山王，改名刘义。十一月，吕王吕台死了，追谥为肃王，他的儿子吕嘉接替为王。吕后三年，没有发生重大的事情。四年，吕后封她的妹妹吕嬃为临光侯，吕他为俞侯，吕更始为赘其侯，吕忿为吕城侯，此外，还封五个吕氏子弟去当诸侯国的丞相。

选自《史记》卷九 吕太后本纪第九

69. 太后陷害皇太子

宣平侯女为孝惠皇后时，无子，详为有身，取美人子名之，杀其母，立所名子为太子。孝惠崩，太子立为帝。帝或闻其母死，非真皇后子，乃出言曰："后安能杀吾母而名我？我未壮，壮即为变。"太后闻而患之，恐其为乱，乃幽之永巷中，言帝病甚，左右莫得见。太后曰："凡有天下治为万民命者，盖之如天，容之如地，上有欢心以安百姓，百姓欣然以事其上，欢欣交通而天下治。今皇帝病久不已，乃失惑惛乱，不能继嗣奉宗庙祭祀，不可属天下，其代之。"群臣皆顿首言："皇太后为天下齐民计，所以安宗庙社稷甚深，群臣顿首奉诏。"帝废位，太后幽杀之。五月丙辰，立常山王义为帝，更名曰弘。不称元年者，以太后制天下事也。以轵侯朝为常山王。置太尉官，绛侯勃为太尉。五年八月，淮阳王薨，以弟壶关侯武为淮阳王。六年十月，太后曰吕王嘉居处骄恣，废之，以肃王台弟吕产为吕王。夏，赦天下。封齐悼惠王子兴居为东牟侯。

宣平侯张敖的女儿为孝惠皇后的时候，没有儿子，假装有了身孕，抱来一个后宫姬妾的儿子谎称是自己生的，杀死了孩子的母亲，立这个孩子为太子。孝惠帝死后，太子继位做了皇帝。听说他的亲生母亲已经死了，自己并非皇后所生，便放出话来说："母后怎么能杀死我的亲生母亲而把我称作她的儿子？我现在还没有长大，长大了就要造她的反。"太后听说这件事以后很担心，怕他闹出什么乱子，就把他幽禁在永巷中，对外声称皇帝病得很厉害，左右大臣们谁也见不到他。太后说："凡据有天下治理万民的人，像天一样覆盖一切，像地一样托载万物，皇帝怀有欢快的心情来抚慰百姓，百姓也欣然地侍奉皇帝，上下欢悦欣喜的感情相通，天下才能太平。现在皇帝久病不愈，以致迷糊昏乱，不能再担当宗庙祭祀的责任，不能把天下托付给他，应该找人取而代之。"大臣们都叩头说："皇太后为了天下百姓的利益，安定宗庙社稷，考虑得极为深远，我们恭敬地叩头听命。"于是皇帝被废黜了，太后暗中杀害了他。五月十一日，立常山王刘义为皇帝，改名刘弘。之所以没有改年号称元年，是因为太后手握一切大权治理天下。以轵侯刘朝为常山王。设置太尉这一官职，以绛侯周勃为太尉。五年八月，淮阳王刘强死了，封他的弟弟壶关侯刘武为淮阳王。六年十月，吕后说吕王吕嘉平常骄横放纵，废掉了他，封肃王吕台的弟弟吕产为吕王。同年夏天，大赦天下。封齐悼惠王的儿子刘兴居为东牟侯。

选自《史记》卷九　吕太后本纪第九

70. 赵王被押活饿死

七年正月，太后召赵王友。友以诸吕女为后，弗爱，爱他姬，诸吕女妒，怒去，谗之于太后，诬以罪过，曰"吕氏安得王！太后百岁后，吾必击之"。太后怒，以故召赵王。赵王至，置邸不见，令卫围守之，弗与食。其群臣或窃馈，辄捕论之。赵王饿，乃歌曰："诸吕用事兮刘氏危，迫胁王侯兮强授我妃。我妃既妒兮诬我以恶，谗女乱国兮上曾不寤。我无忠臣兮何故弃国？自决中野兮苍天举直！于嗟不可悔兮宁蚤自财。为王而饿死兮谁者怜之！吕氏绝理兮托天报仇。"丁丑，赵王幽死，以民礼葬之长安民冢次。

　　吕后七年正月，吕后召赵王刘友进京。刘友的王后是吕氏的女儿，刘友不喜欢她，而喜欢别的姬妾。这个吕氏的女儿心怀嫉妒，一怒之下离开了家，在太后面前诽谤刘友，以种种罪行诬陷他，说赵王曾说"吕氏怎么能称王！太后死后，我一定消灭他们"。太后大怒，因此召赵王前来。赵王来到京城，被安置在驻京官邸而不予接见，吕后命令卫兵把他围困起来，不给他吃的东西。赵王的臣属有的偷偷地给他送一些吃的，一旦被发现就抓起来论罪。赵王饥饿，于是唱道："诸吕专权啊，刘氏岌岌可危！胁迫王侯啊，硬要我娶吕氏女为妃。我妃嫉妒啊，诬蔑我犯了罪行。坏女人扰乱国家啊，在上的人竟然不明察。我没有忠臣啊，否则为什么会失去了自己的封国？自尽于荒野啊，是非曲直苍天明辨！无可后悔啊，宁愿及早自裁。身为王侯而饿死啊，有谁怜惜！吕氏灭绝天理啊，只好托上天为我报仇。"十八日，赵王刘友被幽禁而活活饿死，死后以平民的礼仪被埋葬在长安的平民墓地。

选自《史记》卷九　吕太后本纪第九

71. 吕后女儿酒毒夫

　　梁王恢之徙王赵，心怀不乐。太后以吕产女为赵王后。王后从官皆诸吕，擅权，微伺赵王，赵王不得自恣。王有所爱姬，王后使人鸩杀之。王乃为歌诗四章，令乐人歌之。王悲，六月即自杀。太后闻之，以为王用妇人弃宗庙礼，废其嗣。

　　梁王刘恢被调到赵国称王，心里很不高兴。这时太后又把吕产的女儿嫁给赵王做王后。王后的随侍官员都是吕氏家族的人，他们专权用事，暗中监视赵王，赵王没有一点自由。赵王有一个宠爱的姬妾，王后派人用毒酒把她害死。为此赵王作了诗歌四章，让乐工歌唱。赵王内心痛楚悲伤，仅仅六个月就自杀了。太后听说了这件事，认为赵王为了一个女人就连祭祀宗庙的礼仪都不要了，于是废黜了他后代的王位继承权。

选自《史记》卷九　吕太后本纪第九

感言： 有其母就有其女。

72. 吕后死前乱封臣

七月中，高后病甚，乃令赵王吕禄为上将军，军北军；吕王产居南军。吕太后诚产、禄曰："高帝已定天下，与大臣约，曰'非刘氏王者，天下共击之'。今吕氏王，大臣弗平。我即崩，帝年少，大臣恐为变。必据兵卫宫，慎毋送丧，毋为人所制。"辛巳，高后崩，遗诏赐诸侯王各千金，将相列侯郎吏皆以秩赐金。大赦天下。以吕王产为相国，以吕禄女为帝后。

七月中旬，太后病重，她任命赵王吕禄为上将军，统率北军；吕王吕产统率南军。吕太后告诫吕产、吕禄说："高帝平定天下后，曾和大臣们立下誓约，说'不是刘氏子弟而称王的，天下人一起讨伐他'。如今吕家的人被封为王，大臣们愤愤不平。我就要死了，皇帝年幼，大臣们恐怕会起来叛乱。你们一定要率领军队保卫皇宫，千万不要给我送丧，不要被人家控制。"八月一日，吕后去世，留下遗嘱赏赐诸侯王每人黄金一千斤，将军、丞相、列侯、郎吏都根据等级赏赐黄金。大赦天下。任命吕王吕产为相国，把吕禄的女儿嫁与皇帝为皇后。

选自《史记》卷九　吕太后本纪第九

感言： 吕后这位民间传说狠毒的女皇，原是一个县令的女儿，当太后了，为保权不择手段，杀人如麻，又乱封臣，祸国殃民。

73. 众臣密谋杀诸吕

诸大臣相与阴谋曰:"少帝及梁、淮阳、常山王,皆非真孝惠子也。吕后以计诈名他人子,杀其母,养后宫,令孝惠子之,立以为后,及诸王,以强吕氏。今皆已夷灭诸吕,而置所立,即长用事,吾属无类矣。不如视诸王最贤者立之。"或言"齐悼惠王高帝长子,今其嫡子为齐王,推本言之,高帝嫡长孙,可立也。"大臣皆曰:"吕氏以外家恶而几危宗庙,乱功臣。今齐王母家驷,驷钧,恶人也,即立齐王,则复为吕氏。"欲立淮南王,以为少,母家又恶。乃曰:"代王方今高帝见子,最长,仁孝宽厚。太后家薄氏谨良。且立长故顺,以仁孝闻于天下,便。"乃相与共阴使人召代王。代王使人辞谢。再反,然后乘六乘传。后九月晦日己酉,至长安,舍代邸。大臣皆往谒,奉天子玺上代王,共尊立为天子。代王数让,群臣固请,然后听。

大臣们聚在一起秘密商量说:"当今的小皇帝以及吕王刘太、淮阳王刘武、常山王刘朝,都不真是孝惠帝的儿子。是吕后用欺诈的手段,把别人的儿子抱来谎称是孝惠帝的儿子,杀掉他们的生母,养在后宫,让孝惠皇帝把他们说成是自己的儿子,立为继承人,或者封为诸侯王,以此来壮大吕氏的势力。现在已经全部消灭了吕氏宗族,如果留着这些吕氏所立的人,那么等他们长大后掌了权,我们这些人就要被杀戮无遗。不如从诸王中选择一个最贤明的立他为皇帝。"有的说"齐悼惠王刘肥是高帝的长子,现在他的嫡子是齐王,从亲疏嫡庶方面探本求源,齐王是高帝的嫡亲长孙,可以立为皇帝"。大臣们都说:"吕氏以外戚的身份秉权作恶,差点颠覆了刘氏天下,摧残功臣。现在齐王外祖母家姓驷,齐王的舅舅驷钧是个恶人,如果立齐王为皇帝,那就会是又一伙'吕氏'上台了。"于是想立淮南王,又觉得他太年轻,同时他的母家也很凶恶。大家就说:"代王刘恒是高帝现今在世的儿子之一,年纪最大,为人仁孝宽厚。太后薄夫人娘家恭谨善良。拥立年长的皇子本来就名正言顺，而且代王又以仁爱孝顺闻名天下，还是立他为帝好。"于是就一起暗地里派人召代王来都城。代王派人推辞。使者再次去迎接，然后代王才乘着六匹马拉的驿车开始起程。闰九月月底己酉这一天，代王到达了长安，住在代王的驻京官邸。大臣们都前往拜见，向代王献上天子印玺，一致拥立代王为帝。代王一再推让，大臣们坚决请求，代王终于答应了。

选自《史记》卷九　吕太后本纪第九

感言： 失道寡助，德道多助，祸国殃民必遭诛。古往今来，无不如此。

74. 懿公好鹤招身死

懿公即位，好鹤，淫乐奢侈。九年，翟伐卫，卫懿公欲发兵，兵或畔。大臣言曰："君好鹤，鹤可令击翟。"翟于是遂入，杀懿公。

懿公登位后，喜欢养鹤，挥霍淫乐。九年时，翟攻伐卫国，卫懿公率军抵御，有些士兵背叛了他。大臣们说："君王喜好鹤，就派鹤去抗击翟人吧！"于是，翟人侵入卫国，杀死懿公。

选自《史记》卷三十七　卫康叔世家第七

75. 愚蠢国君宋襄公

冬，十一月，襄公与楚成王战于泓。楚人未济，目夷曰："彼众我寡，及其未济击之。"公不听。已济未陈，又曰："可击。"公曰："待其已陈。"

陈成，宋人击之。宋师大败，襄公伤股。国人皆怨公。公曰："君子不困人于厄，不鼓不成列。"子鱼曰："兵以胜为功，何常言与！必如公言，即奴事之耳，又何战为？"

冬天，十一月，宋襄公在泓水与楚成王作战。楚军渡河未完时，目夷就劝说："敌人人多，我们人少，要趁他们未渡河时攻打他们。"襄公不听目夷的意见。等到楚军渡完河还未排列成阵势时，目夷又建议："可以攻打了。"襄公却说："等他们排好阵势再打。"楚军阵势排好，宋军才出战。结果宋军大败，宋襄公大腿受伤。宋国人都怨恨宋襄公。宋襄公辩解说："君子不能乘人之危，不能攻打未列好阵势的军队。"子鱼说："打仗胜了就是功劳，哪能讲这种迂腐的话呢！真的按您说的做，就像当奴隶一样服侍别人算了，还打什么仗呢？"

十四年夏，襄公病伤于泓而竟卒，子成公王臣立。

襄公十四年夏天，宋襄公最终死于泓水之战时的腿伤，儿子成公王臣继位。

选自《史记》卷三十八 宋微子世家第八

76. 卧薪尝胆洗雪恨

（一）文种善言骗吴王

乃令大夫种行成于吴，膝行顿首曰："君王亡臣勾践使陪臣种敢告下执事：勾践请为臣，妻为妾。"吴王将许之。子胥言于吴王曰："天以越赐吴，勿许也。"种还，以报勾践。勾践欲杀妻子，燔宝器，触战以死。种止勾践曰："夫吴太宰嚭贪，可诱以利，请间行言之。"于是勾践乃以美女宝器令种间献吴太宰嚭。嚭受，乃见大夫种于吴王。种顿首言曰："愿大

王赦勾践之罪，尽入其宝器。不幸不赦，勾践将尽杀其妻子，燔其宝器，
悉五千人触战，必有当也。"嚭因说吴王曰："越以服为臣，若将赦之，此
国之利也。"吴王将许之。子胥进谏曰："今不灭越，后必悔之。勾践贤君，
种、蠡良臣，若反国，将为乱。"吴王弗听，卒赦越，罢兵而归。

　　于是命令大夫文种去向吴国求和。文种到吴国后跪行到吴王面前，叩
头说："您的败军之臣勾践派他的仆从文种来向您禀告：勾践现在情愿做
您的奴隶，他的妻子情愿做您的婢女。"吴王想要答应。伍子胥对吴王说：
"现在是老天把越国赐给吴国，不要答应他的请求。"文种回来，把事情
的经过告诉了勾践。勾践想要杀死妻子，烧毁珍宝，和吴国决一死战。文
种劝阻勾践说："那吴国的太宰伯嚭十分贪财，可以想办法收买他，请让
我悄悄地去和他交涉。"于是勾践让文种带着美女宝器悄悄地去到吴国，
献给太宰伯嚭。伯嚭接受了赠品，于是领着文种去见吴王。文种叩头说：
"希望大王您能赦免勾践的罪过，勾践将向您献出越国的全部财产。如果
不幸不能得到您的赦免，勾践将杀掉妻儿，烧毁宝器，率领五千人和您决
一死战，您必定会付出相应的代价。"伯嚭趁机劝吴王说："勾践既然已
经愿意臣服我们，成为我们的臣民，如果赦免了他们，这是对我们国家有
利的。"吴王想要答应这件事情。伍子胥进谏说："今天如果不把越国灭掉，
今后一定会后悔的。勾践是贤君，文种、范蠡是良臣，如果放他们回国，
必将成为我们的祸患。"吴王没有听从伍子胥的劝谏，最终赦免了越国，
撤回了包围会稽的军队。

　　（二）卧心尝胆志满酬
　　勾践之困会稽也，喟然叹曰："吾终于此乎？"种曰："汤系夏台，文
王囚羑里，晋重耳奔翟，齐小白奔莒，其卒王霸。由是观之，何遽不为福乎？"

　　勾践困在会稽，喟然感叹说："我最后就结束在这里了么？"文种说：
"商汤曾经被关押在夏台，文王被囚禁在羑里，晋公子重耳曾逃到翟国，

齐公子小白也曾逃到莒国，但他们最终都成就了霸业。由此看来，这何尝
不是一件好事情呢？"

吴既赦越，越王勾践反国，乃苦身焦思，置胆于坐，坐卧即仰胆，饮
食亦尝胆也。曰："女忘会稽之耻邪？"身自耕作，夫人自织，食不加肉，
衣不重彩，折节下贤人，厚遇宾客，振贫吊死，与百姓同其劳。欲使范蠡
治国政，蠡对曰："兵甲之事，种不如蠡；填抚国家，亲附百姓，蠡不如种。"
于是举国政属大夫种，而使范蠡与大夫柘稽行成，为质于吴。二岁而吴归蠡。

吴国赦免了越国后，越王勾践回到越国，便吃苦耐劳，苦思冥想去报仇，
他把一个苦胆吊在坐席旁，使自己坐着躺着都能看到它，吃饭喝水的时候
也要尝尝它的苦味。并且常对自己说："你可忘记了在会稽所受的耻辱吗？"
他亲身耕种，他的夫人也亲自纺纱织布，吃饭没有肉，穿衣不用两种色彩，
放下架子尊重贤人，厚待宾客，接济贫困的人，吊唁去世的人，和普通百
姓一样从事劳动。他想要派范蠡治理国政，范蠡回答说："练兵作战的事情，
文种不如范蠡；安定国家，抚恤百姓，范蠡不如文种。"于是勾践把国家
大政全部交给文种，而让范蠡与大夫柘稽去吴国谈判，并且留在那里做人
质。两年后，吴国放心地让范蠡回来了。

（三）逢同劝践待战机

勾践自会稽归七年，拊循其士民，欲用以报吴。大夫逢同谏曰："国
新流亡，今乃复殷给，缮饰备利，吴必惧，惧则难必至。且鸷鸟之击也，
必匿其形。今夫吴兵加齐、晋，怨深于楚、越，名高天下，实害周室，德
少而功多，必淫自矜。为越计，莫若结齐，亲楚，附晋，以厚吴。吴之志广，
必轻战。是我连其权，三国伐之，越承其弊，可克也。"勾践曰："善。"

勾践从会稽山回来的第七年，对百姓的安抚工作已经进行得差不多了，
就准备征兵对吴作战。这时大夫逢同劝阻说："国家遭受灾难，现在才刚
刚富裕一点，如果这时整军备战，吴国一定会恐惧，吴国一恐惧我们就大

祸临头了。况且一只猛禽在它想要袭击小鸟时，一定要把它的身体隐藏好。现在吴国向北对齐国、晋国用兵，向南与楚国、越国结怨，他的威名至高无上，事实上危害了周天子的权威，一个人的德行少而武功多，他就必定骄傲自大。为了越国打算，不如与齐国结盟，亲近楚国，依附晋国，故意让吴国显得强大。随着吴国的野心不断膨胀，必定越来越好战。那时我们掌握了主动权，当齐、楚、晋三国一起讨伐吴国时，我们就可以趁他几面受敌一举攻破他。"勾践说："太好了。"

（四）吴王轻信埋祸患

居二年，吴王将伐齐。子胥谏曰："未可。臣闻勾践食不重味，与百姓同苦乐。此人不死，必为国患。吴有越，腹心之疾，齐与吴，疥癣也。愿王释齐先越。"吴王弗听，遂伐齐，败之艾陵，虏齐高、国以归。让子胥。子胥曰："王毋喜！"王怒，子胥欲自杀，王闻而止之。越大夫种曰："臣观吴王政骄矣，请试尝之贷粟，以卜其事。"请贷，吴王欲与，子胥谏勿与，王遂与之，越乃私喜。子胥言曰："王不听谏，后三年吴其墟乎！"太宰嚭闻之，乃数与子胥争越议，因谗子胥曰："伍员貌忠而实忍人，其父兄不顾，安能顾王？王前欲伐齐，员强谏，已而有功，用是反怨王。王不备伍员，员必为乱。"与逢同共谋，谗之王。王始不从，乃使子胥于齐，闻其托子于鲍氏，王乃大怒，曰："伍员果欺寡人！"役反，使人赐子胥属镂剑以自杀。子胥大笑曰："我令而父霸，我又立若，若初欲分吴国半予我，我不受，已，今若反以谗诛我。嗟乎，嗟乎，一人固不能独立！"报使者曰："必取吾眼置吴东门，以观越兵入也！"于是吴任嚭政。

又过了两年，吴王准备向北讨伐齐国。伍子胥劝谏说："不行，我听说越王勾践现在生活俭朴，吃饭都不吃有两样滋味的菜，与百姓同甘共苦。这个人不死，一定会成为吴国的祸患。越国的存在，对于吴国是心腹之疾，而齐国的存在，不过是疥癣而已。恳请大王您先放下齐国，收拾越国。"吴王不听，于是讨伐齐国，在艾陵打败齐军，俘虏了齐国的高昭子和国惠子两个大贵族回国，吴王斥责了伍子胥。伍子胥说："大王您不要高兴得太早！"吴王大怒，伍子胥想要自杀，吴王听说后阻止了他。越国大夫文种对勾践说："臣看吴王办事已经很傲慢了，请您向他借粮食，来试探一下虚实。"于是越王向吴王借粮食，吴王想要答应，伍子胥劝谏吴王不要借给越国粮食，但是吴王最终还是把粮食借给了越国，越国人心中暗暗高兴。伍子胥说："大王您不听劝谏，三年后吴国一定会成为一片废墟的！"太宰伯嚭听说了这件事情，就多次与伍子胥争论对付越国的计策，趁机向吴王进谗言说："伍子胥貌似忠厚老实，其实是一个很残忍的人，连他的父亲和兄弟都不顾及，又怎么会顾及大王您呢。大王上次讨伐齐国的时候，他就竭力反对，后来您得胜而回，他还因此怨恨您。大王您如果不防备伍子胥，他一定会作乱的。"伯嚭与逢同一起密谋，在吴王面前接二连三地诽谤伍子胥。吴王刚开始不听，就派伍子胥去齐国，后来听说伍子胥把儿子托付给齐国鲍氏，吴王于是大怒说："伍子胥果然欺骗我！"等伍子胥回来后，派人给伍子胥送去一把属镂剑让他自杀。伍子胥大笑说："在我的辅佐下，让你的父亲登上了霸主的位置，我又立你当了吴王，你当初要分半个吴国给我，我没有答应，没过多久，如今你反而因为谗言而要诛杀我。唉，你一个人是不能独自立国的。"他对吴王派来的使者说："一定要把我的眼睛挖出来放在国都的东门，让我看着越国的军队进城吧！"于是，吴王把军政大权交给了伯嚭。

居三年，勾践召范蠡曰："吴已杀子胥，导谀者众，可乎？"对曰："未可。"

又过了三年，勾践召见范蠡，问他说："吴王已经杀了伍子胥，如今吴王身边围着一群阿谀奉承的人，可以出兵攻打他了吧？"范蠡说："不行。"

（五）勾践报仇洗雪恨

至明年春，吴王北会诸侯于黄池，吴国精兵从王，唯独老弱与太子留守。勾践复问范蠡，蠡曰"可矣"。乃发习流二千人，教士四万人，君子六千人，诸御千人，伐吴。吴师败，遂杀吴太子。吴告急于王，王方会诸侯于黄池，惧天下闻之，乃秘之。吴王已盟黄池，乃使人厚礼以请成越。越自度亦未能灭吴，乃与吴平。

　　到了第二年春天，吴王北上在黄池与诸侯会盟，吴国的精锐部队跟随吴王走了，只留下了老弱残兵和太子留守。勾践又问范蠡，范蠡说："可以了。"于是就调集了熟悉水战的两千士兵，经过专门训练的四万人，受过良好教育的六千人，近卫侍从一千士兵，讨伐吴国。吴军失败，于是杀死了吴国太子。吴国派人向夫差告急，这时夫差正在黄池和诸侯会盟，怕天下人知道这件事，于是秘而不宣。吴王在黄池订立了盟约后派人带着厚礼向越国求和。越国自己估量还不能灭掉吴国，于是答应与吴国讲和。

　　其后四年，越复伐吴。吴士民罢弊，轻锐尽死于齐、晋。而越大破吴，因而留围之三年，吴师败，越遂复栖吴王于姑苏之山。吴王使公孙雄肉袒膝行而前，请成越王曰："孤臣夫差敢布腹心，异日尝得罪于会稽，夫差不敢逆命，得与君王成以归。今君王举玉趾而诛孤臣，孤臣唯命是听，意者亦欲如会稽之赦孤臣之罪乎？"勾践不忍，欲许之。范蠡曰："会稽之事，天以越赐吴，吴不取。今天以吴赐越，越其可逆天乎？且夫君王蚤朝晏罢，非为吴邪？谋之二十二年，一旦而弃之，可乎？且夫天与弗取，反受其咎。'伐柯者其则不远'，君忘会稽之厄乎？"勾践曰："吾欲听子言，吾不忍其使者。"范蠡乃鼓进兵，曰："王已属政于执事，使者去，不者且得罪。"吴使者泣而去。勾践怜之，乃使人谓吴王曰："吾置王甬东，君百家。"吴王谢曰："吾老矣，不能事君王！"遂自杀。乃蔽其面，曰："吾无面以见子胥也！"越王乃葬吴王而诛太宰嚭。

　　又过了四年，越国又讨伐吴国。这时吴国的军民已经非常疲惫，精锐的部队都死在了与齐、晋作战中。因而越国大破吴军，而且包围了吴国的城都，一围就是三年，后吴国都城被攻破，越国就让吴王夫差住到了姑苏山。吴王派公孙雄袒胸露体跪着到越王面前哀求："您无依靠的臣下夫差向您请求，曾经在会稽山得罪了您，我没有拒绝您的命令，与您讲和，让您回国了。如今劳您大驾来讨伐我，我们现在一切都听您的，您能不能也像过去我们在会稽山时一样赦免了我呢？"勾践不忍心，想要答应他。范蠡说："过去我们困在会稽山，上天把越国赐给吴国，吴国不要。今天上天把吴国赐给越国，越国怎么能逆天而行呢？况且大王您早上朝晚罢朝不是为了消灭吴国吗？您谋划了二十二年，一旦放弃，怎么可以呢？况且上天赐予你你却不要，反而会受到惩罚的。《诗经》里曾说'用斧头去砍伐树木做斧柄，标准就在你手里'，您难道忘了被困会稽时的痛苦了么？"勾践说："我想要听你的话，但是我不忍心驳回他的使者。"于是范蠡擂鼓进兵，他对吴国使者说："大王已经把这件事情交给我了，你赶快回去吧，如果不回去，就休怪我们不客气了。"吴国使者只好流着眼泪离去。勾践看见了觉得可怜，于是又派人对吴王说："我可以把您安置在甬东，让您到那里去当一个百户人家的头领。"吴王谢绝说："我已经老了，不能侍奉君王您了！"于是就自杀了。死前他用衣服遮上自己的脸说："我没有脸面去见伍子胥啊！"越王于是埋葬了吴王而杀掉了太宰伯嚭。

选自《史记》卷四十一　越王勾践世家第十一

77. 陈胜吴广立大志

陈胜者，阳城人也，字涉。吴广者，阳夏人也，字叔。陈胜少时，尝与人佣耕，辍耕之垄上，怅恨久之，曰："苟富贵，无相忘。"庸者笑而应曰："若为庸耕，何富贵也？"陈胜太息曰："嗟乎，燕雀安知鸿鹄之志哉！"

陈胜是阳城人，字涉。吴广是阳夏人，字叔。陈胜年轻的时候，曾经被雇给别人耕田，有一次他耕作累了，走到田埂上休息，惆怅了好一会儿，说："如果将来我们这些人中谁富贵了，可不要忘记今天的伙伴啊。"其他的雇工笑着回答说："你只是被雇给人家耕田的，哪能富贵呢！"陈胜长叹一声说："唉！燕雀这种小鸟怎么知道鸿鹄的远大志向呢！"

（一）陈胜择机谋大事

二世元年七月，发闾左适戍渔阳九百人，屯大泽乡。陈胜、吴广皆次当行，为屯长。会天大雨，道不通，度已失期。失期，法皆斩。陈胜、吴广乃谋曰："今亡亦死，举大计亦死，等死，死国可乎？"陈胜曰："天下苦秦久矣。吾闻二世少子也，不当立，当立者乃公子扶苏。扶苏以数谏故，上使外将兵。今或闻无罪，二世杀之。百姓多闻其贤，未知其死也。项燕为楚将，数有功，爱士卒，楚人怜之。或以为死，或以为亡。今诚以吾众诈自称公子扶苏、项燕，为天下唱，宜多应者。"吴广以为然。乃行卜。卜者知其指意，曰："足下事皆成，有功。然足下卜之鬼乎！"陈胜、吴广喜，念鬼，曰："此教我先威众耳。"乃丹书帛曰"陈胜王"，置人所罾鱼腹中。卒买鱼烹食，得鱼腹中书，固以怪之矣。又间令吴广之次所旁丛祠中，夜篝火，狐鸣呼曰："大楚兴，陈胜王。"卒皆夜惊恐。旦日，卒中往往语，皆指目陈胜。

秦二世元年七月，征调贫民百姓去戍守渔阳。九百多名戍卒临时驻扎在大泽乡，陈胜和吴广按照征发的编排次序都编在这支队伍里，并担任屯长。碰巧赶上天降大雨，道路不通，按情况估计已经耽误了到渔阳报到的期限。当时朝廷有规定，误了期限要被斩首。陈胜、吴广于是合计说："现在我们逃亡是死，起义也是死，同样都是死，那我们为什么不为自己打天下而死呢！"陈胜说："天下百姓受秦朝的暴虐统治已经很久了。我听说秦二世是秦始皇的小儿子，不该他继位，该继位的理应是公子扶苏。扶苏因为曾多次劝谏，被秦始皇派在外面领兵。如今听人说，他没有罪却被秦二世杀害了。老百姓只知道扶苏贤能，还不知道他已经被杀害了。项燕是楚国的名将，屡立战功，爱护士兵，楚人都很爱戴他。有人以为他死了，有人以为他逃亡了。如果我们冒充公子扶苏和项燕，号召天下人起义，应该会有很多人响应的。"吴广觉得有理。于是去找人卜卦。卜卦人猜出了他们的意图，说："你们要做的事能成功。但是你们为什么不去向鬼神问凶吉呢！"陈胜、吴广听了很高兴，心里思索着"卜问鬼"的事，后来恍然大悟："这是教我们先在群众中树立威信。"于是他们就用朱砂在白绸子上写了"陈胜王"三个字，偷偷地塞进人家网到的鱼肚子里。戍卒买鱼回来煮着吃，发现了鱼肚子里的帛书，觉得很奇怪。陈胜又暗地里让吴广到驻地旁边丛林中的神庙去里点起篝火，学着狐狸的叫声喊道："大楚兴，陈胜王。"戍卒们夜里被惊醒，恐慌不安。第二天早晨，戍卒们三三两两交头接耳，指指点点地瞧着陈胜。

（二）陈胜自封为将军

吴广素爱人，士卒多为用者。将尉醉，广故数言欲亡，忿恚尉，令辱之，以激怒其众。尉果笞广。尉剑挺，广起，夺而杀尉。陈胜佐之，并杀两尉。召令徒属曰："公等遇雨，皆已失期，失期当斩。藉弟令毋斩，而戍死者固十六七。且壮士不死即已，死即举大名耳，王侯将相宁有种乎！"徒属皆曰："敬受命。"乃诈称公子扶苏、项燕，从民欲也。袒右，称大楚，为坛而盟，祭以尉首。陈胜自立为将军，吴广为都尉。攻大泽乡，收而攻蕲。蕲下，乃令符离人葛婴将兵徇蕲以东，攻铚、酂、苦、柘、谯皆下之。行收兵，比至陈，车六七百乘，骑千余，卒数万人。攻陈，陈守令皆不在，独守丞与战谯门中。弗胜，守丞死，乃入据陈。数日，号令召三老、豪杰与皆来会计事，三老、豪杰皆曰："将军身被坚执锐，伐无道，诛暴秦，复立楚国之社稷，功宜为王。"陈胜乃立为王，号为张楚。

吴广平常很关心他人，因此戍卒们大多数都乐意听他使唤。带队的尉官喝醉了，吴广当着他的面多次故意扬言要逃走，想激怒他，以让他侮辱自己，进而激怒众人。尉官果然中计，抽打吴广。尉官拔出佩剑，吴广趁势奋起，夺剑杀死了尉官。陈胜在一旁帮忙，两人合力杀死了两名尉官。他们召集戍卒们宣告说："我们在这里遇到大雨，已经误了到渔阳报到的期限。误期按法令应该斩首，即使不被斩首，戍守边疆的人十个里面有六七个会死。大丈夫不死则已，死则要轰轰烈烈地干一番大事业，王侯将相，难道是天生的吗？"戍卒们异口同声地说："愿意听从您的号令。"于是他们冒充公子扶苏和项燕，以顺应民意。他们裸露右臂宣誓，号称"大楚"。修筑高坛盟誓，用尉官的首级做祭品。陈胜自称将军，吴广为都尉。他们率领戍卒先是攻下了大泽乡，然后又进攻蕲县。攻下蕲县后就派符离人葛婴带兵去蕲县以东开辟地盘，他和吴广率军向西进攻铚、酂、苦、柘、谯等地，都攻了下来。他们一路招收兵马，等到了陈县，已有六七百辆战车，千余名骑兵，数万步兵。攻打陈县时，陈县县令不在，只有县丞在谯门中抵抗。县丞抵抗不住，在战斗中死去，起义军占领了陈县。过了几天，陈胜下令召集各乡的三老、豪杰们前来集会议事。三老、豪杰们都说："陈将军身披铠甲，手执锐利武器，讨伐无道，诛灭暴秦，重新建立楚国的政权，论功应该称王。"陈胜于是自立为王，国号"张楚"。

选自《史记》卷四十八　陈涉世家第十八

78. 黄石授书给张良

良尝闲从容步游下邳圯上，有一老父，衣褐，至良所，直堕其履圯下，顾谓良曰："孺子，下取履！"良愕然，欲殴之。为其老，强忍，下取履。父曰："履我！"良业为取履，因长跪履之。父以足受，笑而去。良殊大惊，随目之。父去里所，复还，曰："孺子可教矣。后五日平明，与我会此。"良因怪之，跪曰："诺。"五日平明，良往。父已先在，怒曰："与老人期，后，何也？"去，曰："后五日早会。"五日鸡鸣，良往。父又先在，复怒曰："后，何也？"去，曰："后五日复早来。"五日，良夜未半往。有顷，父亦来，喜曰："当如是。"出一编书，曰："读此则为王者师矣。后十年兴。十三年孺子见我济北，谷城山下黄石即我矣。"遂去，无他言，不复见。旦日视其书，乃《太公兵法》也。良因异之，常习诵读之。

有一次张良随便在下邳桥上散步，这时有一个穿着粗布短衣的老人走到张良的身边，故意把自己的鞋子扔到桥下，回过头来对张良说："小子，下去给我把鞋捡上来！"张良感到惊讶，很想揍他一顿。但是看到他年纪很大了，就强忍着心头的怒火，下去把他的鞋子给捡了上来。老人说："给我穿上！"张良想到已经为他把鞋子捡上来了，于是就跪下身子给他穿鞋。老翁把脚伸出来，让张良穿好，笑着走了。张良心里异常惊讶，目送老人离去。老人离开一里左右后又返了回来，说："你这小子有培养前途。五天以后的黎明时分和我在这里会面。"张良越发感到奇怪，跪下说："是。"到了第五天，天刚亮，张良就去了。老人已经先到桥上了，他生气地说："与老年人相约，反而晚来，为什么迟到？"老人转身走开了，说："五天以后早点来会面。"五天以后，鸡刚叫，张良就来到桥头。老人又已经先到桥上了，他又生气地说："又晚来，怎么回事？"老人又走开了，说："五天以后再会面，记得早点来。"五天以后，张良不到半夜就去了。过了一会儿，老人也来了，高兴地说："就应当像这样。"他拿出一编竹简交给张良，说："读了这本书就可以做帝王的老师了。十年以后就会发展起来。十三年以后，你我将在济北见面，谷城山下的黄石就是我。"老人说完就走了，没有再说其他的话，从此也没有人再见到过这位老人。天亮后张良一看老人给的那本书，是《太公兵法》。张良觉得它与一般书籍不一样，经常学习诵读它。

选自《史记》卷五十五　留侯世家第二十五

79. 沛公终不入秦宫

沛公入秦宫，宫室、帷帐、狗马、重宝、妇女以千数，意欲留居之。

樊哙谏沛公出舍，沛公不听。良曰："夫秦为无道，故沛公得至此。夫为天下除残贼，宜缟素为资。今始入秦，即安其乐，此所谓'助桀为虐'。且'忠言逆耳利于行，毒药苦口利于病'，愿沛公听樊哙言。"沛公乃还军霸上。

　　刘邦进入秦宫，看到宫室、帷帐、狗马、珍奇异宝和美女数以千计，就想留下来住在这里。樊哙劝刘邦出去居住，刘邦不听。张良说："正是因为秦王朝暴虐无道，所以您才能来到这里。既然我们的目的是为天下铲除残贼，那么就应该以生活俭朴为本。我们现在才刚刚入秦，您就想过那种昏君过的享乐日子，这就是所谓'助桀为虐'。况且'忠言逆耳利于行，毒药苦口利于病'，希望您能听樊哙的话。"于是刘邦就率兵回到霸上。

　　　　　　　　　　　选自《史记》卷五十五　留侯世家第二十五

80. 雍齿被封将无忧

　　上已封大功臣二十余人，其余日夜争功不决，未得行封。上在洛阳南宫，从复道望见诸将往往相与坐沙中语。上曰："此何语？"留侯曰："陛下不知乎？此谋反耳。"上曰："天下属安定，何故反乎？"留侯曰："陛下起布衣，以此属取天下，今陛下为天子，而所封皆萧、曹故人所亲爱，而所诛者皆生平所仇怨。今军吏计功，以天下不足遍封，此属畏陛下不能尽封，恐又见疑平生过失及诛，故即相聚谋反耳。"上乃忧曰："为之奈何？"留侯曰："上平生所憎，群臣所共知，谁最甚者？"上曰："雍齿与我故，数尝窘辱我。我欲杀之，为其功多，故不忍。"留侯曰："今急先封雍齿以示群臣，群臣见雍齿封，则人人自坚矣。"于是上乃置酒，封雍齿为什方侯，而急趣丞相、御史定功行封。群臣罢酒，皆喜曰："雍齿尚为侯，我属无患矣。"

刘邦已封赏二十多位大功臣，其余的就互相攀比日夜争功，直闹得刘邦无法进行封赏。有一天刘邦在洛阳南宫里，从辅道上望见将领们一起坐在沙地上窃窃私语。刘邦问张良说："这些人在议论什么？"张良说："陛下不知道吗？这些人在密谋反叛呢。"刘邦说："天下才刚刚安定下来，他们为什么要反叛呢？"张良说："您以平民百姓的身份起兵，靠着这些人夺取了天下。现在您做了天子，而所封赏的都是萧何、曹参这些老朋友，是您亲近爱护的，而所杀掉的都是您平时怨恨的仇人。现在军吏们都在计算战功，使用天下的全部土地也不够封赏，这些人怕陛下不能全部封赏，又害怕陛下疑心他们平时的过失而受到诛杀，所以就相聚在一起密谋反叛。"刘邦忧愁地说："那该怎么办呢？"张良说："您平时所憎恨的又为群臣都知道的，是谁呢？"刘邦说："雍齿和我有旧仇，曾多次侮辱我，我想杀掉他，因为他的功劳多，所以不忍心。"张良说："现在赶快先封雍齿来昭示群臣，群臣看到雍齿受到封赏，那么就会安心了。"于是刘邦大摆酒宴，封雍齿为什方侯，当众催促丞相、御史尽快给群臣定功分封。群臣们吃完酒宴后，都高兴地说："雍齿尚且能封为侯，我们这些人就没有什么担忧的了。"

选自《史记》卷五十五　留侯世家第二十五

81. 吕后求贤保太子

上欲废太子，立戚夫人子赵王如意。大臣多谏争，未能得坚决者也。吕后恐，不知所为。人或谓吕后曰："留侯善画计策，上信用之。"吕后乃使建成侯吕泽劫留侯，曰："君常为上谋臣，今上欲易太子，君安得高枕而卧乎？"留侯曰："始上数在困急之中，幸用臣策。今天下安定，以爱欲易太子，骨肉之间，虽臣等百余人何益！"吕泽强要曰："为我画计。"留侯曰："此难以口舌争也。顾上有不能致者，天下有四人。

四人者年老矣，皆以为上慢侮人，故逃匿山中，义不为汉臣。然上高此四人。今公诚能无爱金玉璧帛，令太子为书，卑辞安车，因使辩士固请，宜来。来，以为客，时时从入朝，令上见之，则必异而问之。问之，上知此四人贤，则一助也。"于是吕后令吕泽使人奉太子书，卑辞厚礼，迎此四人。四人至，客建成侯所。

　　刘邦打算废掉太子刘盈，立戚夫人的儿子赵王如意为太子。大臣纷纷劝阻，但都始终没有人能使刘邦下定决心。吕后有些恐慌，不知该怎么办才好。有人对吕后说："留侯张良善于出谋划策，皇上很信任他。"于是吕后就派建成侯吕泽去要挟张良说："你经常为皇上出谋划策，如今皇上打算更换太子，你怎么能够高枕而卧呢？"张良说："当初皇上曾多次处于危急之中，所以他能采纳我的计策。现在天下安定了，由于偏爱的缘故而想更换太子，这是骨肉之间的事情，即使有一百多人去劝说，又有什么用呢？"吕泽强逼着张良说："无论如何你一定要为我出个主意。"张良说："这种事空口劝说是行不通的。天下有四个人，是皇帝也请不出来的。这四个人的年纪都很大了，他们都认为皇上对人傲慢无礼，宁愿逃避在山中躲起来，也不愿屈节做汉朝的子民。但是皇上一直很尊重这四个人。现在如果你能够不吝惜金银财宝，让太子写一封信，言辞要谦恭，安排一辆安适的车子，派一个口才好的辩士去请他们，他们应当会来。他们来了之后，以礼相待，叫他们充当太子的宾客，经常跟从太子上朝，特意让皇上看见他们，这样皇上就一定会感到惊异而询问他们。问了他们，皇上就会知道这四个人的贤能，这对太子会有很大的帮助。"于是吕后让吕泽派人带着厚礼和太子的信，说尽好话地请这四个人来。四个老人请来后，就住在建成侯吕泽的家里。

选自《史记》卷五十五　留侯世家第二十五

82. 吕后哭诉护太子

汉十一年，黥布反，上病，欲使太子将，往击之。四人相谓曰："凡来者，将以存太子。太子将兵，事危矣。"乃说建成侯曰："太子将兵，有功则位不益太子；无功还，则从此受祸矣。且太子所与俱诸将，皆尝与上定天下枭将也，今使太子将之，此无异使羊将狼也，皆不肯为尽力，其无功必矣。臣闻'母爱者子抱'，今戚夫人日夜侍御，赵王如意常抱居前，上曰'终不使不肖子居爱子之上'，明乎其代太子位必矣。君何不急请吕后承间为上泣言：'黥布，天下猛将也，善用兵，今诸将皆陛下故等夷，乃令太子将此属，无异使羊将狼，莫肯为用。且使布闻之，则鼓行而西耳。上虽病，强载辎车，卧而护之，诸将不敢不尽力。上虽苦，为妻子自强。'"于是吕泽立夜见吕后，吕后承间为泣涕而言，如四人意。上曰："吾惟竖子固不足遣，而公自行耳。"于是上自将兵而东，群臣居守，皆送至霸上。留侯病，自强起，至曲邮，见上曰："臣宜从，病甚。楚人剽疾，愿上无与楚人争锋。"因说上曰："令太子为将军，监关中兵。"上曰："子房虽病，强卧而傅太子。"是时叔孙通为太傅，留侯行少傅事。

汉高帝十一年，黥布起兵反叛，刘邦当时生病了，打算让太子为将前往征讨。四个老人商量说："我们之所以来这里，就是为了保全太子。如今让太子领兵出征，事情就很危险了。"于是就劝建成侯说："太子领兵出征，有了功劳也不会为他带来好处。如果无功而归，那么从此就会遭受祸患。并且太子所统率的将领们，都是过去和皇上一起打天下的猛将。现在派太子去统率他们，这无异于让羊去统率狼，谁也不会为太子效力，这样太子一定不会有战功的。我听说'母亲如果受宠爱，她的儿子就会受宠爱'，现在戚夫人整天服侍皇上，赵王如意常常被抱放在皇上跟前，皇上曾说'我绝不会让不肖之子居于我的爱子之上'，很明显赵王如意是肯定要代替太子的。你为什么还不赶快请吕后乘机向皇帝哭诉说：'黥布是天下有名的将领，善于用兵，而现在的将领都是陛下的同辈人，如果让太子去统率他们，简直就是让羊去统率狼，没有一个肯被太子所用，听他的使唤。如果让黥布听到这件事，那么他一定会长驱直入地西进了。皇上您现在虽然生病了，如果您能强忍着坐在车里，监护诸位将领，那么诸位将领就不敢不尽力。皇上虽然要辛苦些，但为了妻子儿女就再勉为其难吧。'"吕泽听了，当夜就去见吕后，把这四个人的意思向她说了。吕后赶紧找了个机会在刘邦面前按照四人的意思哭诉了一番。刘邦说："我本来就想着这小子不足派遣，还是老子自己去吧。"于是刘邦亲自率兵向东进发，留守的群臣都来到霸上送行。张良正生病，也挣扎来到曲邮，拜见刘邦说："我应当随从您去的，但因病很重不能成行。楚人勇猛敏捷，希望您不要和楚人正面硬拼。"又乘机劝刘邦说："应该任命太子为将军，让他监督节制关中的军队。"刘邦说："你虽然有病，但也要勉力辅佐太子。"因为当时叔孙通为太傅，所以让张良行使少傅的职责。

选自《史记》卷五十五　留侯世家第二十五

83. 不信谗言封陈平

绛侯、灌婴等咸谗陈平曰："平虽美丈夫，如冠玉耳。其中未必有也。臣闻平居家时，盗其嫂；事魏不容，亡归楚；归楚不中，又亡归汉。今日大王尊官之，令护军。臣闻平受诸将金，金多者得善处，金少者得恶处。平，反覆乱臣也，愿王察之。"汉王疑之，召让魏无知。无知曰："臣所言者，能也；陛下所问者，行也。今有尾生、孝己之行而无益处于胜负之数，陛下何暇用之乎？楚汉相距，臣进奇谋之士，顾其计诚足以利国家不耳，且盗嫂受金又何足疑乎？"汉王召让平曰："先生事魏不中，遂事楚而去，今又从吾游，信者固多心乎？"平曰："臣事魏王，魏王不能用臣说，故

去事项王；项王不能信人，其所任爱，非诸项即妻之昆弟，虽有奇士不能
用，平乃去楚。闻汉王之能用人，故归大王。臣裸身来，不受金无以为资。
诚臣计画有可采者，愿大王用之；使无可用者，金具在，请封输官，得
请骸骨。"汉王乃谢，厚赐，拜为护军中尉，尽护诸将。诸将乃不敢复言。

　　周勃、灌婴等人都向刘邦谗害陈平说："陈平虽是一位魁伟的美男子，
但是就像帽上镶嵌的玉石一样，其实不一定有真正的才能。我们听说陈平
在家时，和他的嫂子通奸；后来投奔魏国，人家不要他，他就逃亡投奔项羽；
后来在项羽那里不得意，就从楚国逃亡来归顺汉王。现在大王封他高官，
又使他督察军队。可是我们听说陈平接受将领们的贿赂，谁给他送的钱多
得到的好处就多，送的钱少受到的刁难就多。陈平实在是一位反复无常的
乱臣，希望大王详察。"刘邦听了也怀疑陈平，于是召见魏无知责问他。
魏无知说："当初我向您推荐他，是因为他的才能；而陛下您现在所问的，
是他的品行。假使陈平具有尾生和孝己那样的行为，但是对于作战的胜负
毫无帮助，那么陛下哪里有闲工夫任用他呢？现在楚汉相争，我推荐的是
有奇谋的人，只看他的谋略对国家大计有没有帮助，至于和嫂子通奸和接
受贿赂的事，又怎么值得去怀疑他呢？"于是刘邦召见陈平责问他说："你
侍奉魏王不合意，就去投奔项羽，而又离去，现在又来投奔我，讲信义的
人能够像你这样三心二意吗？"陈平回答说："我侍奉魏王，魏王不采纳
我的建议，所以我离开他去投奔项王。项王不信任别人，他所任用宠爱的，
不是他们项家的人，就是他妻子的兄弟，别人虽有奇谋他也不任用，我于
是离开楚王。我是孑然一身逃亡出来的，如果不接受一点金钱，就没有金
钱可用。假使我的计谋有可用的，那就请求大王采纳它；如果没有值得采
用的，诸将送的金钱还在，我愿意封好把它送官，而请求大王准许我带着
这把骨头回去。"刘邦听了陈平的解释，于是向陈平道歉，并且隆重地赏
赐了他，封他为中尉，监督所有的将军。这样一来诸将就不再说三道四了。

　　　　　　　　　　　选自《史记》卷五十六　陈丞相世家第二十六

84. 陈平巧使离间计

陈平既多以金纵反间于楚军，宣言诸将钟离昧等为项王将，功多矣，然而终不得裂地而王，欲与汉为一，以灭项氏而分王其地。项羽果意不信钟离昧等。项王既疑之，使使至汉。汉王为太牢具，举进。见楚使，即详惊曰："吾以为亚父使，乃项王使！"复持去，更以恶草具进楚使。楚使归，具以报项王。项王果大疑亚父。亚父欲急攻下荥阳城，项王不信，不肯听。亚父闻项王疑之，乃怒曰："天下事大定矣，君王自为之！愿请骸骨归！"归未至彭城，疽发背而死。陈平乃夜出女子二千人荥阳城东门，楚因击之，陈平乃与汉王从城西门出去。遂入关，收散兵复东。

陈平用大量的黄金在楚军中行离间之计，散布谣言说钟离昧等诸将为项王的将领带兵作战，功劳很多，可是到头来不能封地为王，因此他们要和汉军联合，一起来消灭项氏，从而分割楚国的土地而称王。项羽果然猜疑，不再信任钟离昧等人。项羽既然猜疑他们，便派遣使者到刘邦那里去探虚实。刘邦准备了规格很高的丰盛酒宴，等到摆开桌子上菜时，见到了楚国的使者，却假装很惊奇地说："我还以为是亚父范增派来的人呢，原来是项王的使者。"于是命人把丰盛的酒菜撤了回去，另以粗劣的饮食给项羽的使者吃。项羽的使者回去后，把整个情形向他报告，项羽果然非常疑心范增。范增想加紧攻下荥阳城，但是项羽不相信他，根本不听他的意见。范增听说项羽怀疑他，于是生气地对项羽说："天下的形势已经基本上定了，你好自为之吧！希望准许我告老还乡！"于是范增离开了项羽，还没有走到彭城，因为背部的疮毒发作而死。趁着这个机会，陈平在夜晚从荥阳城东门放出两千名女子诱敌，楚军便发动攻击，陈平和刘邦连夜从荥阳西门逃走了。刘邦、陈平回到关中，收编散兵后很快又向东进军。

选自《史记》卷五十六　陈丞相世家第二十六

85. 刘邦设计绑韩信

汉六年，人有上书告楚王韩信反。高帝问诸将，诸将曰："亟发兵坑竖子耳。"高帝默然。问陈平，平固辞谢，曰："诸将云何？"上具告之。陈平曰："人之上书言信反，有知之者乎？"曰："未有。"曰："信知之乎？"曰："不知。"曰："陛下精兵孰与楚？"上曰："不能过。"平曰："陛下将用兵有能过韩信者乎？"上曰："莫及也。"平曰："今兵不如楚精，而将不能及，而举兵攻之，是趣之战也，窃为陛下危之。"上曰："为之奈何？"平曰："古者天子巡狩，会诸侯。南方有云梦，陛下弟出伪游云梦，会诸侯于陈。陈，楚之西界，信闻天子以好出游，其势必无事而郊迎谒。谒，而陛下因禽之，此特一力士之事耳。"高帝以为然，乃发使告诸侯会陈，"吾将南游云梦。"上因随以行。行未至陈，楚王信果郊迎道中。高帝豫具武士，见信至，即执缚之，载后车。信呼曰："天下已定，我固当烹！"高帝顾谓信曰："若毋声！而反，明矣！"武士反接之。遂会诸侯于陈，尽定楚地。还至洛阳，赦信以为淮阴侯，而与功臣剖符定封。

汉高祖六年，有人上书告发楚王韩信要造反。刘邦问将领们的意见，将领们都说："赶紧发兵活埋这小子吧。"刘邦听了沉默不语，就问陈平，陈平一再地推辞，说："将领们怎么说呢？"刘邦把将领们的意思告诉了他。陈平说："那人上书告发韩信造反，有没有人知道这事？"刘邦说："没有。"陈平又问："韩信知道这事吗？"刘邦说："不知道。"陈平又说："您的军队和韩信的军队相比较，谁的实力更强呢？"刘邦说："我的军队超不过他。"陈平又说："您的将领带兵作战的能力比得上韩信的吗？"刘邦说："比不上他。"陈平又说："现在您的兵士不如韩信的精锐，将领也比不上韩信，如果您发兵去攻打他，这是逼他作战，我替您感到危险不安。"刘邦说："那这事怎么办？"陈平说："古时天子外出巡视，在外地会见诸侯。南方有云梦泽，您就假说要到云梦泽视察，而在陈会见诸侯。陈在楚地的西界，韩信听到天子这是一次愉快的出游，他一定会毫无防范地出郊欢迎。当他进谒时，陛下您就借机拘捕他，这只需要一个力士就可以办到了。"刘邦认为有道理，于是派遣使者通告诸侯在陈会合，宣称"我将巡视云梦泽"。刘邦于是就出发了。还未到陈时，楚王韩信果然到郊外路旁来迎接。刘邦事先安排了力士，看见韩信来，立刻把他捆绑起来，放在刘邦侍从的车上。韩信大叫道："天下已经平定，我就应该被你们诛杀了！"刘邦回过头去对韩信说："你不要大声喊叫，你想造反的事情已经很清楚了！"力士又把韩信的两手反绑起来。刘邦在陈会见了诸侯，也平定了楚地。刘邦回到洛阳时，赦免了韩信的罪，改封为淮阴侯，而与其他功臣分剖符节，确定了各人的封爵。

选自《史记》卷五十六　陈丞相世家第二十六

86. 陈平贤能任丞相

孝文帝立，以为太尉勃亲以兵诛吕氏，功多；陈平欲让勃尊位，乃谢病。孝文帝初立，怪平病，问之。平曰："高祖时，勃功不如臣平。及诛诸吕，臣功亦不如勃。愿以右丞相让勃。"于是孝文帝乃以绛侯勃为右丞相，位次第一；平徙为左丞相，位次第二。赐平金千斤，益封三千户。

汉孝文帝继位后，认为太尉周勃亲自率兵诛灭了吕氏家族，功劳最大；陈平当时也有意要让给周勃地位尊崇，于是就称病不朝。当时孝文帝初继位，对陈平称病感到奇怪，就问他原因。陈平说："在跟随高祖打天下的时候，周勃的功劳不如我。到了诛灭吕氏家族，我的功劳不如周勃。所以我情愿把右丞相让给周勃。"于是孝文帝就命绛侯周勃为右丞相，位列第一；陈平则调任为左丞相，位列第二。同时赐陈平金千斤，加封食邑三千户。

居顷之，孝文皇帝既益明习国家事，朝而问右丞相勃曰："天下一岁决狱几何？"勃谢曰："不知。"问："天下一岁钱谷出入几何？"勃又谢不知，汗出沾背，愧不能对。于是上亦问左丞相平。平曰："有主者。"上曰："主者谓谁？"平曰："陛下即问决狱，责廷尉；问钱谷，责治粟内史。"上曰："苟各有主者，而君所主者何事也？"平谢曰："主臣！陛下不知其驽下，使待罪宰相。宰相者，上佐天子理阴阳，顺四时，下育万物之宜，外镇抚四夷诸侯，内亲附百姓，使卿大夫各得任其职焉。"孝文帝乃称善。右丞相大惭，出而让陈平曰："君独不素教我对！"陈平笑曰："君居其位，不知其任邪？且陛下即问长安中盗贼数，君欲强对邪？"于是绛侯自知其能不如平远矣。居顷之，绛侯谢病请免相，陈平专为一丞相。

过了一段时间，孝文帝已经越来越了解熟习国家的事务，有一次在朝会时问右丞相周勃说："全国一年判决的案件有多少？"周勃惶恐地说："不知道。"孝文帝又问："全国一年钱粮的收支各有多少？"周勃又惶恐地说不知道，吓得汗流浃背，惭愧不知所答。于是孝文帝又问左丞相陈平，陈平回答说："有专门主管这些事的官吏。"孝文帝问："谁是主管这些事的官吏？"陈平说："陛下如果要问审理案件的事，就问廷尉；如果问钱粮收支的情况，就问治粟内史。"孝文帝又问："各事各有主管的官吏，那么您主管的是何事？"陈平谢罪："主管官吏！陛下不以为我资质驽钝，使我任职宰相。所谓宰相，其职责是对上辅佐天子，顺理阴阳四时，顺应四时变化；对下化育万物，不失时机；对外则镇服安抚天下的夷狄和诸侯；对内则使百姓亲附，使卿士大夫各尽其职。"孝文帝听了点头赞许。相比之下，右丞相周勃感到很惭愧，散朝后他责怪陈平说："您平常为什么不早教我怎么回答皇上呢？"陈平笑着说："您身为宰相，难道不知您的职责吗？如果皇上再问长安城中有多少盗贼，您也要勉强回答吗？"于是周勃知道自己的才能比陈平差远了。过了不久，周勃就托病请求免去了丞相的职位，从此陈平就专任丞相的职务了。

选自《史记》卷五十六 陈丞相世家第二十六

87. 贤妻促夫成大夫

晏子为齐相，出，其御之妻从门间而窥其夫。其夫为相御，拥大盖，策驷马，意气扬扬，甚自得也。既而归，其妻请去。夫问其故。妻曰："晏子长不满六尺，身相齐国，名显诸侯。今者妾观其出，志念深矣，常有以自下者。今子长八尺，乃为人仆御，然子之意自以为足，妾是以求去也。"其后夫自抑损。晏子怪而问之，御以实对。晏子荐以为大夫。

晏子做齐国宰相的时候，有一次坐车外出，他车夫的妻子正好从门缝里看见了她的丈夫。她丈夫替宰相驾车，头上遮着大伞，挥动着鞭子赶着四匹马，神气十足，非常得意。车夫回到家里后，他的妻子要求和他离婚，车夫问她离婚的原因。妻子说："晏子身高不过六尺，却做了齐国的宰相，名声在各国显扬。今天我从门缝看他的样子，志向非常深沉，常有那种甘居人下的自谦态度。现在你身高八尺，却替人家赶车，看你的样子却感觉很了不起，因此我要求和你离婚。"从此以后，车夫就变得谦虚恭谨起来。晏子发现了他的变化，感到奇怪，就问他，车夫把事情的原委如实相告，晏子就举荐他做了齐国的大夫。

选自《史记》卷六十二　管晏列传第二

88. 食我余桃分两说

昔者弥子瑕见爱于卫君。卫国之法，窃驾君车者罪至刖。既而弥子之母病，人闻，往夜告之，弥子矫驾君车而出。君闻之而贤之曰："孝哉，为母之故而犯刖罪！"与君游果园，弥子食桃而甘，不尽而奉君。君曰："爱我哉，忘其口而念我！"及弥子色衰而爱弛，得罪于君。君曰："是尝矫驾吾车，又尝食我以其余桃。"故弥子之行未变于初也，前见贤而后获罪者，爱憎之至变也。故有爱于主，则知当而加亲；见憎于主，则罪当而加疏。故谏说之士不可不察爱憎之主而后说之矣。

　　从前弥子瑕很受卫国君主的宠爱。按照卫国的法律，私自驾驶君主车子的人要判以断足的刑罚。有一次，弥子瑕的母亲病了。有人知道了这件事，就连夜通知他。弥子瑕就假借卫君的命令驾着君主的车子回家了。君主听到这件事反而赞美他说："多孝顺啊，为了回家看母亲竟触犯断足的刑罚！"弥子瑕和卫君到果园去玩，弥子瑕吃到一个甜桃子，没吃完就把剩下的献给卫君。卫君说："真爱我啊，不顾自己爱吃而立即想着给我吃！"等到弥子瑕老了，卫君对他的宠爱也衰减了，后来他得罪了卫君。卫君说："他曾经假借我的命令驾我的车，还曾经把咬剩下的桃子给我吃。"弥子瑕的德行和当初一样，以前被认为孝顺而后来却成了被治罪的原因，这是由于卫君的爱憎发生了极大的改变。所以说，当一个人被君主宠爱时就认为他的一切行为都合乎主子的心愿，愈加亲近；被君主憎恶了，就认为他罪有应得，对他愈加疏远。因此，游说的人，不能不审视君主对你的爱憎态度之后再游说他。

选自《史记》卷六十三　老子韩非列传第三

89. 甘茂被用王遂愿

　　秦武王三年，谓甘茂曰："寡人欲容车通三川，以窥周室，而寡人死不朽矣。"甘茂曰："请之魏，约以伐韩，而令向寿辅行。"甘茂至，谓向寿曰："子归，言之于王曰'魏听臣矣，然愿王勿伐'。事成，尽以为子功。"向寿归，以告王，王迎甘茂于息壤。甘茂至，王问其故。对曰："宜阳，大县也，上党、南阳积之久矣。名曰县，其实郡也。今王倍数险，行千里攻之，难。"

秦武王三年，武王对甘茂说："我要是能乘着垂帷挂幔的车子，通过三川，去看看周王室，那我死也能瞑目了。"甘茂领会了武王的意思，便说："请让我前往魏国，约魏国一起攻打韩国，并请大王让向寿陪我一同前往。"武王答应了甘茂的请求。甘茂到了魏国，就对向寿说："您现在回去，把出使的情况报告武王，就说'魏国听从了甘茂的主张，但甘茂希望大王先不要去攻打韩国'。事情成功后，都算作您的功劳。"向寿回到秦国，按照甘茂的交代向武王报告，武王亲自到息壤迎接甘茂。甘茂抵达息壤后，武王问他不能先去攻打韩国的原因。甘茂回答说："宜阳，是个大县，上党和南阳的物资长期积贮在那里。那里名义上是个县，实际上相当于一个郡。如今大王离开自己所凭据的险要关隘，远行千里去攻打它，想要取胜很难。"

选自《史记》卷七十一　樗里子甘茂列传第十一

90. 谎言重复亦成真

甘茂接着说："昔曾参之处费，鲁人有与曾参同姓名者杀人，人告其母曰'曾参杀人'，其母织自若也。顷之，一人又告之曰'曾参杀人'，其母尚织自若也。顷又一人告之曰'曾参杀人'，其母投杼下机，逾墙而走。夫以曾参之贤与其母信之也，三人疑之，其母惧焉。"

甘茂接着说："当初曾参住在费邑，有个与曾参同名同姓的鲁国人杀了人，有人告诉曾参的母亲说'曾参杀人了'，他的母亲听了继续织布，神情泰然自若。过了一会儿，一个人又跑来告诉他的母亲说'曾参杀人了'，他的母亲仍然织布，神情泰然自若。不一会儿，又有一个人告诉曾参的母亲说'曾参杀人了'，他的母亲扔下梭子，走下织布机，翻墙逃跑了。以曾参的贤德和他母亲对他的信任，有三个人怀疑他，就使他母亲真的以为他杀人了而恐慌。"

选自《史记》卷七十一　樗里子甘茂列传第十一

91. 甘茂说王攻宜阳

甘茂接着说："今臣之贤不若曾参，王之信臣又不如曾参之母信曾参也，疑臣者非特三人，臣恐大王之投杼也。始张仪西并巴蜀之地，北开西河之外，南取上庸，天下不以多张子而以贤先王。魏文侯令乐羊将而攻中山，三年而拔之。乐羊返而论功，文侯示之谤书一箧。乐羊再拜稽首曰：'此非臣之功也，主君之力也。'今臣，羁旅之臣也。樗里子、公孙奭二人者挟韩而议之，王必听之，是王欺魏王而臣受公仲侈之怨也。"王曰："寡人不听也，请与子盟。"卒使丞相甘茂将兵伐宜阳。五月而不拔，樗里子、公孙奭果争之。武王召甘茂，欲罢兵。甘茂曰："息壤在彼。"王曰："有之。"因大悉起兵，使甘茂击之，斩首六万，遂拔宜阳。韩襄王使公仲侈入谢，与秦平。

甘茂接着说："现在我的贤能不及曾参，大王对我的信任也不及曾参的母亲对儿子曾参的信任，而怀疑我的绝对不仅仅是三个人，我唯恐大王有朝一日会像曾母投杼一样怀疑我啊。当初张仪为秦国向西吞并了巴蜀的土地，向北开拓了西河之外的疆域，向南夺取了上庸，天下人并未因此对张仪多加赞赏，而是认为先王贤能。魏文侯让乐羊率军攻打中山国，历经三年终于攻下中山。乐羊回到魏国论功请赏，魏文侯把一箱子毁谤他的书信拿给他看。乐羊看后一连两次行跪拜大礼说：'能够攻下中山国不是我的功劳，全靠主上的大力支持啊。'如今我不过是个寄居此地的臣子。如果樗里子、公孙奭二人会以韩国国力强为理由来议论攻打韩国的得失，大王必定会听取他们的意见，这样不仅大王欺骗了魏王而我也将遭到韩相公仲侈的怨恨。"武王说："我不听他们的，我可以跟您立下誓约。"就这样，武王最终派丞相甘茂带兵攻打宜阳。过了五个月还没有拿下宜阳，樗里子和公孙奭果然提出反对意见。武王召见甘茂，打算撤兵。甘茂说："我们当初在息壤定下的誓约还在那里。"武王说："有这么回事。"于是增派大量兵力，让甘茂攻打宜阳，斩敌六万人，终于攻克宜阳。韩襄王只好派公仲侈到秦国谢罪，与秦国讲和。

选自《史记》卷七十一　樗里子甘茂列传第十一

92. 甘茂说王救韩国

　　武王竟至周，而卒于周。其弟立，为昭王。王母宣太后，楚女也。楚怀王怨前秦败楚于丹阳而韩不救，乃以兵围韩雍氏。韩使公仲侈告急于秦。秦昭王新立，太后楚人，不肯救。公仲因甘茂，茂为韩言于秦昭王曰："公仲方有得秦救，故敢捍楚也。今雍氏围，秦师不下崤，公仲且仰首而不朝，公叔且以国南合于楚。楚、韩为一，魏氏不敢不听，然则伐秦之形成矣。不识坐而待伐孰与伐人之利？"秦王曰："善。"乃下师于崤以救韩，楚兵去。

　　秦武王终于通过三川之地踏上了周都，最后死在周都。秦武王卒后，他的弟弟即位，就是秦昭王。昭王的母亲宣太后是楚国女子。楚怀王怨恨先前秦国在丹阳打败楚国的时候韩国没有出兵援救，于是就发兵围攻韩国的雍氏。韩王派公仲侈到秦国告急求援。当时秦昭王刚刚继位，太后又是楚国人，所以不肯出兵援救。公仲侈就去找甘茂，甘茂替韩国向秦昭王进言说："公仲侈正是估计可以得到秦国的援救，所以才敢抵抗楚国的。如今雍氏被围攻，秦军却不愿东出崤山救援，公仲侈将不再臣侍秦国而不来朝见了。韩公叔也将会让韩国向南与楚国联合，一旦楚国和韩国联合在一起，魏国就不敢不听他们的，这样一来，合攻秦国的形势也就形成了。您认为坐等别人进攻与主动进攻别人怎样做更有利呢？"秦王说："你说得很好。"于是发兵东出崤山去救韩国。楚国军队随即撤离。

选自《史记》卷七十一　　樗里子甘茂列传第十一

93. 苏代析说天下势

秦使向寿平宜阳，而使樗里子、甘茂伐魏皮氏。向寿者，宣太后外族也，而与昭王少相长，故任用。向寿如楚，楚闻秦之贵向寿，而厚事向寿。向寿为秦守宜阳，将以伐韩。韩公仲使苏代谓向寿曰："禽困覆车。公破韩，辱公仲，公仲收国复事秦，自以为必可以封。今公与楚解口地，封小令尹以杜阳。秦楚合，复攻韩，韩必亡。韩亡，公仲且躬率其私徒以阂于秦。愿公熟虑之也。"向寿曰："吾合秦楚非以当韩也，子为寿谒之公仲，曰秦韩之交可合也。"苏代对曰："愿有谒于公。人曰贵其所以贵者贵。王之爱习公也，不如公孙奭；其智能公也，不如甘茂。今二人者皆不得亲于秦事，而公独与王主断于国者何？彼有以失之也。公孙奭党于韩，而甘茂党于魏，故王不信也。今秦楚争强而公党于楚，是与公孙奭、甘茂同道也，公何以异之？人皆言楚之善变也，而公必亡之，是自为责也。公不如与王谋其变也，善韩以备楚，如此则无患矣。韩氏必先以国从公孙奭而后委国于甘茂。韩，公之仇也。今公言善韩以备楚，是外举不僻仇也。"向寿曰："然，吾甚欲韩合。"对曰："甘茂许公仲以武遂，反宜阳之民，今公徒收之，甚难。"向寿曰："然则奈何？武遂终不可得也？"对曰："公奚不以秦为韩求颍川于楚？此韩之寄地也。公求而得之，是令行于楚而以其地德韩也。公求而不得，是韩楚之怨不解而交走秦也。秦楚争强，而公徐过楚以收韩，此利于秦。"向寿曰："奈何？"对曰："此善事也。甘茂欲以魏取齐，公孙奭欲以韩取齐。今公取宜阳以为功，收楚韩以安之，而诛齐魏之罪，是以公孙奭、甘茂无事也。”

　　秦王派向寿去平定宜阳，同时派樗里子、甘茂去攻打魏国的皮氏。向寿是宣太后的娘家人，从小与昭王一起长大，所以被昭王重用。向寿去楚国，楚王听说向寿在秦王面前很受宠，就优厚地礼遇向寿。向寿为秦国驻守宜阳，准备据此攻打韩国。韩国宰相公仲侈派苏代对向寿说：“野兽被围困急了可以撞翻猎人的车子。您曾经攻破韩国，侮辱了公仲侈，公仲侈收拾韩国局面后就要去侍奉秦国，他自认为一定能受到秦国的封赏。如今您把解口送给楚国，又把杜阳封给了楚国的小令尹。秦、楚两国联合，如果再次攻打韩国，韩国必定会灭亡。如果韩国将亡，那么公仲侈必定会亲自率领他的亲信与秦国殊死一搏。希望您仔细地考虑一下这件事。”向寿说：“我联合秦国和楚国并不是为了对付韩国，请您替我向公仲侈说明，说秦国可以和韩国结交。”苏代回答说：“我还有一些话想对您讲。人们说尊重别人所尊重的东西，才能赢得别人的尊重。秦王与您亲近，比不上亲近公孙奭；秦王赏识您的智慧与才能，比不上赏识甘茂。可是如今这两人都不能直接参与秦国大事，而唯独您能与秦王一同决断秦国的大事，这是为什么呢？是因为他们都有使自己失信于秦王的地方啊。公孙奭偏向韩国，而甘茂偏向魏国，所以秦王不信任他们。如今秦国和楚国争强而您却偏袒楚国，这和公孙奭、甘茂的方式一样啊，您和他们还有什么区别呢？人们都说楚国是一个善变的国家，您一定会因为结交楚国而吃亏的，这是自找麻烦。您不如与秦王谋划以防楚国有变，联合韩国以防备楚国，这样就没有祸患了。韩国想亲附秦国必定先把国家大事交给公孙奭，而后才会是甘茂。韩国是您的仇敌。如今您提出联合韩国来防备楚国，这是外交结盟不避私仇的举动啊。”向寿说：“是这样，我也很想与韩国合作。”苏代说：“甘茂已经答应公仲侈把武遂还给韩国，让被驱逐的宜阳百姓返回宜阳，现在您却只想着收回武遂，事情就很难办了。”向寿说：“既然如此，那该怎么办呢？武遂最终不能得到吗？”苏代回答说：“您为什么不以秦国的名义，替韩国向楚国索要颍川呢？颍川本来就是韩国的国土，如果您把它要了回来，这既说明您的政令在楚国能够推行，又能够拿楚国的土地对韩国行恩德。如果您要不回来，这样韩国和楚国的仇恨不能化解就会交相投靠秦国。秦、楚两国争强，您对楚国稍加责备就可以使韩国向您靠拢，这有利于秦国。"向寿说："为什么呢？"苏代回答说："这是件好事啊。甘茂想依靠魏国的力量去攻取齐国，公孙奭打算凭借韩国的势力去攻取齐国。如今您有稳定宜阳的功劳，又联合了楚国和韩国来稳固它的安定局面，进而再讨伐齐国和魏国的罪过，这样一来，公孙奭和甘茂就不可能再有什么作为了。"

选自《史记》卷七十一　樗里子甘茂列传第十一

感言：由于苏代善于分析形势，巧妙地利用矛盾，甘茂虽然劝秦王把武遂归还了韩国，但由于向寿、公孙奭反对这样做，想方设方诋毁他，甘茂十分担心自己地下场，停止了攻打魏国，逃离秦国，投奔齐国。

94. 甘茂贤能秦齐争

甘茂之亡秦奔齐，逢苏代。代为齐使于秦。甘茂曰："臣得罪于秦，惧而遁逃，无所容迹。臣闻贫人女与富人女会绩，贫人女曰：'我无以买烛，而子之烛光幸有余，子可分我余光，无损子明而得一斯便焉。'今臣困而君方使秦而当路矣。茂之妻子在焉，愿君以余光振之。"苏代许诺。遂致使于秦。已，因说秦王曰："甘茂，非常士也。其居于秦，累世重矣。自崤塞及至鬼谷，其地形险易皆明知之。彼以齐约韩魏反以图秦，非秦之利也。"秦王曰："然则奈何？"苏代曰："王不若重其贽，厚其禄以迎之，使彼来则置之鬼谷，终身勿出。"秦王曰："善。"即赐之上卿，以相印迎之于齐。甘茂不往。苏代谓齐湣王曰："夫甘茂，贤人也。今秦赐之上卿，以相印迎之。甘茂德王之赐，好为王臣，故辞而不往。今王何以礼之？"
齐王曰："善。"即位之上卿而处之。秦因复甘茂之家以市于齐。

　　甘茂逃出秦国跑到齐国，路上恰巧碰到了苏代。当时，苏代正准备替
齐国出使秦国。甘茂说："我在秦国获罪，因为害怕而逃了出来，现在连
个容身之地都没有。我听说贫家女子和富家女子在一起纺线，贫家女子说：
'我没有钱买蜡烛，幸好您的烛光绰绰有余，请您分给我一点余光，这对
您的照明没有任何损害，却使我同您一样享用烛光的便利。'如今我处于
困境，而您正好要出使秦国，大权在握。我的老婆孩子还在秦国，希望您
顺便帮他们一把。"苏代答应了他，完成出使的任务后，苏代借机对秦王说：
"甘茂是个不一般的人啊。他居住秦国多年，受到几代君王的重用。从崤
塞到鬼谷一带地形哪里险要，哪里平展，他都了如指掌。假如他让齐国与
韩、魏两国约盟联合，反过来图谋秦国，这对秦国可不是什么好事啊。"
秦王说："既然如此，那该怎么办呢？"苏代说："大王不如送他贵重的礼物，
给他高官厚禄，迎接他回来，假使他回来了，就把他安置在鬼谷，一辈子
不准出来。"秦王说："好。"随即赐封甘茂为上卿，并派人带着相印到
齐国去迎接他。甘茂不回去。苏代对齐湣王说："那个甘茂，可是个贤人。
现在秦国已经赐封他为上卿，带着相印来齐国迎他回去。甘茂感激大王的
恩德，愿意做大王的臣子，所以推辞秦国而没有回去。现在大王准备拿什
么来礼遇他？"齐王说："好。"立即以甘茂为上卿，把他留在了齐国。
秦国也免除了甘茂家属的赋税徭役来同齐国争着拉拢甘茂。

　　　　　　　　　选自《史记》卷七十一　樗里子甘茂列传第十一

　　感言：甘茂是贤能，没有苏代这位睿智善辩之士，秦国、齐国也不
会都封甘茂为上卿。甘茂是匹千里马，而苏代是伯乐，也是真正的千里
马也。

95. 范蜎析说天下势

　　齐使甘茂于楚，楚怀王新与秦合婚而欢。而秦闻甘茂在楚，使人谓楚王曰："愿送甘茂于秦。"楚王问于范蜎曰："寡人欲置相于秦，孰可？"对曰："臣不足以识之。"楚王曰："寡人欲相甘茂，可乎？"对曰："不可。夫史举，下蔡之监门也，大不为事君，小不为家室，以苟贱不廉闻于世，甘茂事之顺焉。故惠王之明，武王之察，张仪之辩，而甘茂事之，取十官而无罪。茂诚贤者也，然不可相于秦。夫秦之有贤相，非楚国之利也。且王前尝用召滑于越，而内行章义之难，越国乱，故楚南塞厉门而郡江东。计王之功所以能如此者，越国乱而楚治也。今王知用诸越而忘用诸秦，臣以王为巨过矣。然则王若欲置相于秦，则莫若向寿者可。夫向寿之于秦王，亲也，少与之同衣，长与之同车，以听事。王必相向寿于秦，则楚国之利也。"于是使使请秦相向寿于秦。秦卒相向寿。而甘茂竟不得复入秦，卒于魏。

　　齐国派甘茂出使楚国，这时楚怀王刚刚与秦国联姻，两国相处甚欢。秦王听说甘茂在楚国，就派人对楚王说："希望您把甘茂送到秦国来。"楚王询问范蜎说："我想派一个人去秦国当宰相，谁比较合适？"范蜎回答说："我没有能力来判别这件事。"楚王说："我打算让甘茂去任宰相，可以吗？"范蜎回答说："不可以。那个史举，是下蔡一个看守城门的，大者不能侍奉国君，小者连个家都养不好，以苟且卑贱，节操不廉为世人所知，可是甘茂对他却很恭敬。因此，像惠王那样明辨，武王那样苛察，张仪那样善辩，甘茂能够一一奉事他们，连续为官十几任而没有招致罪罚，这些都足以表明甘茂的确是个能人，但不能让他去秦国任宰相。因为秦国有贤能的宰相，对楚国来说是不利的。况且大王先前曾派召滑去越国任职，结果他暗地里鼓动章义发难，搞得越国大乱，因此楚国才能乘机攻占厉门为楚国的边塞，拿下江东作为楚国的郡县。我觉得大王之所以能取得这样的功绩，其原因就是越国大乱而楚国大治。如今大王只知道把这种策略用于越国却忘记用于秦国，我认为这是个重大的过失。话说回来，您若打算在秦国安置宰相，没有比向寿更为合适的人选了。向寿对于秦王来说，是亲戚关系，小时候与秦王同穿一件衣服，长大后同乘一辆车，因此向寿能够直接参与国家大政。大王如果安置向寿去秦国任宰相，那肯定是对楚国有利的。"于是楚王派使臣去请求秦王任用向寿为秦国宰相。秦国最终让向寿担任了宰相职位。甘茂也因此没能再回到秦国，最后死在了魏国。

选自《史记》卷七十一　樗里子甘茂列传第十一

感言：天下才子、能人真多，上篇讲的苏代，介绍了范蜎，标题说的是向秦任宰相，实际上宣传的是范蜎的才能，他清醒的分析形势，巧妙的利用矛盾，实心实意地的说服楚王，不让甘茂回秦国担任宰相对楚国的好处，推荐向寿任秦国宰相的可能性，使楚王采纳了他的意见，满足了楚国的利益。范蜎，贤能呀！

96. 甘罗实话劝张唐

甘罗者，甘茂孙也。茂既死后，甘罗年十二，事秦相文信侯吕不韦。

甘罗是甘茂的孙子。甘茂去世时，甘罗才十二岁，侍奉秦国宰相文信侯吕不韦。

秦始皇帝使刚成君蔡泽于燕，三年而燕王喜使太子丹入质于秦。秦使张唐往相燕，欲与燕共伐赵以广河间之地。张唐谓文信侯曰："臣尝为秦昭王伐赵，赵怨臣，曰：'得唐者与百里之地。'今之燕必经赵，臣不可以行。"文信侯不快，未有以强也。甘罗曰："君侯何不快之甚也？"文信侯曰："吾令刚成君蔡泽事燕三年，燕太子丹已入质矣，吾自请张卿相燕而不肯行。"甘罗曰："臣请行之。"文信侯叱曰："去！我身自请之而不肯，女焉能行之？"甘罗曰："夫项橐生七岁为孔子师。今臣生十二岁于兹矣，君其试臣，何遽叱乎？"于是甘罗见张卿曰："卿之功孰与武安君？"卿曰："武安君南挫强楚，北威燕、赵，战胜攻取，破城堕邑，不知其数，臣之功不如也。"甘罗曰："应侯之用于秦也，孰与文信侯专？"张卿曰："应侯不如文信侯专。"甘罗曰："卿明知其不如文信侯专欤？"曰："知之。"甘罗曰："应侯欲攻赵，武安君难之，去咸阳七里而立死于杜邮。今文信侯自请卿相燕而不肯行，臣不知卿所死处矣。"张唐曰："请因孺子行。"令装治行。

　　秦始皇派刚成君蔡泽到燕国，三年后燕王喜派太子丹到秦国做人质。秦国想派张唐去燕国任宰相，打算和燕国一起攻打赵国来扩张河间一带的国土。张唐对文信侯说："我曾经为秦昭王攻打过赵国，所以赵国怨恨我，曾声称：'谁能够抓住张唐，就赏赐百里方圆的土地。'如今我若是前往燕国必定要经过赵国，所以我不能去。"文信侯听了很不高兴，可是又没办法勉强他。甘罗见了，问道："君侯您为什么如此闷闷不乐？"文信侯说："我让刚成君蔡泽侍奉燕国已有三年，燕国太子丹也已经来秦国做人质了，现在我亲自请张唐去燕国任宰相，他却不愿意去。"甘罗说："请允许我说服他前往燕国。"文信侯呵斥道："走开！我亲自请他去，他都不愿意，你怎么能让他去？"甘罗说："项橐七岁就能当孔子的老师。我现在已经满十二岁了，您可以让我去试一试，何必急着呵斥我呢？"文信侯同意了。于是甘罗去拜见张唐说："您的功劳和武安君白起相比，谁的功劳大？"张唐说："武安君向南挫败了强大的楚国，向北威震燕、赵两国，攻城必克，夺城取邑，不计其数，我的功劳当然比不上他。"甘罗又说："过去的应侯范雎在秦国任宰相，与如今的文信侯相比，谁的权力大？"张唐说："应侯不及文信侯权力大。"甘罗说："您真的知道应侯不如文信侯权力大吗？"张唐说："我知道这一点。"甘罗说："应侯想要攻打赵国，武安君故意为难他，结果武安君刚离开咸阳七里路就死在杜邮。如今文信侯亲自请您去燕国任宰相而您不愿意去，我不知您将死在什么地方。"张唐说："那就依你这个孩童的意见前往燕国吧。"于是让人收拾行装，准备出发。

选自《史记》卷七十一　樗里子甘茂列传第十一

97. 甘罗十二任上卿

甘罗者，甘茂孙也。茂既死后，甘罗年十二，事秦相文信侯吕不韦。

甘罗是甘茂的孙子。甘茂去世时，甘罗才十二岁，侍奉秦国宰相文信侯吕不韦。

秦始皇帝使刚成君蔡泽于燕，三年而燕王喜使太子丹入质于秦。秦使张唐往相燕，欲与燕共伐赵以广河间之地。张唐谓文信侯曰："臣尝为秦昭王伐赵，赵怨臣，曰：'得唐者与百里之地。'今之燕必经赵，臣不可以行。"文信侯不快，未有以强也。甘罗曰："君侯何不快之甚也？"文信侯曰："吾令刚成君蔡泽事燕三年，燕太子丹已入质矣，吾自请张卿相燕而不肯行。"甘罗曰："臣请行之。"文信侯叱曰："去！我身自请之而不肯，女焉能行之？"甘罗曰："夫项橐生七岁为孔子师。今臣生十二岁于兹矣，君其试臣，何遽叱乎？"于是甘罗见张卿曰："卿之功孰与武安君？"卿曰："武安君南挫强楚，北威燕、赵，战胜攻取，破城堕邑，不知其数，臣之功不如也。"甘罗曰："应侯之用于秦也，孰与文信侯专？"张卿曰："应侯不如文信侯专。"甘罗曰："卿明知其不如文信侯专与？"曰："知之。"甘罗曰："应侯欲攻赵，武安君难之，去咸阳七里而立死于杜邮。今文信侯自请卿相燕而不肯行，臣不知卿所死处矣。"张唐曰："请因孺子行。"令装治行。

秦始皇派刚成君蔡泽到燕国，三年后燕王喜派太子丹到秦国做人质。秦国想派张唐去燕国任宰相，打算和燕国一起攻打赵国来扩张河间一带的国土。张唐对文信侯说："我曾经为秦昭王攻打过赵国，所以赵国怨恨我，曾声称：'谁能够抓住张唐，就赏赐百里方圆的土地。'如今我若是前往燕国必定要经过赵国，所以我不能去。"文信侯听了很不高兴，可是又没办法勉强他。甘罗见了，问道："君侯您为什么如此闷闷不乐？"文信侯说："我让刚成君蔡泽侍奉燕国已有三年，燕国太子丹也已经来秦国做人质了，现在我亲自请张唐去燕国任宰相，他却不愿意去。"甘罗说："请允许我说服他前往燕国。"文信侯呵斥道："走开！我亲自请他去，他都不愿意，你怎么能让他去？"甘罗说："项橐七岁就能当孔子的老师。我现在已经满十二岁了，您可以让我去试一试，何必急着呵斥我呢？"文信侯同意了。于是甘罗去拜见张唐说："您的功劳和武安君白起相比，谁的功劳大？"张唐说："武安君向南挫败了强大的楚国，向北威震燕、赵两国，攻城必克，夺城取邑，不计其数，我的功劳当然比不上他。"甘罗又说："过去的应侯范雎在秦国任宰相，与如今的文信侯相比，谁的权力大？"张唐说："应侯不及文信侯权力大。"甘罗说："您真的知道应侯不如文信侯权力大吗？"张唐说："我知道这一点。"甘罗说："应侯想要攻打赵国，武安君故意为难他，结果武安君刚离开咸阳七里路就死在杜邮。如今文信侯亲自请您去燕国任宰相而您不愿意去，我不知您将死在什么地方。"张唐说："那就依你这个孩童的意见前往燕国吧。"于是让人收拾行装，准备出发。

行有日，甘罗谓文信侯曰："借臣车五乘，请为张唐先报赵。"文信侯乃入言之于始皇曰："昔甘茂之孙甘罗，年少耳，然名家之子孙，诸侯皆闻之。今者张唐欲称疾不肯行，甘罗说而行之。今愿先报赵，请许遣之。"始皇召见，使甘罗于赵。赵襄王郊迎甘罗。甘罗说赵王曰："王闻燕太子丹入质秦欤？"曰："闻之。"曰："闻张唐相燕欤？"曰："闻之。""燕太子丹入秦者，燕不欺秦也。张唐相燕者，秦不欺燕也。燕、秦不相欺者，伐赵，危矣。燕、秦不相欺无异故，欲攻赵而广河间。王不如赍臣五城以广河间，请归燕太子，与强赵攻弱燕。"赵王立自割五城以广河间。秦归燕太子。赵攻燕，得上谷三十城，令秦有十一。

　　张唐出发的日期确定后，甘罗对文信侯说："借给我五辆马车，请允许我为张唐先到赵国打个招呼。"于是文信侯进宫对秦始皇说："甘茂的孙子甘罗，年纪虽小，却不愧为名门子孙，各国诸侯都知道他。近来张唐想借口有病不愿意前往燕国，甘罗说服了他，使他毅然前往。现在甘罗请求先到赵国把张唐的事通报一声，请大王答应并派他前往。"于是秦始皇召见甘罗，并派他前往赵国。赵襄王亲自到郊外迎接甘罗。甘罗对赵王说："大王听说燕国太子丹到秦国做人质这件事吗？"赵王回答说："听说过这件事。"甘罗说："可曾听说张唐要前往燕国担任宰相？"赵王回答说："听说了。"甘罗接着说："燕国太子丹到秦国来，这表明燕国不欺骗秦国。张唐到燕国担任宰相，这又表明秦国不欺骗燕国。燕国和秦国互不相欺，如果联合攻打赵国，赵国就危险了。燕、秦两国互不相欺，没有别的缘故，就是打算攻打赵国来扩大自己在河间一带的领地。大王不如主动送给我五座城邑来扩大秦国在河间一带的领地，我回去可以请求秦王把燕国太子送回去，再与强大的赵国联合一同攻打弱小的燕国。"赵王立即亲自割让五座城邑给秦国，以此满足秦国扩大河间一带领土的目的，秦国送回燕国太子。于是赵国攻打燕国，一举攻取了上谷一带三十座城邑，给了秦国其中的十一座。

　　甘罗还报秦，乃封甘罗以为上卿，复以始甘茂田宅赐之。

　　甘罗回来向秦王汇报，秦王于是封甘罗做上卿，又把原先甘茂的田地房宅赐给了甘罗。

选自《史记》卷七十一　樗里子甘茂列传第十一

　　感言：将门出虎子。甘茂贤能，孙子甘罗12岁就侍奉吕不韦，为国家效力，办成大臣办不了的事情，12岁就被封为上卿。

98. 鸡鸣狗盗也有用

齐湣王二十五年，复卒使孟尝君入秦，昭王即以孟尝君为秦相。人或说秦昭王曰："孟尝君贤，而又齐族也，今相秦，必先齐而后秦，秦其危矣。"于是秦昭王乃止。囚孟尝君，谋欲杀之。孟尝君使人抵昭王幸姬求解。幸姬曰："妾愿得君狐白裘。"此时孟尝君有一狐白裘，值千金，天下无双，入秦献之昭王，更无他裘。孟尝君患之，遍问客，莫能对。最下坐有能为狗盗者，曰："臣能得狐白裘。"乃夜为狗，以入秦宫臧中，取所献狐白裘至，以献秦王幸姬。幸姬为言昭王，昭王释孟尝君。孟尝君得出，即驰去，更封传，变名姓以出关。夜半至函谷关。秦昭王后悔出孟尝君，求之已去，即使人驰传逐之。孟尝君至关，关法鸡鸣而出客，孟尝君恐追至，客之居下坐者有能为鸡鸣，而鸡齐鸣，遂发传出。出如食顷，秦追果至关，已后孟尝君出，乃还。

齐湣王二十五年，最终还是派孟尝君去了秦国，孟尝君一到秦国，昭王立即任命他为秦国宰相。有人劝秦昭王说："孟尝君是很贤能，可他又是齐王的本家，如今当了秦国的宰相，处理国家大事的时候必定会先替齐国考虑，而后才考虑秦国，这样一来，秦国就危险了。"于是秦昭王罢免了孟尝君的宰相之职，并把孟尝君囚禁起来，想要杀了他。孟尝君只好派人冒昧地去昭王的宠姬那里求救。这个宠姬说："我希望得到孟尝君的那件白狐狸皮大衣。"当时孟尝君确实有一件白狐狸皮大衣，价值千金，普天之下再没有第二件，孟尝君到秦国后已经把它献给了昭王，手头再也没有别的皮裘了。孟尝君为这件事伤脑筋，问遍了宾客，谁也想不出对策。这时，一个坐在最下位善于偷鸡摸狗的人说："我能拿回那件白狐狸皮大衣。"于是他在夜里像狗一样钻进了秦国宫中的仓库，取出了孟尝君献给秦昭王的那件白狐狸皮大衣，拿回来献给了昭王的那位宠姬。于是宠姬替孟尝君向昭王说情，昭王就释放了孟尝君。孟尝君一被释放，立即乘车飞驰而逃，更换了通行证，改名换姓准备混出关去。夜半时分到了函谷关。这时秦昭王后悔放走了孟尝君，当他再派人去找时，发现孟尝君已经逃走了，于是昭王立即派人驾上专车火速去追捕他。孟尝君一行到了函谷关，按照守关的规定要到鸡叫时才能开门放行，孟尝君害怕追兵赶到而万分焦急，这时有个居下座的宾客会学鸡叫，于是他学了一声鸡叫，附近的鸡随之也都叫了起来，孟尝君一行立即出示了证件逃出函谷关。出关后大约过了一顿饭的工夫，秦国追兵果然到了函谷关，但这时孟尝君已经出关，只好无功而返。当初，孟尝君收留这两个鸡鸣狗盗之人为宾客时，其他宾客都以和他们为伍而感到羞耻，等到孟尝君在秦国遭到劫难，最终依靠这两人解救他时，宾客们都对孟尝君不分贵贱、广招宾客的做法佩服不已。

选自《史记》卷七十五　孟尝君列传第十五

99. 殿前自刎为诚信

孟尝君相齐，其舍人魏子为孟尝君收邑入，三反而不致一人。孟尝君问之，对曰："有贤者，窃假与之，以故不致入。"孟尝君怒而退魏子。居数年，人或毁孟尝君于齐湣王曰："孟尝君将为乱。"及田甲劫湣王，湣王意疑孟尝君，孟尝君乃奔。魏子所与粟贤者闻之，乃上书言孟尝君不作乱，请以身为盟，遂自到宫门以明孟尝君。湣王乃惊，而踪迹验问，孟尝君果无反谋，乃复召孟尝君。孟尝君因谢病，归老于薛。湣王许之。

孟尝君当齐国宰相时，他的门客魏子替他去征收薛县的租税，去了三次什么都没有收回来。孟尝君问他这是怎么回事，魏子回答说："有一位贤人，我私自借您的名义把租税赠予了他，所以啥也没收回来。"孟尝君听后一怒之下辞退了魏子。过了几年，有人在齐湣王面前诋毁孟尝君说："孟尝君准备造反。"后来田君甲造反劫持了湣王，湣王怀疑是孟尝君策划的，于是孟尝君只好出逃了。曾经得到魏子馈赠的那位贤人听说了这件事，就上书齐湣王说孟尝君不会作乱，并请求以自己的性命作为担保，说罢就在殿门前刎颈自杀，以此申明孟尝君的清白。湣王大为震惊，经过一番调查取证，得知孟尝君确实没有叛乱谋反，于是又召回了孟尝君。孟尝君推辞称病，请求辞官回薛县养老。湣王准许了他。

选自《史记》卷七十五　孟尝君列传第十五

100. 长途拔涉投贤君

初，冯驩闻孟尝君好客，蹑蹻而见之。孟尝君曰：“先生远辱，何以教文也？”冯驩曰：“闻君好士，以贫身归于君。”孟尝君置传舍十日，孟尝君问传舍长曰：“客何所为？”答曰：“冯先生甚贫，犹有一剑耳，又蒯缑。弹其剑而歌曰：‘长铗归来乎，食无鱼。’”孟尝君迁之幸舍，食有鱼矣。五日，又问传舍长。答曰：“客复弹剑而歌曰：‘长铗归来乎，出无舆。’”孟尝君迁之代舍，出入乘舆车矣。五日，孟尝君复问传舍长。舍长答曰：“先生又尝弹剑而歌曰：‘长铗归来乎，无以为家。’”孟尝君不悦。

当初，冯驩听说孟尝君很喜欢招揽宾客，就穿着草鞋长途跋涉去见他。孟尝君说：“承蒙先生远道光临，对我有何指教？”冯驩说：“听说您很喜欢招纳贤士，我以贫困潦倒之身前来归附您。”孟尝君把他安置在下等食客的住所里，十天后孟尝君问住所的总管说：“冯驩在做些什么？”总管回答说：“冯先生太穷了，只有一把剑，剑柄用草绳缠着。他经常弹着那把剑唱道：‘长剑啊，我们还是回家吧！这里连鱼都没得吃。’”孟尝君听后把冯驩迁到中等食客的住所里，这下他能吃到鱼了。五天后，孟尝君再次询问那位总管冯驩的情况，总管回答说：“客人又弹着剑唱道：‘长剑啊，我们还是回去吧！这里出门连个车也没有。’”于是孟尝君又把冯驩迁到上等食客的住所里，这下出入都有车子可坐了。又过了五天，孟尝君再次向那位总管询问冯骥的情况。总管回答说："冯先生又曾弹着剑唱道：'长剑啊，我们还是回家吧！在这儿连个养家的钱也没有。'"孟尝君听了很不高兴。

选自《史记》卷七十五　孟尝君列传第十五

101. 烧契免债买民心

居期年，冯骥无所言。孟尝君时相齐，封万户于薛。其食客三千人。邑入不足以奉客，使人出钱于薛。岁余不入，贷钱者多不能与其息，客奉将不给。孟尝君忧之，问左右："何人可使收债于薛者？"传舍长曰："代舍客冯公形容状貌甚辩，长者，无他技能，宜可令收债。"孟尝君乃进冯骥而请之曰："宾客不知文不肖，幸临文者三千余人，邑入不足以奉宾客，故出息钱于薛。薛岁不入，民颇不与其息。今客食恐不给，愿先生责之。"冯骥曰："诺。"辞行，至薛，召取孟尝君钱者皆会，得息钱十万。乃多酿酒，买肥牛，召诸取钱者，能与息者皆来，不能与息者亦来，皆持取钱之券书合之。齐为会，日杀牛置酒。酒酣，乃持券如前合之，能与息者，与为期；贫不能与息者，取其券而烧之。曰："孟尝君所以贷钱者，为民之无者以为本业也；所以求息者，为无以奉客也。今富给者以要期，贫穷者燔券书以捐之。诸君强饮食。有君如此，岂可负哉！"坐者皆起，再拜。

又过了一年，在这一年中冯骥没再说什么。孟尝君当时是齐国的宰相，齐王把万户居民的薛县赏赐给他作为封地。他的食客多达三千人，封地薛县的赋税收入不足以供养这么多食客，于是他派人到薛县贷款放债。由于年景不好，没有收成，借债的人很多都不能支付利息，食客们的需用将无法供给。孟尝君为此很忧虑，于是问左右侍从："谁可以前往薛县去帮我收债？"那位下等食客住所的总管说："上等食客住所的冯先生相貌出众，看起来很是精明，又是一位长者，没有什么特别的技艺和本事，派他去收债应该合适。"孟尝君就找来冯谖请求他说："宾客们不知道我田文不贤，依附我门下的达三千多人，如今我封地的收入不足以供养这些宾客，所以在薛县放了些债。可是薛县年景不好，没有收成，百姓们很多不能支付利息。如今我门下的宾客们的日常供给恐怕都成问题了，希望先生替我去催讨债务。"冯谖说："好吧。"于是辞别了孟尝君，到了薛邑，他召集所有借孟尝君钱的人开会，得到了利息十万钱。他拿这笔钱置办了许多美酒，买了肥壮的牛，然后召集那些借钱的人，让他们能支付利息的都来，不能支付利息的也来，并且要求他们都带着借钱的契据以便核对。等大家都到齐了，就开始宴会，杀牛炖肉，置办酒席。正当大家喝得尽兴时，冯谖就拿着契据走到席前一一核对，能够支付利息的，和他约定好期限；穷得不能支付利息的，取回他们的契据当众烧毁。接着对大家说："孟尝君之所以贷款给大家，就是要给没有资金的人提供一点谋生的本钱；他之所以向大家要债，是因为没有钱来供养宾客了。如今富裕有钱还债的按照约定日期还债，贫穷无力还债的烧掉契据而免除所有债务。请各位开怀畅饮。有这么好的主子，大家怎么可以背弃他呢！"在坐的人都起身，一再叩头致谢。

选自《史记》卷七十五　孟尝君列传第十五

102. 明君拍手连称好

孟尝君闻冯谖烧券书，怒而使使召谖。谖至，孟尝君曰："文食客三千人，故贷钱于薛。文奉邑少，而民尚多不以时与其息，客食恐不足，故请先生收责之。闻先生得钱，即以多具牛酒而烧券书，何？"冯谖曰："然。不多具牛酒即不能毕会，无以知其有余不足。有余者，为要期。不足者，虽守而责之十年，息愈多，急，即以逃亡自捐之。若急，终无以偿，上则为君好利不爱士民，下则有离上抵负之名，非所以厉士民彰君声也。焚无用虚债之券，捐不可得之虚计，令薛民亲君而彰君之善声也，君有何疑焉！”孟尝君乃拊手而谢之。

孟尝君听说冯骧烧毁契据的消息后非常恼怒，立即派人召回冯骧。冯骧刚一到，孟尝君就责问他：“我门下有食客三千人，所以在薛县放贷。我的封地本来就少，而百姓还多不按时支付利息给我，宾客们的伙食恐怕都不够了，所以请先生去催讨债务。听说先生收来钱就大肆置办肥牛、美酒，而且烧毁契据。这是怎么回事？”冯骧回答说：“是这样的。如果不大肆置办肥牛、美酒就不能把欠债的人都聚集起来，也就没法知道他们中间谁富谁穷。对于那些富裕的，约定期限还钱。对于那些贫穷的，即使守着催讨十年他们也拿不出钱来，时间越长，利息越多，逼急了，他们只好一逃了之以躲避债务。如果现在急于要债，他们终究还是没办法偿还，对上而论您还落得一个贪财好利不爱惜百姓的骂名，对下而论百姓们也落得个背叛主公逃避债务的罪名，这可不是教化百姓、彰扬您名声的做法。烧掉那些毫无用处徒有其名的借据，废弃那些无法收回有名无实的账簿，使薛县的百姓们亲近您而彰显您的美好名声。您有什么可疑惑的呢？”孟尝君一听，拍着手连声向冯骧致谢。

选自《史记》卷七十五　孟尝君列传第十五

感言： 水能载舟，也能履舟，冯骧为孟尝君烧契毁约买民心，实在是明智之举。

103. 冯骧贤能感王君

齐王惑于秦、楚之毁，以为孟尝君名高其主而擅齐国之权，遂废孟尝君。

诸客见孟尝君废，皆去。冯骥曰："借臣车一乘，可以入秦者，必令君重于国而奉邑益广，可乎？"孟尝君乃约车币而遣之。冯骥乃西说秦王曰："天下之游士凭轼结靷西入秦者，无不欲强秦而弱齐；凭轼结靷东入齐者，无不欲强齐而弱秦。此雄雌之国也，势不两立为雄，雄者得天下矣。"秦王踞而问之曰："何以使秦无为雌而可？"冯骥曰："王亦知齐之废孟尝君乎？"秦王曰："闻之。"冯骥曰："使齐重于天下者，孟尝君也。今齐王以毁废之，其心怨，必背齐；背齐入秦，则齐国之情，人事之诚，尽委之秦，齐地可得也，岂直为雄也！君急使使载币阴迎孟尝君，不可失时也。如有齐觉悟，复用孟尝君，则雌雄之所在未可知也。"秦王大悦，乃遣车十乘黄金百镒以迎孟尝君。冯骥辞以先行，至齐，说齐王曰："天下之游士凭轼结靷东入齐者，无不欲强齐而弱秦；凭轼结靷西入秦者，无不欲强秦而弱齐。夫秦齐雄雌之国，秦强则齐弱矣，此势不两雄。今臣窃闻秦遣使车十乘载黄金百镒以迎孟尝君。孟尝君不西则已，西入相秦则天下归之，秦为雄而齐为雌，雌则临淄、即墨危矣。王何不先秦使之未到，复孟尝君，而益与之邑以谢之？孟尝君必喜而受之。秦虽强国，岂可以请人相而迎之哉！折秦之谋，而绝其霸强之略。"齐王曰："善。"乃使人至境候秦使。秦使车适入齐境，使还驰告之，王召孟尝君而复其相位，而与其故邑之地，又益以千户。秦之使者闻孟尝君复相齐，还车而去矣。

齐王被秦、楚两国的毁谤言论蛊惑，认为孟尝君的名声高于自己而且独揽齐国大权，于是罢免了孟尝君。孟尝君门下的那些宾客看到孟尝君被免职，纷纷离去。这时冯骥为他谋划说："借给我一辆车，让我得以抵达秦国，我势必让您在齐国重新受到重视，而且封地更广，可以吗？"孟尝君听后，就备好了车子和财礼派冯骥前往秦国。于是冯骥乘车向西至秦游说秦王说："天下的游说之士驾车向西至秦的，没有一个不是想要使秦国强大而使齐国削弱的；乘车向东入齐的，没有一个不是要使齐国强大而使秦国削弱的。这是两个决一雌雄的国家，下定决心与对方势不两立的才能称雄，两国之中称雄的那个最终才能获取天下。"秦王听得入了神，立即起身问冯驩说："怎么才能避免秦国成为软弱无力的国家呢？"冯驩回答说："大王也知道齐国罢免了孟尝君吧？"秦王说："我听说了。"冯驩说："使齐国受到天下各诸侯国尊重的，是孟尝君。如今齐王听信毁谤之言而罢免了孟尝君，孟尝君心生怨恨，必然背离齐国；如果他背离齐国来到秦国，那么齐国的国情，朝廷中的人事状况，都将为秦国所掌握。那么齐国的土地也就唾手可得了，岂止是称雄呢！您赶紧派使者载着礼物暗地里去迎接孟尝君，不要错过大好的时机啊。否则齐王一旦觉悟，重又任用孟尝君，那今后谁为雌谁为雄就无法预料了。"秦王听后很高兴，就派出十辆载着百镒黄金的车子去迎接孟尝君。冯驩告别了秦王而抢在秦国使者的前头出发，回到了齐国，劝说齐王道："天下游说之士乘车向东入齐的，没有一个不是想要使齐国强大而使秦国削弱的；驾车向西至秦的，没有一个不是想要使秦国强大而使齐国削弱的。秦国和齐国是两个决一雌雄的国家，秦国一旦强大，那齐国必定衰弱，这两个国家势必不能并立称雄。现在我私下得知秦国已经派遣使者驾着十辆装载百镒黄金的马车来迎接孟尝君了。孟尝君不西去秦国则已，一旦他西入秦国担任宰相，那么天下也将归秦国所有，秦国成了强大的雄国，齐国就必将沦为雌国，一旦齐国沦为雌国，那么临淄、即墨就岌岌可危了。大王为什么不在秦国使者没到达之前，恢复孟尝君的职位，并给他更多的封地来向他表示歉意呢？这样一来，孟尝君必定欣然接受。秦国纵然是强国，难道还能任意到别的国家去迎接人家的宰相吗？只有这样才能挫败秦国的阴谋，断绝它称王称霸的计划。"齐王听后说："好。"于是派人到边境去打探是不是真的有秦国使者来迎接孟尝君。秦国使者的车子刚入齐国边境，齐国的探子立即驾车飞驰而回报告齐王，齐王立即召回孟尝君并且恢复了他的宰相职务，除了还给他原来的封地外，又给他增加了千户。秦国使者听说孟尝君恢复了齐国宰相职位，只好掉转车头回去了。

　　　　　　　　　　　　　　选自《史记》卷七十五　孟尝君列传第十五

感言：冯谖这个衣冠不整者似得寸进尺、永不满足，关键时刻竟发挥了使人想不到的作用，他不仅烧地契为孟尝君收买民心，而且在齐王罢免孟尝君宰相的情况下，竟凭智慧和三寸不烂之舌说服了秦王和齐王，争夺孟尝君为秦、齐宰相。冯谖，贤能呀！

104. 不计前嫌结贤人

自齐王毁废孟尝君，诸客皆去。后召而复之，冯谖迎之。未到，孟尝君太息叹曰："文常好客，遇客无所敢失，食客三千有余人，先生所知也。客见文一日废，皆背文而去，莫顾文者。今赖先生得复其位，客亦有何面目复见文乎？如复见文者，必唾其面而大辱之。"冯谖结辔下拜。孟尝君下车接之，曰："先生为客谢乎？"冯谖曰："非为客谢也，为君之言失。夫物有必至，事有固然，君知之乎？"孟尝君曰："愚不知所谓也。"曰："生者必有死，物之必至也；富贵多士，贫贱寡友，事之固然也。君独不见夫趣市朝者乎？明旦，侧肩争门而入；日暮之后，过市朝者掉臂而不顾。非好朝而恶暮，所期物亡其中。今君失位，宾客皆去，不足以怨士而徒绝宾客之路。愿君遇客如故。"孟尝君再拜曰："敬从命矣。闻先生之言，敢不奉教焉。"

自从齐王听信毁谤之言而罢免了孟尝君，他的那些宾客们纷纷离去。后来齐王召回孟尝君并恢复他的官职，冯谖去迎接他。还没到齐国京城，孟尝君感慨地说："我平生喜欢招纳宾客，对待宾客从不敢有任何失礼之处，门下食客三千多人，这是先生您所知晓的。可是宾客们一见我被罢免，都背弃我而离去，没有人顾念我。如今依靠先生我才得以恢复原职，那些离我而去的宾客还有什么脸面再来见我呢？如果有再来见我的，我一定朝他脸上吐唾沫，狠狠地羞辱他。"冯谖听后，盘好缰绳，下车来给孟尝君叩了一个头。孟尝君赶紧下车还礼，说："先生是替那些逃走的宾客道歉吗？"

冯驩说："我之所以向您叩头，并不是替那些宾客道歉，而是因为您的话说错了。世间万物都有其必然的结果，世事都有其固有的规律，您明白它的意思吗？"孟尝君说："我不知道这是什么意思。"冯驩说："凡是活着的东西必然有生命终结的那一天，这是世间万物的必然归宿；富贵的时候宾客多，贫贱的时候朋友少，事情本来就是这样。您难道没见过那些赶集的人吗？早晨天刚亮，人们侧着肩膀争着涌入集市；日落之后，经过市集的人甩着膀子连头也不回。并非人们喜欢早晨而厌恶傍晚，而是因为他们所期望的东西集市中已经没有了。如今您失去官位，宾客都离您而去，这不足以使您怨恨宾客而平白无故断绝他们投奔您的道路。希望您像过去一样对待宾客。"孟尝君连拜两次，致谢说："愿意听从您的指教。听了先生的这番话，我怎敢不照办呢。"

选自《史记》卷七十五　孟尝君列传第十五

感言：冯驩不仅贤能，而且大度，会说话，能办事。他要指出孟尝君的错误，首先下车给孟尝君叩了一个头，使孟尝君能虚心听他指出其缺点。用这样的方法他说服秦、齐二王争先恐后启用孟尝君任宰相，而且劝孟尝君正确认识世界生老病死的规律和"天下熙熙皆为利来，天天攘攘皆为利往"的人性。他不计前嫌，善待宾客，有了这样的军师，孟尝君还有后顾之忧吗？

105. 毛遂自信敢自荐

秦之围邯郸，赵使平原君求救，合从于楚，约与食客门下有勇力文武备具者二十人偕。平原君曰："使文能取胜，则善矣。文不能取胜，则歃血于华屋之下，必得定从而还。士不外索，取于食客门下足矣。"得十九人，余无可取者，无以满二十人。门下有毛遂者，前，自赞于平原君曰："遂

闻君将合从于楚，约与食客门下二十人偕，不外索。今少一人，愿君即以
遂备员而行矣。"平原君曰："先生处胜之门下几年于此矣？"毛遂曰："三
年于此矣。"平原君曰："夫贤士之处世也，譬若锥之处囊中，其末立见。
今先生处胜之门下三年于此矣，左右未有所称诵，胜未有所闻，是先生无
所有也。先生不能，先生留。"毛遂曰："臣乃今日请处囊中耳。使遂蚤
得处囊中，乃颖脱而出，非特其末见而已。"平原君竟与毛遂偕。十九人
相与目笑之而未废也。

　　秦军围攻赵国都城邯郸的时候，赵王派平原君向楚国求救，与楚国订
立合纵盟约共同抵抗秦国，平原君想从自己门下挑选出有勇有谋文武兼备
的食客二十人一同前往。平原君说："如果能通过和平谈判的方式取得成
功，那当然最好了。如果不能通过和平谈判的方式取得成功，就只有使用
武力挟制楚王逼他当场订立盟约，一定要确定了合纵盟约才回国。随行人
员不必到外面去找，从我门下的食客中挑选就足够了。"结果选取了十九
人，其余没有合适的人选了，没办法凑满二十人。这时门下有个叫毛遂的
人，走上前来，向平原君自我推荐说："我听说您要去楚国订立合纵盟约，
想从门下食客中挑选二十人随同前往，随行人员不在外面挑选。现在还少
一个人，希望您就拿我充个数一起去吧。"平原君问道："先生在我门下
至今有几年啦？"毛遂回答说："到现在已经三年了。"平原君说："那些
贤能的人活在世上，就好比锥子放在口袋里，它的锥尖立即就会露出来。
现在先生在我门下至今已经三年了，我的左右近臣们没有谁称赞推荐过你，
我也未曾听说过你，这说明先生的确没有什么专长啊。先生不能去，还是
留在家里吧。"毛遂说："我是今天才请求您将我这'锥子'放在口袋里。
如果我早就被放在口袋里，就会连整个锥锋都露出来，岂止是显露出一点
锥尖而已。"平原君最终同意让毛遂一同前往。其余的那十九个人相视窃笑，
只是没有笑出声音来。

　　毛遂比至楚，与十九人论议，十九人皆服。平原君与楚合从，言其利

害，日出而言之，日中不决。十九人谓毛遂曰："先生上。"毛遂按剑历阶而上，谓平原君曰："从之利害，两言而决耳。今日出而言从，日中不决，何也？"楚王谓平原君曰："客何为者也？"平原君曰："是胜之舍人也。"楚王叱曰："胡不下！吾乃与而君言，汝何为者也！"毛遂按剑而前曰："王之所以叱遂者，以楚国之众也。今十步之内，王不得恃楚国之众也，王之命悬于遂手。吾君在前，叱者何也？且遂闻汤以七十里之地王天下，文王以百里之壤而臣诸侯，岂其士卒众多哉，诚能据其势而奋其威。今楚地方五千里，持戟百万，此霸王之资也。以楚之强，天下弗能当。白起，小竖子耳，率数万之众，兴师以与楚战，一战而举鄢郢，再战而烧夷陵，三战而辱王之先人。此百世之怨而赵之所羞，而王弗知恶焉。合从者为楚，非为赵也。吾君在前，叱者何也？"楚王曰："唯唯，诚若先生之言，谨奉社稷而以从。"毛遂曰："从定乎？"楚王曰："定矣。"毛遂谓楚王之左右曰："取鸡狗马之血来。"毛遂奉铜槃而跪进之楚王曰："王当歃血而定从，次者吾君，次者遂。"遂定从于殿上。毛遂左手持槃血而右手招十九人曰："公相与歃此血于堂下。公等录录，所谓因人成事者也。"

　　毛遂到达楚国，一路上跟那十九个人讨论、交流，使得那十九人都对他心服口服。平原君与楚王谈判合纵结盟事宜，反复陈述利害关系，从太阳刚出来就开始谈判，直到中午还没定下来，那十九个人就对毛遂说："先生您上去。"于是毛遂手按剑柄迅速登阶而上，来到了议事的殿堂内，对平原君说："建立合纵联盟的利害关系，两句话就说定了。现在从日出之时就讨论合纵，到了中午还没决定下来，这是为什么？"楚王见此情形，对平原君说："这个人是干什么的？"平原君回答说："这是我的一个门客。"楚王厉声呵斥道："还不给我退下去！我是跟你的主人谈判，你来干什么！"毛遂手按剑柄走向前去说："大王敢呵斥我毛遂的原因，不过是仗着楚国人多势众。现在我与您相距十步之内，大王是依仗不了楚国人多势众的，此刻大王的性命掌握在我毛遂手里。当着我主人的面，你怎么能这样呵斥我？况且我听说当初商汤凭着区区七十里的领地统治了天下，周文王仅凭百里大小的土地而使天下诸侯臣服，难道是因为他们的士兵众多吗？实际上是由于他们善于把握形势而充分发挥了自己的威力。如今楚国领土方圆五千里，士卒百万，这是称王称霸的有利条件。以楚国的强大，天下应该没有谁能够抵挡得了。秦国的白起，不过是个小孩罢了，带着几万人的部队和楚国交战，第一战就攻克了鄢陵、郢都，第二战又烧毁了夷陵，第三战竟然使大王的先祖受到羞辱。这是楚国百世难解的怨仇，连我们赵国都为你们感到羞耻，而大王你自己却不知道羞愧。合纵是为了楚国，而不是为了赵国。当着我主人的面，你怎么能这样呵斥我？"楚王听了毛遂这番话，说："是，是，的确像先生所说的那样，我愿意恭敬地带着整个国家履行合纵盟约。"毛遂紧接着问道："合纵盟约就此确定了吗？"楚王回答说："确定了。"于是毛遂对楚王的左右近臣说："拿鸡、狗、马的血来。"毛遂双手捧着盛血的铜盘跪下把它进献到楚王面前说："大王应当先歃血为盟确定合纵，其次是我的主人，再下一个是我。"于是在楚国的大殿之上确定了合纵盟约。然后毛遂左手端着一盘血，右手招呼那十九个人说："各位也在堂下一起歃血为盟，各位虽然平庸，可也算是依赖别人的力量完成了自己的任务吧。"

平原君已定从而归，归至于赵，曰："胜不敢复相士。胜相士多者千人，寡者百数，自以为不失天下之士，今乃于毛先生而失之也。毛先生一至楚，而使赵重于九鼎大吕。毛先生以三寸之舌，强于百万之师。胜不敢复相士。"遂以为上客。

平原君签定合纵盟约后，回到赵国，说："我不敢再鉴别士人了。我鉴别士人多者上千，少说也有几百，自认为不会遗漏天下的能人志士，如今竟然把毛先生给遗漏了。毛先生一到楚国，就使赵国的地位比九鼎、大吕还尊贵。毛先生的三寸不烂之舌，胜过百万雄师。我不敢再鉴别士人了。"从此把毛遂尊为上等宾客。

选自《史记》卷七十六 平原君虞卿列传第十六

106. 李同为赵献智勇

平原君既返赵，楚使春申君将兵赴救赵，魏信陵君亦矫夺晋鄙军往救赵，皆未至。秦急围邯郸，邯郸急，且降，平原君甚患之。邯郸传舍吏子李同说平原君曰："君不忧赵亡邪？"平原君曰："赵亡则胜为虏，何为不忧乎？"李同曰："邯郸之民，炊骨易子而食，可谓急矣，而君之后宫以百数，婢妾被绮縠，余粱肉，而民褐衣不完，糟糠不厌。民困兵尽，或剡木为矛矢，而君器物锺磬自若。使秦破赵，君安得有此？使赵得全，君何患无有？今君诚能令夫人以下编于士卒之间，分功而作，家之所有尽散以飨士，士方其危苦之时，易德耳。"于是平原君从之，得敢死之士三千人。李同遂与三千人赴秦军，秦军为之却三十里。亦会楚、魏救至，秦兵遂罢，邯郸复存。李同战死，封其父为李侯。

平原君回到赵国后，楚国就派春申君带兵来救援赵国，魏国的信陵君也假传魏王命令夺了晋鄙的军权率军前往救援赵国，可是都还没有赶到。这时秦军加紧围攻邯郸，邯郸告急，即将降敌，平原君万分焦急。这时，邯郸管理馆舍官吏的儿子李同对平原君说："您不担忧赵国灭亡吗？"平原君说："一旦赵国灭亡我就会成为俘虏，怎么能不担忧呢？"李同说："如今邯郸的百姓拿人骨当柴烧，互相交换小孩吃，可以说是危急到了极点。可是您的后宫姬妾数以百计，丫鬟仆人穿着绫罗绸缎，吃不完的精美饭菜，而百姓们却连件完整的粗布短衣都没有，糟糠都吃不上。百姓困乏，兵器穷尽，有的人削尖木头当长矛箭矢，而您的珍宝乐器照旧无损。如果秦军攻破赵国，您还能占有这些东西吗？如果赵国得以保全，您还用担心什么东西得不到吗？如果现在您能够把府上夫人以下的所有人编到士兵中去，分别承担各种劳役，把家里的全部财产都分发下去犒赏士兵，正处于危急困苦之中的士兵们，必然对您感恩戴德。"于是平原君听取了李同的意见，组织了一支三千人的敢死队。李同就带着这三千人奔赴战场，与秦军死战，秦军为之震撼，被击退了三十里。这时正好楚、魏两国的救兵到达，秦军只好撤兵，邯郸得以保全。李同在与秦军作战时阵亡，他的父亲被赵国封为李侯。

选自《史记》卷七十六　平原君虞卿列传第十六

107. 吕不韦巧帮子楚

子楚，秦诸庶孽孙，质于诸侯，车乘进用不饶，居处困，不得意。吕不韦贾邯郸，见而怜之，曰："此奇货可居"。乃往见子楚，说曰："吾能大子之门。"子楚笑曰："且自大君之门，而乃大吾门！"吕不韦曰："子不知也，吾门待子门而大。"子楚心知所谓，乃引与坐，深语。吕不韦曰："秦王老矣，安国君得为太子。窃闻安国君爱幸华阳夫人，华阳夫人无子，能立适嗣者，独华阳夫人耳。今子兄弟二十余人，子又居中，不甚见幸，久质诸侯。即大王薨，安国君立为王，则子毋几得与长子及诸子旦暮在前者争为太子矣。"子楚曰："然。为之奈何？"吕不韦曰："子贫，客于此，非有以奉献于亲及结宾客也。不韦虽贫，请以千金为子西游，事安国君及华阳夫人，立子为适嗣。"子楚乃顿首曰："必如君策，请得分秦国与君共之。"

由于子楚是秦王庶出的孙子，又在赵国当人质，因而他乘的车马和日常的财用都不富裕，生活困窘，很不得意。这时吕不韦正好到邯郸去做生意，见到子楚后非常喜欢他，说："子楚就像一件奇货，可以囤积居奇，以待高价售出。"于是他就前去拜访子楚，游说他说："我能光大你的门庭。"子楚见他是位商人，不由得笑着说："你还是先光大自己的门庭，然后再来光大我的门庭吧！"吕不韦说："你不懂啊，我的门庭要等待你的门庭光大了才能光大。"子楚明白了吕不韦的言下之意，于是请他坐下来，推心置腹地深谈。吕不韦说："秦王已经老了，安国君现在是太子。我听说安国君非常宠爱华阳夫人，但华阳夫人没有儿子，而能够选立太子的只有华阳夫人。如今你的兄弟有二十多人，你又排行居中，不受秦王喜爱，长期被留在国外当人质，等到秦王去世后，安国君继位为王，你也没有指望同你长兄和早晚都在秦王身边的其他兄弟们争太子之位了。"子楚说："是这样的，那该怎么办呢？"吕不韦说："你本来就很贫困，又客居在此，也拿不出什么东西来献给亲长和结交宾客。我吕不韦虽然不富有，但我愿意拿出千金来为你去秦国游说，侍奉安国君和华阳夫人，想办法让他们立你为太子。"子楚于是叩头拜谢道："如果能实现您的计划，我愿意把秦国的土地分一半给您。"

选自《史记》卷八十五　吕不韦列传第二十五

108. 不韦巧说华夫人

吕不韦乃以五百金与子楚，为进用，结宾客；而复以五百金买奇物玩好，自奉而西游秦，求见华阳夫人姊，而皆以其物献华阳夫人。因言子楚贤智，结诸侯宾客遍天下，常曰："楚也以夫人为天，日夜泣思太子及夫人"。夫人大喜。不韦因使其姊说夫人曰："吾闻之，以色事人者，色衰而爱弛。今夫人事太子，甚爱而无子，不以此时蚤自结于诸子中贤孝者，举立以为适而子之，夫在则重尊，夫百岁之后，所子者为王，终不失势，此所谓一言而万世之利也。不以繁华时树本，即色衰爱弛后，虽欲开一语，尚可得乎？今子楚贤，而自知中男也，次不得为适，其母又不得幸，自附夫人，夫人诚以此时拔以为适，夫人则竟世有宠于秦矣。"华阳夫人以为然。

于是吕不韦拿出五百金送给子楚，作为他日常生活和交结宾客之用；又拿出五百金买了些奇珍异宝，自己带着去了秦国，他先拜见华阳夫人的姐姐，托她把那些奇珍异宝献给华阳夫人。并顺便谈及子楚是如何聪明贤能，已经结交了遍及天下的诸侯宾客，并说子楚常常说"我子楚把夫人看成天一般，日夜哭泣思念太子和夫人"。华阳夫人听了这些话非常高兴。吕不韦趁机又让华阳夫人姐姐劝说华阳夫人道："我听说用美色来侍奉别人的，一旦年老色衰，就会失宠。现在夫人您侍奉太子，甚被宠爱，可是您没有儿子，您为何不早一点在太子的儿子中挑一位有才能而孝顺的人，把他认为儿子立他为继承人呢？这样当您丈夫在世时，您势重位尊；丈夫去世后，您所认的儿子继位为王，您最终也不会失势，这就是人们所说的：一句话就能得到万世的好处啊。您不趁自己风华正茂之时树立根本，等到您年老色衰失宠时，再想说话，还有谁会听呢？现在子楚贤能，而自己也知道排行居中，按次序是不可能被立为继承人的，而他的生母又不受宠爱，所以他会主动来依附夫人，夫人如果能趁此时机选拔他为继承人，那么夫人您这辈子在秦国都要受到尊宠啦。"华阳夫人听后认为很有道理。

选自《史记》卷八十五　吕不韦列传第二十五

109. 王约子楚可继任

承太子闲，从容言子楚质于赵者绝贤，来往者皆称誉之。乃因涕泣曰："妾幸得充后宫，不幸无子，愿得子楚立以为适嗣，以托妾身。"安国君许之，乃与夫人刻玉符，约以为适嗣。安国君及夫人因厚馈遗子楚，而请吕不韦傅之，子楚以此名誉益盛于诸侯。

于是就找机会向太子委婉地谈到在赵国做人质的子楚非常有才能，来往与秦、赵两国的人都称赞他。说着说着华阳夫人就哭了起来："我有幸能进入您的后宫，但非常不幸没有儿子，我想把子楚认为儿子，让他做您的继承人，这样我日后也好有个依靠。"安国君答应了，给华阳夫人刻下玉符，约定立子楚为继承人。接着安国君和华阳夫人都送了好多礼物给子楚，并请吕不韦当他的老师，因此子楚的名声在诸侯中越来越大。

选自《史记》卷八十五　吕不韦列传第二十五

110. 让美女中藏悬机

吕不韦娶邯郸诸姬绝好善舞者与居，知有身。子楚从不韦饮，见而说之，因起为寿，请之。吕不韦怒，念业已破家为子楚，欲以钓奇，乃遂献其姬。姬自匿有身，至大期时，生子政。子楚遂立姬为夫人。

后来吕不韦在邯郸娶了一位漂亮而又善于跳舞的女子，不久知道这位女子怀孕了。有一次子楚和吕不韦一起饮酒，看到此女后非常喜欢，于是站起身来向吕不韦祝酒，请求吕不韦把此女赐给他。吕不韦起初听了很生气，但转念一想，自己已经为子楚破费了大量家产，为的是借以钓取奇货，于是就献出了这个女子。此女也故意隐瞒了自己怀孕在身的事实，十个月之后，她生下一个儿子，取名政。于是子楚就立此女子为夫人。

选自《史记》卷八十五　吕不韦列传第二十五

感言：此美女与吕不韦通奸已怀有身孕，吕不韦又把此美女让给子楚，她又成了子楚的夫人，生下儿子继承王位，这就是秦始皇。

111. 赢政安全返秦国

秦昭王五十年，使王齮围邯郸，急，赵欲杀子楚。子楚与吕不韦谋，行金六百斤予守者吏，得脱，亡赴秦军，遂以得归。赵欲杀子楚妻子，子楚夫人赵豪家女也，得匿，以故母子竟得活。秦昭王五十六年，薨，太子安国君立为王，华阳夫人为王后，子楚为太子。赵亦奉子楚夫人及子政归秦。

秦昭王五十年，派王齮率军围攻邯郸，赵国的形势非常紧急，便想杀死子楚。子楚和吕不韦商量后，拿出六百斤金子送给守城官吏，因而得以脱身，逃到秦军大营，这才得以顺利回国。这时赵国又想杀子楚的妻子和儿子，子楚的夫人是赵国富豪人家的女儿，就跑到娘家藏了起来，因此母子二人竟得活命。秦昭王五十六年，昭王去世了，太子安国君继位为王，华阳夫人当了王后，子楚成为太子。这时赵国也只好护送子楚的夫人和儿子嬴政回到秦国。

选自《史记》卷八十五　吕不韦列传第二十五

112. 不韦纳贤著"春秋"

当是时，魏有信陵君，楚有春申君，赵有平原君，齐有孟尝君，皆下士喜宾客以相倾。吕不韦以秦之强，羞不如，亦招致士，厚遇之，至食客三千人。是时诸侯多辩士，如荀卿之徒，著书布天下。吕不韦乃使其客人人著所闻，集论以为八览、六论、十二纪，二十余万言。以为备天地万物古今之事，号曰《吕氏春秋》。布咸阳市门，悬千金其上，延诸侯游士宾客有能增损一字者予千金。

那时候，魏国有信陵君，楚国有春申君，赵国有平原君，齐国有孟尝君，他们都礼贤下士，竞相招纳宾客。吕不韦认为秦国如此强大，在这方面不能不如他们，所以他也招纳士人，给他们优厚的待遇，门下食客多达三千人。那时其他诸侯国有许多善辩之士，像荀况等人，他们的著作流传天下。

吕不韦见此光景，就命他的食客各自将所见所闻记下，然后综合在一起编成八览、六论、十二纪，共二十多万字。他认为其中包括了天地万物古往今来的事理，所以号称《吕氏春秋》。他还把这本书刊布在咸阳的城门上，并在上面悬挂千金，遍请各国的游士宾客来看，若有人能增删一字，就把这千金赏给他。

选自《史记》卷八十五　吕不韦列传第二十五

113. 不韦诡密找嫪毐

　　始皇帝益壮，太后淫不止。吕不韦恐觉祸及己，乃私求大阴人嫪毐以为舍人，时纵倡乐，使毐以其阴关桐轮而行，令太后闻之，以啗太后。太后闻，果欲私得之。吕不韦乃进嫪毐，诈令人以腐罪告之。不韦又阴谓太后曰："可事诈腐，则得给事中。"太后乃阴厚赐主腐者吏，诈论之，拔其须眉为宦者，遂得侍太后。太后私与通，绝爱之。有身，太后恐人知之，诈卜当避时，徙宫居雍。嫪毐常从，赏赐甚厚，事皆决于嫪毐。嫪毐家童数千人，诸客求宦为嫪毐舍人者千余人。

　　秦始皇年龄越来越大，但太后和吕不韦还是淫乱不止。吕不韦唯恐事情败露使自己遭殃，就暗地找到了一个阳具特别大名叫嫪毐的人做他的门客，不时让他在家举行歌舞杂技表演取乐，让嫪毐用阴茎挑着桐木做的车轮当众行走，并有意让太后知道这件事，以引诱她。太后听说后，果然想暗中占有嫪毐。吕不韦就把嫪毐进献给太后，然后让人告发他犯下了应受宫刑的罪。吕不韦又暗中对太后说："先假装让嫪毐受宫刑，而后他就可以在宫中服侍你了。"太后暗中送给主管宫刑的官吏许多东西，让他们假装处罚嫪毐，拔掉了他的胡须，使他成为太监的样子，嫪毐就得以侍奉太后。太后和他通奸后，特别喜爱他。后来太后怀孕了，恐怕别人知道，就谎称算卦不吉，需要离开宫中躲避一段时间，就搬到雍县的宫殿中去居住了。嫪毐总是随从太后左右，得到的赏赐非常优厚，事事都由嫪毐决定。嫪毐家中有奴仆达几千人。那些为求得官职来当嫪毐门客的宾客达一千余人。

选自《史记》卷八十五　吕不韦列传第二十五

114. 始皇诛毐罚太后

始皇九年，有告嫪毐实非宦者，常与太后私乱，生子二人，皆匿之。与太后谋曰："王即薨，以子为后。"于是秦王下吏治，具得情实，事连相国吕不韦。九月，夷嫪毐三族，杀太后所生两子，而遂迁太后于雍。诸嫪毐舍人皆没其家而迁之蜀。王欲诛相国，为其奉先王功大，及宾客辩士为游说者众，王不忍致法。

秦始皇九年，有人告发嫪毐并不是真正的太监，说他常常和太后淫乱私通，并已经生下两个儿子，把他们隐藏在别处，还和太后谋议说："等到秦王死去，就立他们的儿子为王。"于是秦始皇命法官严查此事，把事情真相全部弄清，事情牵连到相国吕不韦。当年九月，秦始皇下令诛灭了嫪毐家三族，又杀死太后和嫪毐所生的两个儿子，并把太后迁到雍地的离宫居住。嫪毐家的门客们全部被没收家产，流放到蜀地。秦始皇也想杀掉相国吕不韦，但因其侍奉先王功劳大，又有许多宾客辩士为他求情说好话，秦王也就不忍心将他绳之以法了。

选自《史记》卷八十五　吕不韦列传第二十五

感言：吕不韦的诡秘世人皆知，他帮子楚谋到皇位，又把身怀自己"亲生儿子秦始皇"的女人让给子楚，子楚继承皇位后，该女人成为皇后，秦始皇称帝后这位当年的美女又成为皇太后，且一直与吕不韦私通。吕不韦怕秦始皇查觉他与太后私通，又找出嫪毐，为了保全自己他又出卖了嫪毐和太后。诡秘呀，吕不韦。

115. 蔺相如施计保璧

廉颇者，赵之良将也。赵惠文王十六年，廉颇为赵将伐齐，大破之，取阳晋，拜为上卿，以勇气闻于诸侯。蔺相如者，赵人也，为赵宦者令缪贤舍人。

廉颇是赵国的杰出将领。赵惠文王十六年，廉颇作为赵国的将领率兵伐齐，大败齐军，夺取了阳晋，赵王封他为上卿，廉颇凭借勇猛善战闻名于诸侯。蔺相如是赵国人，是赵国太监总管缪贤的门客。

赵惠文王时，得楚和氏璧。秦昭王闻之，使人遗赵王书曰："愿以十五城请易璧。"赵王与大将军廉颇诸大臣谋：欲予秦，秦城恐不可得，徒见欺；欲勿予，即患秦兵之来。计未定，求人可使报秦者，未得。宦者令缪贤曰："臣舍人蔺相如可使。"王问："何以知之？"对曰："臣尝有罪，窃计欲亡走燕，臣舍人相如止臣，曰：'君何以知燕王？'臣语曰：'臣尝从大王与燕王会境上，燕王私握臣手，曰"愿结友"。以此知之，故欲往。'相如谓臣曰：'夫赵强而燕弱，而君幸于赵王，故燕王欲结于君。今君乃亡赵走燕，燕畏赵，其势必不敢留君，而束君归赵矣。君不如肉袒伏斧质请罪，则幸得脱矣。'臣从其计，大王亦幸赦臣。臣窃以为其人勇士，有智谋，宜可使。"于是王召见，问蔺相如曰："秦王以十五城请易寡人之璧，可予不？"相如曰："秦强而赵弱，不可不许。"王曰："取吾璧，不予我城，奈何？"相如曰："秦以城求璧而赵不许，曲在赵；赵予璧而秦不予赵城，曲在秦。均之二策，宁许以负秦曲。"王曰："谁可使者？"相如曰："王必无人，臣愿奉璧往使。城入赵而璧留秦；城不入，臣请完璧归赵。"赵王于是遂遣相如奉璧西入秦。

赵惠文王在位的时候，得到了一块楚国的和氏璧。秦昭王听说后，就派人给赵王送来了一封信，表示愿意用十五座城邑来交换和氏璧。赵王和大将军廉颇以及各位大臣商议：如果把和氏璧交给秦国，恐怕得不到秦国的城邑，只能是白白地受骗；如果不给，又担心秦国出兵攻打赵国，拿不定主意。于是想寻找一个可派去回复秦国的人，却没有找到合适的人选。这时，太监总管缪贤说："可以派我的门客蔺相如去。"赵王问："您怎么知道他可以呢？"缪贤回答说："我有一次犯了罪，打算私下逃亡到燕国去。我的门客蔺相如阻止我说：'您怎么知道燕王会收留您呢？'我说：'我曾跟随大王在边境与燕王会晤，燕王私下握着我的手，说"我希望和您交个朋友"。我由此推断他会收留我，所以打算去投奔他。蔺相如对我说：'当时赵国强大而燕国弱小，您又受赵王宠幸，所以燕王想要和您结交。如今您是从赵国逃奔到燕国，燕国害怕赵国，这种情况下燕王必定不敢收留您，反而会把您捆起来送回赵国。您不如解衣露体伏在刑具上请求大王处罚，或许能够侥幸得到赦免。'我听从了他的意见，幸得大王开恩赦免了我。我私下认为蔺相如是个勇士，而且很有智谋，派他出使秦国应该是合适的。"于是赵王立即召见蔺相如，问他："秦王请求用十五座城换我的和氏璧，可不可以给他？"蔺相如说："秦国强大而赵国弱小，不给是不行的。"赵王问道："如果秦王拿走了我的和氏璧，却不给我城，怎么办？"蔺相如说："秦王请求用城换璧，如果我们赵国不答应，那么我们理亏；我们赵国给了璧，而秦国不给我们城，那就是秦国理亏。比较这两种局面，宁可答应秦国，让它承担理亏的责任。"赵王问："那谁可以出使秦国呢？"蔺相如说："如果大王实在找不到合适的人选，我愿意带着和氏璧出使秦国。赵国得到城，和氏璧就留在秦国；赵国没有得到城，我保证把璧完好无缺地带回赵国。"于是赵王派蔺相如带着和氏璧向西前往秦国。

　　秦王坐章台见相如，相如奉璧奏秦王。秦王大喜，传以示美人及左右，左右皆呼万岁。相如视秦王无意偿赵城，乃前曰："璧有瑕，请指示王。"王授璧，相如因持璧却立，倚柱，怒发上冲冠，谓秦王曰："大王欲得璧，使人发书至赵王，赵王悉召群臣议，皆曰'秦贪，负其强，以空言求璧，偿城恐不可得'。议不欲予秦璧。臣以为布衣之交尚不相欺，况大国乎！且以一璧之故逆强秦之欢，不可。于是赵王乃斋戒五日，使臣奉璧，拜送书于庭。何者？严大国之威以修敬也。今臣至，大王见臣列观，礼节甚倨；得璧，传之美人，以戏弄臣。臣观大王无意偿赵王城邑，故臣复取璧。大王必欲急臣，臣头今与璧俱碎于柱矣！"相如持其璧睨柱，欲以击柱。秦王恐其破璧，乃辞谢固请，召有司案图，指从此以往十五都予赵。相如度秦王特以诈详为予赵城，实不可得，乃谓秦王曰："和氏璧，天下所共传宝也。赵王恐，不敢不献。赵王送璧时，斋戒五日。今大王亦宜斋戒五日，设九宾于廷，臣乃敢上璧。"秦王度之，终不可强夺，遂许斋五日，舍相如广成传。相如度秦王虽斋，决负约不偿城，乃使其从者衣褐，怀其璧，从径道亡，归璧于赵。

　　秦昭王在章台接见蔺相如，相如双手捧着和氏璧敬献给秦王。秦王非常高兴，把和氏璧传给他的美人及左右亲信观赏，群臣高呼万岁。相如见秦王没有给赵国城邑的意思，就走上前去对秦王说："和氏璧上有瑕斑，请让我指给大王看。"秦王把和氏璧交给了蔺相如。蔺相如手持和氏璧退后几步站定，背靠着柱子，怒发冲冠，对秦王说："大王想得到和氏璧，派人送信给赵王，赵王召集所有大臣商议，大家都说：'秦国贪婪，仗着国家强大，想用空话骗取和氏璧，他所说的用来换璧的城邑恐怕得不到。'大家商议不打算将和氏璧给秦国。我认为平民百姓之间交往尚且不能相互欺骗，何况大国呢！况且因为一块和氏璧的缘故而违背强大的秦国的意愿，是不可取的。于是赵王斋戒了五天，派我捧璧前来，临行前，赵王在朝廷上行了叩拜礼之后送出与秦国交换和氏璧的国书。为什么要这样呢？是尊重你们大国的威严以表示敬意啊。现在我来到秦国，大王却在一个偏殿上接见我，表现得十分傲慢；您得到和氏璧后，又把它传给美人看，以此来戏弄我。我看大王没有给赵国十五座城的意思，所以又把和氏璧取了回来。大王如果非要逼我，我的头现在就和氏璧一块撞碎在柱子上！"说完，蔺相如举起和氏璧，斜视着柱子，假意要往柱子上撞。秦王怕他真把璧撞碎，便连忙向他表达歉意，并请求他不要损毁和氏璧，接着秦王召来负责的官吏拿出地图，指着地图说从这里到那里的十五座城划给赵国。蔺相如估计秦王只不过是使诈假装给赵国城邑，实际上赵国是得不到这些城邑的，于是对秦王说："和氏璧是天下公认的宝物，赵王敬畏大王，不敢不把它献给您。赵王送璧的时候，斋戒了五天。现在大王最好也斋戒五天，然后在朝廷上安设'九宾'的礼节，依次传呼，我才敢献上和氏璧。"秦王心里盘算，终究不能强夺，于是答应斋戒五天，并安排蔺相如在广成宾馆里住宿。相如心想秦王虽然答应斋戒，最后必定会违约不给赵国城邑，就派他的随从穿着粗布短衣，怀揣和氏璧，从小路逃走，把和氏璧送回了赵国。

秦王斋五日后，乃设九宾礼于庭，引赵使者蔺相如。相如至，谓秦王曰："秦自缪公以来二十余君，未尝有坚明约束者也。臣诚恐见欺于王而负赵，故令人持璧归，间至赵矣。且秦强而赵弱，大王遣一介之使至赵，赵立奉璧来。今以秦之强而先割十五都予赵，赵岂敢留璧而得罪于大王乎？臣知欺大王之罪当诛，臣请就汤镬。唯大王与群臣孰计议之。"秦王与群臣相视而嘻。左右或欲引相如去，秦王因曰："今杀相如，终不能得璧也，而绝秦赵之欢；不如因而厚遇之，使归赵。赵王岂以一璧之故欺秦邪！"卒廷见相如，毕礼而归之。

秦王斋戒了五天之后，就在朝廷上安设"九宾"的礼节，使人引着赵国使者蔺相如进入了大殿。相如进殿后，对秦王说："秦国自从缪公以来的二十多位国君，不曾有一个是坚定明确地遵守盟约的。我实在是怕被大王欺骗而辜负了赵国，所以派人带着和氏璧返回，走小路已经到达赵国了。况且秦国强大而赵国弱小，大王派遣一个使臣去赵国，赵国立即就会捧着和氏璧给您送来。如今凭借秦国的强大，先割十五座城给赵国，赵国又怎敢留下和氏璧而得罪大王呢？我知道欺骗大王罪当至死，我甘愿受汤镬之刑。请大王和您的大臣们仔细考虑这件事。"秦王和他的群臣相视而发出惊怪之声。秦王的手下人有的想拉着蔺相如去就刑，秦王于是说："今天我们杀了蔺相如，终究不能得到和氏璧，而且会断绝秦赵两国之间的友好关系；不如就此而给予蔺相如优厚待遇，让他返回赵国。难道赵王会因为一块和氏璧的缘故欺骗我们秦国吗！"最终秦王重新在朝廷接见了蔺相如，按照应有的礼数接待完毕后将蔺相如送回了赵国。

相如既归，赵王以为贤，使不辱于诸侯，拜相如为上大夫。秦亦不以城予赵，赵亦终不予秦璧。

蔺相如回来后，赵王认为他是个贤士，在出使秦国的过程中没有使国家受到各国诸侯的耻笑，因而封他为上大夫。后来，秦国也没有把十五座城给赵国，而赵国最终也没有把和氏璧交给秦国。

选自《史记》卷八十一　廉颇蔺相如列传第二十一

116. 忠臣不侍两君主

燕之初入齐，闻画邑人王蠋贤，令军中曰"环画邑三十里无人"，以王蠋之故。已而使人谓蠋曰："齐人多高子之义，吾以子为将，封子万家。"蠋固谢。燕人曰："子不听，吾引三军而屠画邑。"王蠋曰："忠臣不事二君，贞女不更二夫。齐王不听吾谏，故退而耕于野。国既破亡，吾不能存；今又劫之以兵为君将，是助桀为暴也。与其生而无义，固不如烹！"遂经其颈于树枝，自奋绝脰而死。齐亡大夫闻之，曰："王蠋，布衣也，义不北面于燕，况在位食禄者乎！"乃相聚如莒，求诸子，立为襄王。

燕国军队在开始攻入齐国的时候，听说画邑人王蠋贤达，就向军中下令说："环绕画邑方圆三十里内不准进入。"这是因为王蠋的缘故。不久，燕国又派人对王蠋说："齐国有很多人赞扬您的高尚品德，我任用您为燕国的将军，并封赏给您一万户食邑。"王蠋坚决推辞。燕国人说："您如果不接受，我们就率领大军血洗画邑！"王蠋说："忠诚的臣民不侍奉两个君主，贞烈的女子不改嫁第二个丈夫。当初齐王不听从我的劝谏，所以我隐居在乡间种田。齐国已经被打败，我不能保全它，如今你们又用武力威胁我做你们的将领，我如果答应了，就是助纣为虐。与其活着干这种不义之事，还不如受烹刑死去！"然后他就在一棵树上上吊，奋力挣扎直到扭断脖子而死。齐国那些四处逃亡的大夫们听说了这件事，说："王蠋只是一个平民百姓，尚且能不向燕国屈服称臣，更何况我们这些享受国家俸禄的在职官员呢！"于是他们聚集到了莒城，找到了齐湣王的儿子法章，并拥立他为齐襄王。

选自《史记》卷八十二　田单列传第二十二

117. 屈原爱国遭妒恨

屈原者，名平，楚之同姓也。为楚怀王左徒。博闻强志，明于治乱，娴于辞令。入则与王图议国事，以出号令；出则接遇宾客，应对诸侯。王甚任之。

屈原名平，与楚国王室同姓。他曾经担任楚怀王的左徒。屈原见闻广博，记忆力很强，他精通治理国家的道理，并且熟悉外交辞令。因此他对内和楚王商议国家大事，制定政令；出外则接待各国使节，应酬诸侯。楚王十分信任他。

　　上官大夫与之同列，争宠而心害其能。怀王使屈原造为宪令，屈平属草稿未定。上官大夫见而欲夺之，屈平不与，因谗之曰："王使屈平为令，众莫不知，每一令出，平伐其功，以为'非我莫能为'也。"王怒而疏屈平。

　　上官大夫和屈原官位相同，他和屈原争宠，很嫉妒屈原的才能。有一次，怀王让屈原制定国家法令，屈原刚写完草稿，还没有修定成稿。上官大夫见到之后想夺为己有，但屈原不肯给他，于是上官大夫就在楚怀王面前说屈原的坏话："大王您让屈原起草法令，大家都知道这件事，每颁布一道法令，屈原总是夸耀自己的功劳，认为'这个法令除了我之外，谁也做不出来'。"怀王听了非常生气，渐渐疏远了屈原。

　　屈平疾王听之不聪也，谗谄之蔽明也，邪曲之害公也，方正之不容也，故忧愁幽思而作《离骚》。离骚者，犹离忧也。夫天者，人之始也；父母者，人之本也。人穷则反本，故劳苦倦极，未尝不呼天也；疾痛惨怛，未尝不呼父母也。屈平正道直行，竭忠尽智以事其君，谗人间之，可谓穷矣。信而见疑，忠而被谤，能无怨乎？屈平之作《离骚》，盖自怨生也。《国风》好色而不淫，《小雅》怨诽而不乱，若《离骚》者，可谓兼之矣。上称帝喾，下道齐桓，中述汤武，以刺世事。明道德之广崇，治乱之条贯，靡不毕见。其文约，其辞微，其志洁，其行廉，其称文小而其指极大，举类迩而见义远。其志絜，故其称物芳。其行廉，故死而不容。自疏濯淖污泥之中，蝉蜕于浊秽，以浮游尘埃之外，不获世之滋垢，皭然泥而不滓者也。推此志也，虽与日月争光可也。

　　屈原忧虑楚怀王不能明辨是非，视听被谗佞谄媚的小人所蒙蔽，使得邪恶之人伤害公正之人，正直之人不被朝廷所容，所以忧愁苦闷地写下了《离骚》。所谓"离骚"，就是遭遇忧患之意。上天是人的原始；父母是人的根本。人在处境艰难的时候就会追本念源，所以人们在劳累困苦到极点时没有不呼叫上天的；在受到病痛折磨无法忍受时没有不呼叫父母的。

屈原秉持公心，行为耿直，殚精竭虑地侍奉君王，却遭到谗佞小人的挑拨离间，其处境可以说是艰难困窘了。因诚心为国却遭到君王怀疑，忠心事主却遭到小人诽谤，在这种状况下怎能没有悲愤之情呢！所以屈原创作《离骚》，就是为了抒发心中的悲愤。《国风》虽然描写男女恋情但不过分；《小雅》虽然表露了百姓对朝政的愤怨之情，但却不存心作乱。而屈原的《离骚》，可以说是兼有《国风》和《小雅》的优点。屈原在《离骚》中，往上追溯到帝喾的事迹，近世赞扬齐桓公的伟业，中间叙述商汤、周武王的德政，以此来批评时政。阐明道德内容的广博深远，国家治乱兴衰的因果必然，这些都讲得非常详尽。其文字简约，用语含蓄，情志高洁，行为廉正，其文句虽写的是细小事物，而其意旨却极其宏大博深，其所举的事例虽然都近在眼前，但寄托的意旨都极其深远。屈原情志高洁，所以喜欢用香草做比喻。其品行廉正，所以至死也不放松对自己的要求。身处污泥浊水之中，却能像蝉脱壳一样，在尘埃之外浮游，不被世俗的混浊所玷污，清白高洁出淤泥而不染。探求屈原的高尚情志，即使是与日月争辉也是可以的。

选自《史记》卷八十四　屈原贾生列传第二十四

118. 楚国中计遭惨败

屈平既绌，其后秦欲伐齐，齐与楚从亲，惠王患之，乃令张仪佯去秦，厚币委质事楚，曰："秦甚憎齐，齐与楚从亲，楚诚能绝齐，秦愿献商、於之地六百里。"楚怀王贪而信张仪，遂绝齐，使使如秦受地。张仪诈之曰："仪与王约六里，不闻六百里。"楚使怒去，归告怀王。怀王怒，大兴师伐秦。秦发兵击之，大破楚师于丹、淅，斩首八万，虏楚将屈匄，遂取楚之汉中地。怀王乃悉发国中兵以深入击秦，战于蓝田。魏闻之，袭楚至邓。楚兵惧，自秦归。而齐竟怒不救楚，楚大困。

　　屈原被贬退之后，秦国想发兵攻打齐国，而当时齐国与楚国有盟约，秦惠王担心楚国干预，于是就让张仪假意辞去在秦国的职位，带着丰厚的礼品到楚国表示愿意臣服。张仪对楚王说："秦国非常痛恨齐国，但齐国和贵国有盟约，若是楚国能和齐国断交，那么秦国愿意把商、於一带六百里的土地割给你们。"楚怀王因为贪图得到土地而相信了张仪的话，就和齐国绝交了，并派使者到秦国去接受割让的土地。这时张仪耍赖，对使者说："当初我和楚王约定的是六里，没说过六百里。"楚国使者听后非常生气，回到楚国把这事告诉了怀王。怀王听后怒不可遏，大举起兵攻打秦国。秦国派兵迎战，在丹水、淅水一带大破楚军，并斩杀八万人，俘虏了楚国的大将屈匄，接着秦军又攻取了楚国汉中一带的地域。于是楚怀王调用了全国的军队攻打秦国，与秦军在蓝田大战。这时魏国见楚国国内空虚，便派兵偷袭楚国，一直向南打到邓县。楚怀王害怕了，只得从秦国撤军回国。而齐国痛恨楚怀王背弃盟约，不肯派兵救助楚国，这样楚国处于非常狼狈的境地。

选自《史记》卷八十四　屈原贾生列传第二十四

119. 昏庸楚王又中计

　　明年，秦割汉中地与楚以和。楚王曰："不愿得地，愿得张仪而甘心焉。"张仪闻，乃曰："以一仪而当汉中地，臣请往如楚。"如楚，又因厚币用事者臣靳尚，而设诡辩于怀王之宠姬郑袖。怀王竟听郑袖，复释去张仪。是时屈平既疏，不复在位，使于齐，顾反，谏怀王曰："何不杀张仪？"怀王悔，追张仪不及。

　　第二年，秦国提出还给楚国汉中一带的土地和楚国讲和，但楚怀王说："我不想要回汉中一带的土地，只要得到张仪就心满意足了。"张仪听到这话，便对秦王说："用我一个张仪能换到汉中大片的土地，我请求到楚国去。"张仪到楚国之后，先用厚礼贿赂了楚国当权的大臣靳尚，进而向楚怀王的宠妃郑袖编造诡诈的巧言。楚怀王竟然听信了郑袖的话，把张仪给放走了。这时屈原已经被疏远，不再担任重要官职，被派出使到齐国。屈原回来之后，向怀王进谏说："大王您为什么不杀了张仪呢？"这时楚怀王感到很后悔，派人去追赶张仪，但已经来不及了。

其后诸侯共击楚，大破之，杀其将唐眜。

在此之后各诸侯国联合起来攻打楚国，大败楚军，杀死了楚国的大将唐眜。

选自《史记》卷八十四　屈原贾生列传第二十四

120. 幼稚楚王再中计

时秦昭王与楚婚，欲与怀王会。怀王欲行，屈平曰："秦虎狼之国，不可信，不如毋行。"怀王稚子子兰劝王行："奈何绝秦欢！"怀王卒行。入武关，秦伏兵绝其后，因留怀王，以求割地。怀王怒，不听。亡走赵，赵不内。复之秦，竟死于秦而归葬。

此时秦昭王和楚国结为姻亲，他想请楚怀王去秦国和他见面。楚怀王想要前往，屈原劝谏说："秦国是像虎狼一般贪暴的国家，不可轻信，不去为好。"楚怀王的小儿子子兰却怂恿楚怀王前去，他说："为什么要拒绝秦王的好意邀请呢！"最后楚怀王还是去了秦国。但他刚一进武关，秦朝的伏兵就截断了他的归路，把他扣留起来，秦国要求楚国割让土地。楚怀王大怒，不肯应允。后来楚怀王趁看守不严逃到赵国，但赵国不敢

接纳他。无奈他只得又来到秦国，最终死在秦国，死后尸体才被运回楚
国安葬。

选自《史记》卷八十四　屈原贾生列传第二十四

121. 昏庸襄王逐屈原

长子顷襄王立，以其弟子兰为令尹。楚人既咎子兰以劝怀王入秦而不
反也。

楚怀王的大儿子顷襄王继位后，任命他的弟弟子兰为令尹。但楚国人
对子兰很不满，因为当初就是他劝怀王入秦而最终死在秦国没能回来。

屈平既嫉之，虽放流，眷顾楚国，系心怀王，不忘欲反，冀幸君之一悟，
俗之一改也。其存君兴国而欲反覆之，一篇之中三致志焉。然终无可奈何，
故不可以反，卒以此见怀王之终不悟也。人君无愚智贤不肖，莫不欲求忠
以自为，举贤以自佐，然亡国破家相随属，而圣君治国累世而不见者，其
所谓忠者不忠，而所谓贤者不贤也。怀王以不知忠臣之分，故内惑于郑袖，
外欺于张仪，疏屈平而信上官大夫、令尹子兰。兵挫地削，亡其六郡，身
客死于秦，为天下笑。此不知人之祸也。《易》曰："井泄不食，为我心恻，
可以汲。王明，并受其福。"王之不明，岂足福哉！

屈原对子兰的所作所为也非常嫉恨。他虽然流放在外，心里却依然眷
念着楚国，时刻惦记着怀王的安危，希望有朝一日能重返朝廷为国尽忠，
寄希望君王能觉悟，社会的不良习俗得到改变。屈原关怀君王，想振兴国
家的心愿，在他每一篇作品中都一再表露。然而最终还是无可奈何，没能
够返回朝廷，由此可以看出怀王始终没有觉悟啊。作为国君，不管他是聪

明还是愚蠢，有才还是无才，都希望找到忠臣和贤士来辅佐自己治理国家，然而亡国破家之事却不断发生，而真正的圣明君主和太平之国却好多世代都见不到一例，其根本原因就在于其所谓的忠臣并不忠，其所谓的贤士并不贤。怀王因不能区分忠奸，所以在内被郑袖所迷惑，在外被张仪所欺骗，疏远屈原而信任上官大夫和令尹子兰。到头来落得军队惨败，国土被侵占，失去了六郡土地，自己还流落他乡，客死秦国，被天下人所耻笑。这是由于不知忠贞和奸佞造成的灾祸。《易经》上说："井已经疏浚干净了却没人来喝水，真令人难过，这井里的水已经可以打上来喝了。一个国家的君王若是圣明，全国都可以得到幸福。"而怀王是如此不明，人们哪里还有什么幸福可言啊！

令尹子兰闻之大怒，卒使上官大夫短屈原于顷襄王，顷襄王怒而迁之。

令尹子兰听到屈原对他不满，非常愤怒，便又唆使上官大夫在顷襄王面前说屈原的坏话，顷襄王听后一生气就把屈原放逐了。

选自《史记》卷八十四　屈原贾生列传第二十四

122. 屈原含恨投江尽

屈原至于江滨，被发行吟泽畔。颜色憔悴，形容枯槁。渔父见而问之曰："子非三闾大夫欤？何故而至此？"屈原曰："举世混浊而我独清，众人皆醉而我独醒，是以见放。"渔父曰："夫圣人者，不凝滞于物而能与世推移。举世混浊，何不随其流而扬其波？众人皆醉，何不铺其糟而啜其醨？何故怀瑾握瑜而自令见放为？"屈原曰："吾闻之，新沐者必弹冠，新浴者必振衣，人又谁能以身之察察，受物之汶汶者乎！宁赴常流而葬乎江鱼腹中耳，又安能以皓皓之白而蒙世俗之温蠖乎！"

　　屈原来到湘江边，披头散发在水泽上边走边悲愤长吟。脸色憔悴，形体干枯。一位渔翁看到他这种情形，就问道："您不是三闾大夫吗？怎么会到这里来呢？"屈原说："整个社会都是污浊而只有我是干净的，众人都沉醉而只有我是清醒的，所以我被放逐了。"渔翁说："聪明贤哲的人，对外界事物的看法能随着世俗风气的变化而转移，整个社会都污浊，你为何不在其中随波逐流呢？众人都沉醉，你为何不既饮酒又吃糟与众人同醉呢？你为何要保持自己的高才美德，而使自己落得被流放的下场呢？"屈原回答说："我听说，刚洗过头的人一定要掸掸帽子上的灰尘，刚洗过澡的人一定要抖抖衣服上的尘土，作为人有谁愿意以自己的清白之身，受外界污垢的沾染呢？我宁可跳入滚滚长江之内，葬身鱼腹之中，又怎能让自己的清白品德蒙受世俗的污染！"

　　乃作《怀沙》之赋。

　　于是屈原写下了《怀沙》赋。

　　于是怀石遂自沉汨罗以死。

　　于是屈原抱着石头投入汨罗江自杀了。

　　屈原既死之后，楚有宋玉、唐勒、景差之徒者，皆好辞而以赋见称；然皆祖屈原之从容辞令，终莫敢直谏，其后楚日以削，数十年竟为秦所灭。

　　屈原死后，楚国有宋玉、唐勒、景差等人，他们都爱好文学而以擅长辞赋出名；但他们都只学习了屈原辞令委婉的一面，而不像屈原那样敢于直言直谏。此后楚国一天比一天衰弱，几十年之后终于被秦国灭掉了。

选自《史记》卷八十四　屈原贾生列传第二十四

　　感言：屈原投江这一天是农历五月五日，为纪念这位伟大的政治家、爱国诗人，正义善良的中国人民用竹叶包大米，做成"棕子"投入汨罗江，意思是叫江中的鱼等水生动物食棕子而别吃屈原。此后有了"五月端五"这个民间节日。

123. 李斯说王统天下

至秦，会庄襄王卒，李斯乃求为秦相文信侯吕不韦舍人；不韦贤之，任以为郎。李斯因以得说，说秦王曰："胥人者，去其几也。成大功者，在因瑕衅而遂忍之。昔者秦穆公之霸，终不东并六国者，何也？诸侯尚众，周德未衰，故五伯迭兴，更尊周室。自秦孝公以来，周室卑微，诸侯相兼，关东为六国，秦之乘胜役诸侯，盖六世矣。今诸侯服秦，譬若郡县。夫以秦之强，大王之贤，由灶上骚除，足以灭诸侯，成帝业，为天下一统，此万世之一时也。今怠而不急就，诸侯复强，相聚约从，虽有黄帝之贤，不能并也。"秦王乃拜斯为长史，听其计，阴遣谋士赍持金玉以游说诸侯。诸侯名士可下以财者，厚遗结之；不肯者，利剑刺之。离其君臣之计，秦王乃使其良将随其后。秦王拜斯为客卿。

李斯到秦国时，恰逢秦庄襄王去世，于是他便去拜访秦国丞相文信侯吕不韦，希望做吕不韦的宾客。吕不韦觉得李斯很有才华，就推荐他做了秦王的郎官。李斯因此有了游说的机会，他对秦王说："一个人总是等待，就会失去有利时机。成大事者，关键就在趁着对方有机可乘，就要下狠心消灭它。从前秦穆公虽一度称霸天下，但最终没有东进吞并山东六国，这是什么原因呢？就是因为诸侯众多，雄踞各地，周朝德望尚存，气数未尽，因此春秋五霸相继兴起，都打着尊从周天子的旗号。自从秦孝公以来，周朝气数逐渐衰微，诸侯各国互相兼并，函谷关以东地区剩下六个国家，秦国乘势凌驾于东方各国之上，到如今已经六代了。现在诸侯服从秦国就如同郡县服从朝廷一样。以秦国的强大，大王的贤明，只要拿出一点像扫灶台一样的力气，就足以消灭各国诸侯，成就帝业，一统天下，现在正是千载难逢的大好时机。倘若现在懈怠不抓紧完成此事，等到各诸侯再强盛起来，又订立合纵的盟约，到那时即便有黄帝那样的贤君，也无法再吞并它们了。"秦始皇就任命李斯为长史，听从了他的计谋，暗中派遣谋士带着金玉珍宝去各国游说。对各诸侯国有声望的人，能够收买的就不惜重金加以收买；对那些不为钱财所动的人，就用利剑把他们杀掉。利用一切计谋离间各诸侯国君臣之间的关系，然后再派出勇猛之将进行讨伐。秦王很快任命李斯为客卿。

选自《史记》卷八十七　李斯列传第二十七

124. 李斯升官任廷尉

会韩人郑国来间秦，以作注溉渠，已而觉。秦宗室大臣皆言秦王曰："诸侯人来事秦者，大抵为其主游间于秦耳，请一切逐客。"李斯议亦在逐中。斯乃上书曰：

恰在此时，韩国人郑国以修筑渠道为名，来秦国进行间谍活动，不久被发觉。秦国的王族和大臣们都对秦王说："从各诸侯国来秦国做事的人，大都是为他们的国君游说，充当间谍而已，大王应该把这些客卿全部驱逐。"经过讨论，李斯也在被驱逐之列。于是李斯就上书说：

"臣闻吏议逐客，窃以为过矣。昔缪公求士，西取由余于戎，东得百里奚于宛，迎蹇叔于宋，来丕豹、公孙支于晋。此五子者，不产于秦，而缪公用之，并国二十，遂霸西戎。孝公用商鞅之法，移风易俗，民以殷盛，国以富强，百姓乐用，诸侯亲服，获楚、魏之师，举地千里，至今治强。惠王用张仪之计，拔三川之地，西并巴、蜀，北收上郡，南取汉中，包九夷，制鄢、郢，东据成皋之险，割膏腴之壤，遂散六国之从，使之西面事秦，功施到今。昭王得范雎，废穰侯，逐华阳，强公室，杜私门，蚕食诸侯，使秦成帝业。此四君者，皆以客之功。由此观之，客何负于秦哉！向使四君却客而不内，疏士而不用，是使国无富利之实而秦无强大之名也。

"我听说官员们议论要驱逐一切东方客卿，我私下认为这是错误的。从前秦穆公招揽贤才，从西戎招来了由余，从楚国的苑县得到了百里奚，从宋国迎来了蹇叔，从晋国招来了丕豹、公孙支。这五个人都不是秦国土生土长的，而秦穆公因为重用他们，吞并了二十多个国家，并得以称霸西方。秦孝公采用商鞅的新法，移风易俗，百姓因此殷实富裕，国家因此富足强大，百姓们都乐于为国家效力，东方诸侯都诚心归顺，秦国后来击败楚国、魏国的军队，将国土扩大了千里之地，至今政治安定，国家强盛。秦惠王用张仪的计策，向东夺取了三川地区，向西又吞并了巴、蜀，向北占领了上郡，向南攻占了汉中，又向东南吞并了楚国的许多少数民族，直接控制楚国的鄢都和郢都，还向东面占据了险要的成皋，占领了大片肥沃的土地，成功瓦解了六国的合纵联盟，使东方各国臣服于秦国，其功业一直延续到今天。秦昭王得范雎后，废黜穰侯魏冉，驱逐华阳君，加强了秦王的权力，杜绝了贵族的专权，在此基础上逐渐吞并东方各诸侯国的领地，为秦国统一天下奠定了基础。这四位君主，都是因为采纳了外国客卿的计谋，才得以成功。由此看来，外国人有哪一点对不起秦国呢！假使以上四位贤君拒绝东方来客，不让他们进入秦国，排斥这些贤能之士，不采纳他们的计谋，那秦国绝不会有如今这般富足的实利和强大的名声。

"今陛下致昆山之玉，有随、和之宝，垂明月之珠，服太阿之剑，乘纤离之马，建翠凤之旗，树灵鼍之鼓。此数宝者，秦不生一焉，而陛下说之，何也？必秦国之所生然后可，则是夜光之璧不饰朝廷，犀象之器不为玩好，郑、卫之女不充后宫，而骏良駃騠不实外厩，江南金锡不为用，西蜀丹青不为采。所以饰后宫、充下陈、娱心意、说耳目者，必出于秦然后可，则是宛珠之簪，傅玑之珥，阿缟之衣，锦绣之饰不进于前，而随俗雅化佳冶窈窕赵女不立于侧也。夫击瓮叩缶弹筝搏髀，而歌呼呜呜快耳者，真秦之声也；《郑》《卫》《桑间》《昭》《虞》《武》《象》者，异国之乐也。今弃击瓮叩缶而就《郑》《卫》，退弹筝而取《昭》《虞》，若是者何也？快意当前，适观而已矣。今取人则不然，不问可否，不论曲直，非秦者去，为客者逐。然则是所重者在乎色乐珠玉，而所轻者在乎人民也。此非所以跨海内制诸侯之术也。

　　"现在您求得了昆山的美玉，得到了随侯珠、和氏璧，挂着明月珠，佩着太阿剑，驾着纤离马，竖着翠凤旗，摆着灵鼍鼓。以上这些宝物，并没有一样是秦国本地所产，但您非常喜爱这些东西，这是为什么呢？若是一定要秦国的东西您才使用的话，那么夜光璧就不能用来装饰朝廷，犀角象牙制品就不能为您赏玩，您的后宫也不应该有郑国、卫国的美女，您的马厩也没来自秦国之外的良马，您也不该用来自江南的金锡和西蜀的丹青。那些后宫的装饰、陪侍的姬妾以及赏心悦目的东西，一定要出自秦国的话，那么那些珍珠装饰的簪子、玑珠镶嵌的耳坠、东阿白绢缝制的衣服、刺绣华美的装饰品，就不能进献在您的面前，那时髦娴雅、身容姣好的赵国女子也不能伺候在您的左右。而那些敲打瓦坛瓦罐、弹着秦筝、拍着大腿、呜呜叫喊以满足欣赏要求的，这才是正宗的秦国音乐。像郑卫之音、桑间之乐，以及《昭》《虞》《武》《象》这些乐曲，都是别国的音乐。现在您抛弃敲打瓦坛瓦罐这一套秦国音乐而听郑、卫之声，不去听弹筝而欣赏《昭》《虞》之曲，这是什么原因呢？归根到底，是因为这些音乐能让您赏心悦目，十分愉悦。现在，在用人问题上，您却不是这样，不管此人能用不能用，也不问是非曲直，只要不是秦国人就一律赶走，只要是客卿一律驱逐。这样看来，陛下所看重的是美女、音乐、珍珠、宝玉，所轻视的是人才了。这并不是统一天下、制服诸侯的方法。

　　"臣闻地广者粟多，国大者人众，兵强则士勇。是以泰山不让土壤，故能成其大；河海不择细流，故能就其深；王者不却众庶，故能明其德。是以地无四方，民无异国，四时充美，鬼神降福，此五帝、三王之所以无敌也。今乃弃黔首以资敌国，却宾客以业诸侯，使天下之士退而不敢西向，裹足不入秦，此所谓'借寇兵而赍盗粮'者也。

"我听说过土地广阔所产粮食就丰富，国家疆域辽阔就人口众多，兵器锋利士兵就勇敢。正因为泰山不排斥任何细小的尘土，所以才形成了它今天的高大；正因为河海不排斥任何细小的溪流，才会如此深广；而成就王业的人不抛弃广大民众，才能光大他的德业。所以地无论东南西北，民众不分这国那国，一年四季五谷丰登，鬼神赐福保佑，这就是五帝、三王无敌于天下的原因。而现在您拒绝来投奔您的百姓，把他们赶走去帮助敌国，您拒绝有才之士，而驱逐他们到敌国建功立业，这使得天下有才之士望而却步，不敢来为秦国效力，这正是人们所说的'借武器给敌人，送粮食给盗贼'啊！

"夫物不产于秦，可宝者多；士不产于秦，而愿忠者众。今逐客以资敌国，损民以益仇，内自虚而外树怨于诸侯，求国无危，不可得也。"

"非秦国出产的物品，值得珍视的很多；非秦国出生的士人，愿意效忠的也不少。现在您驱逐客卿而帮助敌国强大，减少本国的人数而给敌国增加人口，在内部削弱自己而在外面又和诸侯结下怨恨，这样下去，要使国家没有危险，那是不可能的。"

秦王乃除逐客之令，复李斯官，卒用其计谋。官至廷尉。二十余年，竟并天下，尊主为皇帝，以斯为丞相。夷郡县城，销其兵刃，示不复用。使秦无尺土之封，不立子弟为王，功臣为诸侯者，使后无战攻之患。

于是秦王废除了逐客令，恢复了李斯的官职，并最终采用了他的计谋。李斯逐渐官至廷尉。经过二十多年，秦王终于一统了天下，尊称为皇帝，并任命李斯为丞相。接着拆平了各诸侯国的城墙，销毁了各地的武器，以示今后不再动用。秦朝一统天下之后，再也不分封土地，秦王的儿子不再被分封为王，也不再分封功臣为诸侯，以使此后没有战争的祸患。

选自《史记》卷八十七　李斯列传第二十七

125. 李斯献计排众议

始皇三十四年，置酒咸阳宫，博士仆射周青臣等颂称始皇威德。齐人淳于越进谏曰："臣闻之，殷周之王千余岁，封子弟功臣自为支辅。今陛下有海内，而子弟为匹夫，卒有田常、六卿之患，臣无辅弼，何以相救哉？事不师古而能长久者，非所闻也。今青臣等又面谀以重陛下过，非忠臣也。"始皇下其议丞相。丞相谬其说，绌其辞，乃上书曰："古者天下散乱，莫能相一，是以诸侯并作，语皆道古以害今，饰虚言以乱实，人善其所私学，以非上所建立。今陛下并有天下，别白黑而定一尊；而私学乃相与非法教之制，闻令下，即各以其私学议之。入则心非，出则巷议，非主以为名，异趣以为高，率群下以造谤。如此不禁，则主势降乎上，党与成乎下。禁之便。臣请诸有文学《诗》《书》百家语者，蠲除去之。令到满三十日弗去，黥为城旦。所不去者，医药卜筮种树之书。若有欲学者，以吏为师。"始皇可其议，收去《诗》《书》百家之语以愚百姓，使天下无以古非今。明法度，定律令，皆以始皇起。同文书。治离宫别馆，周遍天下。明年，又巡狩，外攘四夷，斯皆有力焉。

秦始皇三十四年，在咸阳宫设宴招待群臣，博士仆射周青臣等人称颂秦始皇的武威盛德。齐人淳于越进谏道："我听说殷商和周朝统治达一千多年，就是因为分封子弟及功臣作为肱股重臣。而现在陛下您虽统一天下，但您的子弟却还是平民百姓，若一旦出现了像齐国的田常、晋国的六卿夺权篡位的祸患，您在朝中又没有强有力的辅佐之臣，靠谁来相救呢？办事不学习古代经验而能长期统治的朝代，我还没有听说过。现在周青臣等人又当面阿谀奉承，不提出得力的建议，实在是在加重您的错误，他们不是忠臣啊。"秦始皇让李斯来评议这种看法，李斯认为这种论点是荒谬的，因此废弃不用，并上书给皇帝说："古时候各部族分散混乱，彼此之间互不服从，所以才诸侯并起，当时学人多颂古而害今，修饰无用的空话来扰乱现实，各学派都吹捧自己的私学，以自己的想法为准则来诽谤国家所推行的东西。现在陛下统一了天下，分辨了黑白是非，普天之下共同尊崇皇帝一人；而今诸子百家各个学派却竞相批评朝廷的法令制度，一旦有什么新的法令，立刻就以自己学派的观点来评头论足。他们心怀不满，出门则在街头巷尾纷纷议论，以批评皇帝来抬高自己的名声，认为和朝廷唱反调便是本领高，并带领下层群众来制造诽谤。长此以往而不加以禁止的话，君主的权力威望就要大打折扣，帮派也就会形成。这种情形必须严令禁止。我请求把人们收藏的《诗》《书》和诸子百家的著作，都一律销毁。命令下达三十天之后，若还有人不依令行事，判处黥刑并罚做筑城苦役。不在清除之列的，是医药、占卜、种植等类书籍。以后谁要是想学习，就来拜官吏为师。"秦始皇采纳了李斯的建议，下令销毁了《诗经》《尚书》和诸子百家的著作，以此来愚昧百姓，使天下人不再颂古非今。修明法制，制定律令，都从秦始皇开始。又在全国统一文字。还在全国各地修建离宫别馆。第二年，秦始皇开始四处巡视，领兵平定了四方少数民族，所有这些事情，都得力于李斯出谋划策。

选自《史记》卷八十七　李斯列传第二十七

　　感言：李斯这位大儒，不仅否定了诸多大臣的非议，还献计秦王：为防止百姓对皇帝施政评头论足，烧毁了《诗经》《尚书》、统一了全国文字、平定了少数民族，使秦国的疆土进一步扩大，正权更加巩固。李斯，被称为能人。

126. 赵高阴谋篡大权

　　始皇三十七年十月，行出游会稽，并海上，北抵琅邪。丞相斯、中车府令赵高兼行符玺令事，皆从。始皇有二十余子，长子扶苏以数直谏上，上使监兵上郡，蒙恬为将。少子胡亥爱，请从，上许之。余子莫从。

　　秦始皇三十七年十月，巡行出游到会稽山，沿海北上，到达琅邪山。丞相李斯和中车府令兼符玺令赵高都随同前往。秦始皇有二十多个儿子，长子扶苏因多次直言劝谏皇帝，始皇派他到上郡监督军队，那里由蒙恬任将军。小儿子胡亥很受宠爱，要求随行，始皇答应了。其他的儿子都没跟着去。

（一）始皇遗诏被赵扣

　　其年七月，始皇帝至沙丘，病甚，令赵高为书赐公子扶苏曰："以兵属蒙恬，与丧会咸阳而葬。"书已封，未授使者，始皇崩。书及玺皆在赵高所，独子胡亥、丞相李斯、赵高及幸宦者五六人知始皇崩，余群臣皆莫知也。李斯以为上在外崩，无真太子，故秘之。置始皇居辒辌车中，百官奏事上食如故，宦者辄从辒辌车中可诸奏事。

　　这一年七月，秦始皇到达沙丘，病得非常严重，命令赵高写好诏书给公子扶苏说："把军队交给蒙恬，赶快到咸阳参加葬礼，然后安葬。"书信都已封好，但还没来得及交给使者，秦始皇就去世了。书信和印玺都在赵高手里，只有小儿子胡亥、丞相李斯和赵高以及五六个亲信宦官知道始皇去世，其余群臣都不知道。李斯认为皇帝在外面去世，又没正式确立太子，为了不出祸乱，决定保守秘密，把始皇的尸体安放在一辆既能保温又能通风凉爽的车子中，百官奏事及进献饮食还像往常一样，宦官就假托皇帝从车中批准百官上奏的事。

（二）赵高劝亥当皇帝

赵高因留所赐扶苏玺书，而谓公子胡亥曰："上崩，无诏封王诸子而独赐长子书。长子至，即立为皇帝，而子无尺寸之地，为之奈何？"胡亥曰："固也。吾闻之，明君知臣，明父知子。父捐命，不封诸子，何可言者！"赵高曰："不然。方今天下之权，存亡在子与高及丞相耳，愿子图之。且夫臣人与见臣于人，制人与见制于人，岂可同日道哉！"胡亥曰："废兄而立弟，是不义也；不奉父诏而畏死，是不孝也；能薄而材谫，强因人之功，是不能也。三者逆德，天下不服，身殆倾危，社稷不血食。"高曰："臣闻汤、武杀其主，天下称义焉，不为不忠。卫君杀其父，而卫国载其德，孔子著之，不为不孝。夫大行不小谨，盛德不辞让，乡曲各有宜而百官不同功。故顾小而忘大，后必有害；狐疑犹豫，后必有悔。断而敢行，鬼神避之，后有成功。愿子遂之！"胡亥喟然叹曰："今大行未发，丧礼未终，岂宜以此事干丞相哉！"赵高曰："时乎时乎，间不及谋！赢粮跃马，唯恐后时！"

赵高私下里扣留了秦始皇给扶苏的诏书，而对公子胡亥说："皇帝去世了，没有诏书封各位公子为王，而只赐给长子扶苏一封诏书。扶苏到后，就登位做皇帝，而你却连尺寸的封地也没有，这怎么办呢？"胡亥说："本来就是这样。我听说过，圣明的君主最了解臣子，明智的父亲最了解儿子。父亲临终既未分封诸子，那我还有什么可说的呢！"赵高说："并非如此。如今天下的生杀大权，全在你、我和丞相李斯三个人手中，希望你好好考虑考虑。统治别人和被人统治，控制别人和被别人控制，岂可同日而语！"胡亥说："废除兄长而立弟弟，这是不义；不服从父亲的诏命而贪生怕死，这是不孝；才能浅薄还要抢夺别人的帝位，这是缺乏自知之明。这三件事都是大逆不道的，天下人不会心服口服，我自身会遭受祸殃，国家还会灭亡。"赵高说："当初商汤、周武王杀死他们的君主，天下人都称赞他们行为符合道义，不能算是不忠。卫君杀死他的父亲，而卫国人民称颂他的功德，孔子还把他的事迹写入了《春秋》，并不认为这是不孝。成大事者不必拘泥小节，行大德也用不着害怕责难，乡间的习俗各有所宜，百官的工作方式也各不一样。顾忌小事而失了大事，日后必生祸害；关键时刻犹豫不决，将来一定会后悔莫及。敢作敢为的人，连鬼神都要为之让路，并一定会成功。希望你按我说的去做！"胡亥长叹一声说道："现在皇帝去世还未发丧，丧事还没有办，怎么好拿这种事情去麻烦丞相呢！"赵高说："时光啊时光，紧迫得来不及谋划就过去了！快马加鞭，我还唯恐耽误了时机！"

（三）赵高用心说李斯

胡亥既然高之言，高曰："不与丞相谋，恐事不能成，臣请为子与丞相谋之。"高乃谓丞相斯曰："上崩，赐长子书，与丧会咸阳而立为嗣。书未行，今上崩，未有知者也。所赐长子书及符玺皆在胡亥所，定太子在君侯与高之口耳。事将何如？"斯曰："安得亡国之言！此非人臣所当议也！"高曰："君侯自料能孰与蒙恬？功高孰与蒙恬？谋远不失孰与蒙恬？无怨于天下孰与蒙恬？长子旧而信之孰与蒙恬？"斯曰："此五者皆不及蒙恬，而君责之何深也？"高曰："高固内官之厮役也，幸得以刀笔之文进入秦宫，管事二十余年，未尝见秦免罢丞相功臣有封及二世者也，卒皆以诛亡。皇帝二十余子，皆君之所知。长子刚毅而武勇，信人而奋士，即位必用蒙恬为丞相，君侯终不怀通侯之印归于乡里，明矣。高受诏教习胡亥，使学以法事数年矣，未尝见过失。慈仁笃厚，轻财重士，辩于心而讷于口，尽礼敬士，秦之诸子未有及此者，可以为嗣。君计而定之。"斯曰："君其反位！斯奉主之诏，听天之命，何虑之可定也？"高曰："安可危也，危可安也。安危不定，何以贵圣？"斯曰："斯，上蔡闾巷布衣也，上幸擢为丞相，封为通侯，子孙皆至尊位重禄者。故将以存亡安危属臣也。岂可负哉！夫忠臣不避死而庶几，孝子不勤劳而见危，人臣各守其职而已矣。君其勿复言，将令斯得罪。"高曰："盖闻圣人迁徙无常，就变而从时，见末而知本，观指而睹归。物固有之，安得常法哉！方今天下之权命悬于胡亥，高能得志焉。且夫从外制中谓之惑，从下制上谓之贼。故秋霜降者草花落，水摇动者万物作，此必然之效也。君何见之晚？"斯曰："吾闻晋易太子，三世不安；齐桓兄弟争位，身死为戮；纣杀亲戚，不听谏者，国为丘墟，遂危社稷。三者逆天，宗庙不血食。斯其犹人哉，安足为谋！"高曰："上下合同，可以长久；中外若一，事无表里。君听臣之计，即长有封侯，世世称孤，必有乔松之寿，孔、墨之智。今释此而不从，祸及子孙，足以为寒心。善者因祸为福，君何处焉？"斯乃仰天而叹，垂泪太息曰："嗟乎！独遭乱世，既以不能死，安托命哉！"于是斯乃听高。高乃报胡亥曰："臣请奉太子之明命以报丞相，丞相斯敢不奉令！"

胡亥同意了赵高的意见，赵高说："这件事不和丞相商议，恐怕不能成功，我愿意替你去和丞相商议。"然后，赵高就对丞相李斯说："秦始皇去世前，曾经给长子扶苏一封书信，命他到咸阳迎接灵车，置办丧事，并立为继承人。诏书还未送出去，皇帝就去世了，还没人知道此事。皇帝赐给长子的诏书和符玺都在胡亥手里，究竟立谁为太子，只在于你我的一句话而已。你看这事该怎么办？"李斯说："你怎么能说出这种祸国殃民的话呢！这不是为人臣子所应当议论的事！"赵高说："您自己仔细想一下，您的才能比得过蒙恬么？您的功劳比蒙恬更高么？和蒙恬相比，谁更能深谋远虑不出差错呢？谁不被天下百姓所怨恨？与长子扶苏的关系谁更深更受信任？"李斯说："这五个方面，我都不如蒙恬，但您为什么如此严肃地提出这些问题呢？"赵高说："我本来就是一个在宫廷做奴仆的宦官，由于熟悉律令条文而进入秦宫。在这里管事二十多年，还未曾见过被秦王罢免的丞相、功臣能把爵位传给下一代的，最后都被杀掉了。皇帝有二十多个儿子，这些都是您所知道的。长子扶苏刚毅而且勇武，能接纳人又能激发人的才能，如果他当了皇帝，一定会任命蒙恬担任丞相，您最终也不能保全生命、怀揣通侯之印荣归故里了，这是明摆着的事。我受皇帝之命教育胡亥，让他学法律已经有好几年了，还没有发现他有什么错误。他慈悲仁爱，诚实厚道，轻视钱财，尊重贤人，内心聪敏，只是不善言辞，但他礼贤下士，秦始皇的其他儿子，没人能赶得上他，他可以做秦朝的继承人。

希望您拿主意确定他为继承人。"李斯说："您还是回去吧！我只能遵照先帝的遗诏行事，自己的命运听从上天的安排，有什么可考虑决定的呢？"赵高说："平安可能转化为险境，险境也可能转危为安。一个人如果连个人安危都把握不住，那他的聪明智慧还有什么用呢？"李斯说："我原本是上蔡县的一介平民，承蒙皇帝重用，让我担任丞相，封为通侯，子孙都得到高官厚禄。所以皇帝把国家安危存亡的重任托付给我。我又怎能辜负他的重托呢！忠臣不应该贪生怕死，孝子不因怕过分操劳而不勤谨侍奉父母，做臣子的应该坚守自己的职责。请您不要再说了，不要让我李斯也跟着您犯罪。"赵高说："我听说圣人见机行事，并不墨守成规，而是顺应潮流、随机应变，看到现象就能知其本源，看到现有行动就能预知最终结局。一切事物都是如此，哪有一成不变的法则呢！如今天下的权力和命运，尽在胡亥掌握之中，我可以按照我的想法行事。况且外面的人要制约朝廷，那叫妄想，下面的人想制服上面的人那就是反叛。秋霜降临，花草随之凋落；冰消雪化，万物就会萌生，这是自然界的必然规律。您怎么连这些都没有看清楚呢？"李斯说："昔日晋献公废太子申生另立奚齐，三代不得安宁；齐桓公的几个儿子争夺帝位，公子纠被杀而死；商纣王杀害亲戚，不听从臣下的规劝，都城变为废墟，最后危及国家。这些例子都是因为违背了天意，所以才导致国家灭亡。我李斯还是人啊，怎么能参与这些阴谋呢！"赵高说："上下齐心协力，就可以长治久安；内外配合如一，事情就可以水到渠成。只要您按我的计划行事，就会世世代代保有爵位，能像仙人王子乔、赤松子那样长寿，并能像孔子、墨子那样有智慧。如若放弃这个机会而不听从我的意见，一定会祸及子孙，其后果足以令人心寒。一个善于伺机而动的人，是能转危为安的，您想怎么办呢？"李斯仰天长叹，垂泪叹气道："哎呀！我生逢乱世，既然已经不能以死尽忠了，那还能倚靠谁呢！"于是李斯就依从了赵高。赵高立即回报胡亥说："我是奉太子您的命令去通知丞相李斯的，丞相怎敢不唯命是从！"

感言：李斯本是正直的忠臣，但凭赵高的阴谋和三寸不乱之舌，终于说服了李斯。而且他报告胡亥时隐瞒了他说服李斯的实情，把其说成是李斯是执行皇帝的命令。

（四）编假诏杀扶蒙

于是乃相与谋，诈为受始皇诏，诏丞相立子胡亥为太子。更为书赐长子扶苏曰："朕巡天下，祷祠名山诸神以延寿命。今扶苏与将军蒙恬将师数十万以屯边，十有余年矣，不能进而前，士卒多耗，无尺寸之功，乃反数上书直言诽谤我所为，以不得罢归为太子，日夜怨望。扶苏为人子不孝，其赐剑以自裁！将军恬与扶苏居外，不匡正，宜知其谋。为人臣不忠，其赐死，以兵属裨将王离。"封其书以皇帝玺，遣胡亥客奉书赐扶苏于上郡。

于是赵高、李斯和胡亥就相互商议，伪造了秦始皇给丞相李斯的遗诏，要立胡亥为太子。另外又伪造了一份赐给长子扶苏的书信说："我巡视天下，祈祷祭祀名山与天地诸神以求长寿。现在扶苏和将军蒙恬带领几十万军队驻守边关，已经十几年了，竟然没有任何功绩，还白白损失了很多士兵，而没有攻取寸土之地，扶苏反而多次上书诽谤我的所作所为，就是因为我没有尽早让你回京当太子所以日夜怨恨我。扶苏作为人子而不孝顺，赐剑自杀！将军蒙恬和扶苏在一起，明知道他的不孝行径却不加以纠正，应该知道他的心思。这是为人臣而不尽忠，一同赐死，把军队大权交给副将王离。"他们在伪造的书信上盖上皇帝的印玺，派胡亥的门客到上郡把书信交给扶苏。

使者至，发书，扶苏泣，入内舍，欲自杀。蒙恬止扶苏曰："陛下居外，未立太子，使臣将三十万众守边，公子为监，此天下重任也。今一使者来，即自杀，安知其非诈？请复请，复请而后死，未暮也。"使者数趣之。扶苏为人仁，谓蒙恬曰："父而赐子死，尚安复请！"即自杀。蒙恬不肯死，使者即以属吏，系于阳周。

使者到达之后，扶苏打开诏书一看，立刻伤心地哭了起来，随即进入内室，想自杀。将军蒙恬及时阻止了扶苏，并说："陛下巡游在外，之前并没有立谁为太子。但是陛下派我领军三十万守卫边关，公子您担任监军，这是对我和您的重托啊。现在就凭使者的一封书信，您就要自杀，您有没有想过其中可能有诈呢？希望您再请示一下，弄清楚了事情真相，再死也不迟。"可是使者连连催促扶苏自杀。扶苏为人忠厚仁爱，对蒙恬说："父亲命儿子去死，还要再向父亲请示么？"说罢就自杀了。蒙恬不肯就死，使者便把蒙恬交给法吏，并把他关押在阳周。

（五）赵高阴谋终得逞

使者还报，胡亥、斯、高大喜。至咸阳，发丧，太子立为二世皇帝。以赵高为郎中令，常侍中用事。

使者回来汇报事情的进展，胡亥、李斯、赵高十分高兴。回到咸阳后，立刻为秦始皇办丧事，并立太子胡亥为二世皇帝。任命赵高担任郎中令，常在宫中服侍皇帝，赵高得以手握大权。

选自《史记》卷八十七　李斯列传第二十七

127. 为保位杀亲诛臣

二世燕居，乃召高与谋事，谓曰："夫人生居世间也，譬犹骋六骥过决隙也。吾既已临天下矣，欲悉耳目之所好，穷心志之所乐，以安宗庙而乐万姓，长有天下，终吾年寿，其道可乎？"高曰："此贤主之所能行也，而昏乱主之所禁也。臣请言之，不敢避斧钺之诛，愿陛下少留意焉。夫沙丘之谋，诸公子及大臣皆疑焉，而诸公子尽帝兄，大臣又先帝之所置也。今陛下初立，此其属意怏怏皆不服，恐为变。且蒙恬已死，蒙毅将兵居外，臣战战栗栗，唯恐不终。且陛下安得为此乐乎？"二世曰："为之奈何？"赵高曰："严法而刻刑，令有罪者相坐诛，至收族。灭大臣而远骨肉，贫者富之，贱者贵之。盖除去先帝之故臣，更置陛下之所亲信者近之。此则阴德归陛下，害除而奸谋塞，群臣莫不被润泽，蒙厚德，陛下则高枕肆志宠乐矣。计莫出于此。"二世然高之言，乃更为法律。于是群臣诸公子有罪，辄下高，令鞫治之。杀大臣蒙毅等，公子十二人僇死咸阳市，十公主矺死于杜，财物入于县官，相连坐者不可胜数。

秦二世在宫中闲居无事，就把赵高叫来，对他说："人生在世，就如同白驹过隙，短暂得很。我现在已经成了一国之君，想尽可能地满足耳目方面的一切欲望，随心所欲享受尽我所能想到的一切乐趣，并长久地统治天下，百姓安居乐业，江山永保，长命百岁，我的愿望能够实现么？"赵高说："这对贤明君主来说是可行的，而对昏君来说是要禁绝的。我冒昧地说一句不怕杀头的话，请您稍加注意一点。对于我们在沙丘的秘密，各位公子和大臣都有怀疑。而这些公子都是您的兄长，这些大臣都是先帝安排的。现在陛下您刚刚继位，这些人心怀不满，我是唯恐他们叛乱。虽然蒙恬将军已经死去，但是蒙毅还在外握有兵权，我每天都提心吊胆，就是害怕有不好的结果。您又怎么能尽享这等欢乐呢？"二世说："那有什么好的办法呢？"赵高说："实行严峻的法律和残酷的刑罚，一旦有人犯法，就株连九族。把先帝的忠臣都杀死，想法疏远您的骨肉兄弟，再让原来贫穷的人富有起来，让原来地位低下的人高贵起来。全部铲除先帝的忠臣，培植您自己的亲信，并大加提拔。这些新提拔的人肯定从心底对您感激不尽，就会对您忠心耿耿，这样一来就根除了祸害，杜绝了奸谋，群臣都得到您的恩泽，承受您的厚德，陛下就可以高枕无忧、随心所欲地享受富贵尊荣了。这是再好不过的办法了。"二世认为赵高的建议很好，于是就重新修订法律。于是群臣和公子们一旦有罪，就交付赵高，命他审讯法办。赵高编织罪名杀死了大臣蒙毅等人，秦二世的十几个兄弟在咸阳街头被斩首示众，十二个姐妹也在杜县被分裂肢体处死，这些家族的财物都没收归皇帝所有，由此被株连的人不计其数。

选自《史记》卷八十七　李斯列传第二十七

感言：赵高这个大奸臣，利用皇帝给他的权力，杀亲侯，诛忠臣，灭九族，不择手段。

128. 昏君二世更昏庸

法令诛罚日益刻深，群臣人人自危，欲畔者众。又作阿房之宫，治直道、驰道，赋敛愈重，戍徭无已。于是楚戍卒陈胜、吴广等乃作乱，起于山东，杰俊相立，自置为侯王，叛秦，兵至鸿门而却。李斯数欲请间谏，二世不许。而二世责问李斯曰："吾有私议而有所闻于韩子也，曰'尧之有天下也，堂高三尺，采椽不斫，茅茨不翦，虽逆旅之宿不勤于此矣。冬日鹿裘，夏日葛衣，粢粝之食，藜藿之羹，饭土匦，啜土铏，虽监门之养不觳于此矣。禹凿龙门，通大夏，疏九河，曲九防，决淳水致之海，而股无胈，胫无毛，手足胼胝，面目黎黑，遂以死于外，葬于会稽，臣虏之劳不烈于此矣'。然则夫所贵于有天下者，岂欲苦形劳神，身处逆旅之宿，口食监门之养，手持臣虏之作哉？此不肖人之所勉也，非贤者之所务也。彼贤人之有天下也，专用天下适己而已矣，此所以贵于有天下也。夫所谓贤人者，必能安天下而治万民，今身且不能利，将恶能治天下哉！故吾愿赐吾志广欲，长享天下而无害，为之奈何？"李斯子由为三川守，群盗吴广等西略地，过去弗能禁。章邯以破逐广等兵，使者覆案三川相属，诮让斯居三公位，如何令盗如此。李斯恐惧，重爵禄，不知所出，乃阿二世意欲求容，以书对曰：

当时的法令刑罚一天比一天残酷，群臣上下人人自危，想造反的人越来越多。秦二世又建造阿房宫，修筑直道、驰道，老百姓的赋税越来越重，兵役、劳役没完没了。于是从楚地征来戍边的士卒陈胜、吴广等人就起来造反，崤山以东广大地区的英雄豪杰蜂拥而起，自立为侯、王，反叛秦朝，他们的军队一直攻到离咸阳不远的鸿门才兵败而退。李斯多次找机会进谏，但秦二世都听不进去。秦二世反倒责备李斯说："我有个想法，我记得《韩非子》上说过，'尧统治天下的时候，殿堂的堂基只不过三尺高，柞木椽子直接使用而不加砍削，屋顶上盖的茅草从来不加修剪，这样的条件连个小旅馆都不如。尧冬天只穿一件鹿皮皮袄，夏天穿的是麻布衣，粗米做饭，野菜做汤，用土罐吃饭，用土钵喝水，过的是比守门的奴才还清苦的生活。夏禹凿开龙门，开通黄河的龙门水道，又疏通多条河流，弯弯曲曲地筑起多道湖泽的堤防，疏导积水使之入海。因为常年在外辛苦劳作，夏禹的大腿上没了白肉，小腿上没了豪毛，手掌、脚底都结满了厚茧，面孔漆黑，最终还累死在外，埋葬在会稽山上，即使是奴隶的生活也不会比这更痛苦了。然而把统治天下看得无尚尊贵的人，其目的难道就是劳心劳力，住旅店一样的宿舍，吃看门人吃的食物，干奴隶干的活计吗？这些事都是没有才能的人干的活，并非贤明的人所从事的。一个贤明的人当了帝王，就要竭尽一切可能来满足自己的欲望罢了，这才体现了帝王的尊贵。人们所说的贤明之人，一定能安定天下、治理万民，如果连他自己都无法得到好处，又怎么能指望他治理天下呢！所以我就是要随心所欲，永远享有天下而没有祸害，你看怎么办才好？"李斯的儿子李由任三川郡守，群起造反的吴广等人向西扩充地盘经过三川郡，李由无法阻止。章邯在击败并驱逐了吴广等人的军队之后，秦二世便接二连三地派人去三川郡调查李由，并责备李斯身居三公之位，为何让造反之徒猖狂到如此地步。李斯心生恐惧，又怕丢掉爵位俸禄，不知如何是好，只好曲意奉承秦二世，想求得宽容。

选自《史记》卷八十七　李斯列传第二十七

感言：秦二世不听李斯劝，说：我是皇帝，就是要享福。

129. 赵高得手篡大权

初，赵高为郎中令，所杀及报私怨众多，恐大臣入朝奏事毁恶之，乃说二世曰："天子所以贵者，但以闻声，群臣莫得见其面，故号曰'朕'。且陛下富于春秋，未必尽通诸事，今坐朝廷，谴举有不当者，则见短于大臣，非所以示神明于天下也。且陛下深拱禁中，与臣及侍中习法者待事，事来有以揆之。如此，则大臣不敢奏疑事，天下称圣主矣。"二世用其计，乃不坐朝廷见大臣，居禁中。赵高常侍中用事，事皆决于赵高。

　　起初，赵高在担任郎中令时，被他杀死及向他报私仇的人很多，他担心大臣们在入朝奏事时向秦二世说他的坏话，就对秦二世劝说道："天子之所以尊贵，就在于大臣只能听到他的声音，而不能看到他的面容，所以才自称为'朕'。况且陛下年轻，未必什么事情都懂，现在坐在朝廷上，处置问题稍有不当，就会把自己的短处暴露给大臣，这也就不能向天下人显示您的圣明了。假如陛下深居宫中，让我及熟悉法律的侍中在一起，等待大臣把公事呈奏上来后，再决定如何处置。这样一来，大臣们就不敢把不真实的事情报上来，天下的人也就称您为圣明之主了。"秦二世听从了赵高的主意，不再坐朝接见大臣，而是深居宫禁之中。赵高总在皇帝身边侍奉办事，一切公务都由赵高决定。

选自《史记》卷八十七　李斯列传第二十七

130. 阴陷赵高坑李斯

　　高闻李斯以为言，乃见丞相曰："关东群盗多，今上急益发繇治阿房宫，聚狗马无用之物。臣欲谏，为位贱。此真君侯之事，君何不谏？"李斯曰："固也，吾欲言之久矣。今时上不坐朝廷，上居深宫，吾有所言者，不可传也，欲见无闲。"赵高谓曰："君诚能谏，请为君侯上闲语君。"于是赵高待二世方燕乐，妇女居前，使人告丞相："上方闲，可奏事。"丞相至宫门上谒，如此者三。二世怒曰："吾常多闲日，丞相不来。吾方燕私，丞相辄来请事。丞相岂少我哉？且固我哉？"赵高因曰："如此殆矣！夫沙丘之谋，丞相与焉。今陛下已立为帝，而丞相贵不益，此其意亦望裂地而王矣。且陛下不问臣，臣不敢言。丞相长男李由为三川守，楚盗陈胜等皆丞相傍县之子，以故楚盗公行，过三川，城守不肯击。高闻其文书相往来，未得其审，故未敢以闻。且丞相居外，权重于陛下。"二世以为然。欲案丞相，恐其不审，乃使人案验三川守与盗通状。李斯闻之。

　　赵高听说李斯要见二世谈事情，就找到李斯说："函谷关以东盗贼四起，而现在皇上却在加紧遣派劳役修建阿房宫，搜集狗马等没用的玩物。我想劝谏，但我的地位低下。这正是丞相您的职责，您为什么不劝谏呢？"李斯说："确实是这样，我早就想劝谏皇帝了。可是现在皇帝不上朝听政，常居深宫中，我虽然有话想说，又不便让别人传达，想见皇帝却又没有机会。"赵高对他说："您若真能劝谏的话，请允许我替你打听，只要皇上一有空闲，我就立刻通知你。"于是赵高故意找了一个秦二世正与美女狎乐之时，派人告诉丞相说："皇上正有空闲，可以进宫奏事。"丞相李斯就到宫门求见，一连好几次都是这样。秦二世非常生气地说："我平时空闲的日子很多，丞相都不来。每当我在与美女欢乐时，丞相就三番五次前来奏事。莫非丞相是瞧不起我，还是以为我鄙陋？"赵高乘机说："您这样说话可太危险了！沙丘的密谋，丞相是参与了的。现在陛下您已继位称帝，而丞相的地位却没有提高，显然他的意思是想割地封王呀！有些事情，如果皇帝您不问我，我也不敢说。丞相的大儿子李由担任三川郡守，楚地强盗陈胜等人都是丞相故乡邻县的人，因此他们才能畅行无阻，经过三川郡时，李由只是守城，并不出击。我曾听说他们之间有书信来往，但还没有调查清楚，所以没敢向陛下报告。现在丞相在国外处理政事，实际权力比陛下还大。"秦二世认为赵高的话很有道理，想逮捕丞相，但又担心赵高的话有不真实的地方，于是就派人去调查三川郡守李由与盗贼勾结的具体情况。李斯很快就知道了这个消息。

选自《史记》卷八十七　李斯列传第二十七

131. 赵高得手查李斯

　　是时，二世在甘泉，方作角抵优俳之观，李斯不得见，因上书言赵高之短曰："臣闻之，臣疑其君，无不危国；妾疑其夫，无不危家。今有大臣于陛下擅利擅害，与陛下无异，此甚不便。昔者司城子罕相宋，身行刑罚，以威行之，期年遂劫其君。田常为简公臣，爵列无敌于国，私家之富与公家均，布惠施德，下得百姓，上得群臣，阴取齐国，杀宰予于庭，即弑简公于朝，遂有齐国。此天下所明知也。今高有邪佚之志，危反之行，如子罕相宋也；私家之富，若田氏之于齐也。兼行田常、子罕之逆道而劫陛下之威信，其志若韩玘为韩安相也。陛下不图，臣恐其为变也。"二世曰："何哉？夫高，故宦人也，然不为安肆志，不以危易心，洁行修善，自使至此。以忠得进，以信守位，朕实贤之，而君疑之，何也？且朕少失先人，无所识知，不习治民，而君又老，恐与天下绝矣。朕非属赵君，当谁任哉？且赵君为人精廉强力，下知人情，上能适朕，君其勿疑。"李斯曰："不然。夫高，故贱人也，无识于理，贪欲无厌，求利不止，列势次主，求欲无穷，臣故曰殆。"二世已前信赵高，恐李斯杀之，乃私告赵高。高曰："丞相所患者独高，高已死，丞相即欲为田常所为。"于是二世曰："其以李斯属郎中令！"

　　当时，秦二世正在甘泉离宫观看摔跤和滑稽戏表演。李斯不能面见，就上书揭发赵高的短处说："我听说，臣子的权力如果和君主相当，必然要危害国家；妻妾的权势和丈夫等同，就必然危害家庭。现在有的大臣擅自掌握国家大权，权力和您没有什么不同，这是非常危险的。当年司城子罕在宋国担任宰相，掌握刑罚大权，威行天下，一年之后就控制了宋国国君，最后篡夺了王位。田常当齐简公的臣子，爵位高到无人能比，私家的财富和公家的一样多。他行恩施惠，下得百姓爱戴，上得群臣的拥护，就这样暗中把持了齐国的权力，后来公开杀死了宰予，又在朝廷上杀死齐简公，最后控制了齐国。这些是天下人都知晓的。如今赵高既有阴险的心志，又暗自施行叛逆的行为，就如同子罕当宋国宰相时的所作所为；赵高的财富，也像田常在齐国那样多。他兼有田常、子罕的叛逆方式，又挟持您的威望发号施令，他的野心简直就如同韩玘当韩安的宰相时一样。陛下你不早防范，我担心他迟早会窃取政权。"秦二世说："这是什么话？赵高原本是个宦官，但他不因国家太平而放纵自己，也不因处境危险就改变忠心，他品行廉洁，一心向善，靠自己的努力才得到今天的地位，因忠心耿耿才被提拔，因讲信义才保住禄位，我确实认为他是贤才，而你怀疑他，这是为什么呢？再加上我年纪轻轻就失去了父亲，没什么知识，不懂得如何管理国家，而你年纪又大了，我实在是怕与群臣万民断绝联系。在这种情况下，我如果不把国事托付给赵高，还应当用谁呢？况且赵高为人精明廉洁，勤奋努力，对下他了解民情，对上能顺适我的心意，请你不要再怀疑他了。"李斯说："并非如此。赵高从前地位低下，不明事理，贪得无厌，毫不知道满足。现在他的地位权势仅次于陛下，但他并不满足现在的状况，所以我说是很危险的。"秦二世向来宠信赵高，担心李斯杀掉他，就暗中把这些话告诉了赵高。赵高说："丞相害怕的只有我赵高，我死之后，丞相就可以干田常所干的那些事了。"于是秦二世说："就把李斯交给你去查办吧！"

选自《史记》卷八十七　李斯列传第二十七

132. 李斯狱中深反思

　　赵高案治李斯。李斯拘执束缚，居囹圄中，仰天而叹曰："嗟乎，悲夫！不道之君，何可为计哉！昔者桀杀关龙逄，纣杀王子比干，吴王夫差杀伍子胥。此三臣者，岂不忠哉，然而不免于死，所忠者非也。今吾智不及三子，而二世之无道过于桀、纣、夫差，吾以忠死，宜矣。且二世之治岂不乱哉！日者夷其兄弟而自立也，杀忠臣而贵贱人，作为阿房之宫，赋敛天下。吾非不谏也，而不吾听也。凡古圣王，饮食有节，车器有数，宫室有度，出令造事，加费而无益于民利者禁，故能长久治安。今行逆于昆弟，不顾其咎；侵杀忠臣，不思其殃；大为宫室，厚赋天下，不爱其费。三者已行，天下不听。今反者已有天下之半矣，而心尚未寤也，而以赵高为佐，吾必见寇至咸阳，麋鹿游于朝也。"

赵高立案审查李斯。李斯被捕下狱后，关在监狱中，仰天长叹道："哎呀！可悲啊！无道的昏君，怎么能为他出谋划策呢！从前夏桀杀死贤臣关龙逢，商纣杀死王子比干，吴王夫差杀死伍子胥。这三个大臣，难道不忠吗？然而最后都免不了一死，他们虽然尽忠而死，只可惜选错了效忠的对象。现在我的智谋不及这三个人，而秦二世的暴虐无道，却远超过了桀、纣、夫差，我作为一个忠臣而被杀，也是必然的。况且秦二世这样的统治能不混乱吗！昔日他杀死了自己的兄弟，篡夺皇位；又杀尽一切忠臣，而专门重用卑贱之人，大兴土木修建阿房宫，对老百姓横征暴敛。我不是没有劝谏过，可是他什么也听不进去啊。凡是古代圣明帝王，饮食都有一定的节制，车马器物有一定的数量，宫殿都有一定的规模，颁布命令和办事情，增加费用只要不利于老百姓，就都要禁止，因此才得以长治久安。现在秦二世违背天理谋害亲兄弟，不怕天打雷劈；杀害忠臣，不考虑灾祸；大兴土木修筑宫殿，对老百姓横征暴敛，恣意耗费钱财。三件坏事已做，天下百姓都对他很不满。如今天下一半的人都起来造反，而秦二世并没有意识到事态的威迫，还对赵高言听计从，这样下去，过不了多久，我将看到造反的盗贼就会攻进咸阳，使朝廷变为麋鹿嬉游的地方。"

　　　　　　　　　　　　选自《史记》卷八十七　李斯列传第二十七

133. 赵高扣压李斯奏

于是二世乃使高案丞相狱，治罪，责斯与子由谋反状，皆收捕宗族宾客。

赵高治斯，榜掠千余，不胜痛，自诬服。斯所以不死者，自负其辩，有功，实无反心，幸得上书自陈，幸二世之寤而赦之。李斯乃从狱中上书曰："臣为丞相，治民三十余年矣，逮秦地之狭隘。先王之时秦地不过千里，兵数十万。臣尽薄材，谨奉法令，阴行谋臣，资之金玉，使游说诸侯，阴修甲兵，饰政教，官斗士，尊功臣，盛其爵禄，故终以胁韩弱魏，破燕、赵，夷齐、楚，卒兼六国，虏其王，立秦为天子，罪一矣。地非不广，又北逐胡、貉，南定百越，以见秦之强，罪二矣。尊大臣，盛其爵位，以固其亲，罪三矣。立社稷，修宗庙，以明主之贤，罪四矣。更克画，平斗斛度量，文章布之天下，以树秦之名，罪五矣。治驰道，兴游观，以见主之得意，罪六矣。缓刑罚，薄赋敛，以遂主得众之心，万民戴主，死而不忘，罪七矣。若斯之为臣者，罪足以死固久矣。上幸尽其能力，乃得至今，愿陛下察之！"书上，赵高使吏弃去不奏，曰："囚安得上书！"

秦二世让赵高审问李斯的案子，给李斯定罪，让李斯交代和儿子李由勾结盗贼谋反的事情，并将李斯的宾客和家族之人全部逮捕。赵高拷打李斯一千多下，李斯不能忍受折磨，只得含冤招供。李斯之所以不自杀，是他相信自己能言善辩，是秦国的功臣，确无谋反之心，希望待机上书为自己辩护，寄希望于秦二世觉悟并赦免他。李斯于是在监狱中上书说："我担任丞相治理国家，已经三十多年了。我初到秦国时，秦国疆域狭小。先帝的时候，秦国的土地纵横不过千里，士兵只有几十万。是我竭尽自己微薄的才能，小心谨慎地执行国家的法令，暗中派遣谋臣，让他们携带金玉，去游说东方各国，同时暗中操练士兵，整顿政治和教化，任用英勇善战的人为官，尊重功臣，给他们很高的爵位和俸禄，最后得以逐渐威胁韩国，削弱魏国，击败了燕国、赵国，荡平了齐国、楚国，直至兼并六国，俘获了他们的国王，拥立先帝为天子，一统天下，这大概是我的第一大罪状。兼并六国之后，秦国的疆域已经很大了，但是我又辅助先帝向北驱逐匈奴、朝鲜，在南方平定百越，以显示秦国的强盛，这是我的第二大罪状。尊重大臣，提高他们的爵位，用以巩固他们同朝廷的亲密关系，这大概算是我的第三大罪状。我为秦国建立社稷，修建宗庙，以表明先帝的贤明，这大概算是我的第四大罪状。我改革文字，统一度量衡，公布天下，以树立秦朝的威名，这大概算是我的第五大罪状。我修筑驰道，兴建离宫，以显示先帝志得意满，这大概算是我的第六大罪状。我减轻刑罚，减少赋税，是为了让百姓都拥戴皇帝，至死都不忘记皇帝的恩德，这大概算是我的第七大罪状。像我李斯这样的臣子，所犯罪状本来早就足以处死。幸亏皇帝希望我竭尽所能，所以才让我活到今天，希望陛下明察！"奏书呈上之后，先到了赵高手上，赵高让狱吏丢在一边而不上报，他说："一个囚犯怎么有资格上书呢！"

134. 忠臣李斯被冤死

赵高使其客十余辈诈为御史、谒者、侍中，更往覆讯斯。斯更以其实对，辄使人复榜之。后二世使人验斯，斯以为如前，终不敢更言，辞服。奏当上，二世喜曰："微赵君，几为丞相所卖。"及二世所使案三川之守至，则项梁已击杀之。使者来，会丞相下吏，赵高皆妄为反辞。

赵高派他的门客十多人假扮成御史、谒者、侍中，轮流往复审问李斯。李斯如果据实回答，赵高就让人狠狠地拷打他。后来秦二世派人去验证李斯的口供，李斯以为还是之前的那些人，终不敢再改口供，在供词上承认了自己的罪状。赵高把判决书送给秦二世看，二世皇帝很高兴地说："没有赵君，我几乎被丞相蒙骗了。"等秦二世派的使者到达三川郡调查李由时，项梁已经将他杀死。使者返回时，李斯已经下狱，赵高就编造了一整套李由谋反的罪状。

二世二年七月，具斯五刑，论腰斩咸阳市。斯出狱，与其中子俱执，顾谓其中子曰："吾欲与若复牵黄犬俱出上蔡东门逐狡兔，岂可得乎！"遂父子相哭，而夷三族。

　　秦二世二年七月，李斯受到赵高的各种严刑拷打，最后在咸阳街市腰斩。在李斯和次子一同被押解至刑场的途中，他对次子说："我想和你再牵着黄狗一同出上蔡东门去追逐狡兔，又怎么办得到呢！"于是父子二人相对痛哭，最后李斯被诛灭三族。

选自《史记》卷八十七　李斯列传第二十七

135. 指鹿为马测二世

　　李斯已死，二世拜赵高为中丞相，事无大小辄决于高。高自知权重，乃献鹿，谓之马。二世问左右："此乃鹿也？"左右皆曰："马也。"二世惊，自以为惑，乃召太卜，令卦之。太卜曰："陛下春秋郊祀，奉宗庙鬼神，斋戒不明，故至于此。可依盛德而明斋戒。"于是乃入上林斋戒。日游弋猎，有行人入上林中，二世自射杀之。赵高教其女婿咸阳令阎乐劾不知何人贼杀人，移上林，高乃谏二世曰："天子无故贼杀不辜人，此上帝之禁也，鬼神不享，天且降殃，当远避宫以禳之。"二世乃出居望夷之宫。

　　李斯死后，秦二世任命赵高任中丞相，大小事都由赵高处置。赵高为了检验自己的权力有多大，就给皇帝献了一只鹿，却对皇帝说是一匹马。秦二世问左右侍从说："这不是鹿吗？"但左右都说"是马"。秦二世惊慌起来，以为自己迷惑了，就把太卜召来，叫他给自己算卦。太卜说："陛下春秋两季到郊外祭祀，供奉宗庙鬼神，斋戒时不恭敬，所以才到这种地步。您应该依照圣明君主的做法，虔诚地斋戒。"于是秦二世就到上林苑中去斋戒。但他整天在上林苑中游玩射猎，一次有个行人走进上林苑中被秦二世射死了。赵高就指使他的女婿咸阳令阎乐出面向皇帝揭发，说是不知谁杀了人，把尸体搬进上林苑中。赵高接着又劝谏秦二世说："天子无缘无故杀死没有罪的人，这是老天爷所不允许的，鬼神也不会接受您的祭祀，上天将会降下灾祸，您应该远远地离开皇宫，到外头去祈祷消灾。"秦二世就离开皇宫，到望夷宫去居住。

选自《史记》卷八十七　李斯列传第二十七

136. 赵高称帝无人拥

留三日，赵高诈诏卫士，令士皆素服持兵内向，入告二世曰："山东群盗兵大至！"二世上观而见之，恐惧，高即因劫令自杀，引玺而佩之，左右百官莫从；上殿，殿欲坏者三。高自知天弗与，群臣弗许，乃召始皇弟，授之玺。

二世在望夷宫里住了三天，赵高就假托二世的命令，让卫士们都穿着白色的衣服，手持兵器冲进望夷宫，赵高进宫告诉二世说："山东的大批反贼攻进来了！"秦二世上楼台观看，看到卫士拿着兵器朝宫内冲来，非常害怕，赵高立刻胁迫秦二世，让他自杀了。赵高取来皇帝的玉玺，佩戴在自己身上，但文武百官无一人跟从；他登上大殿，大殿多次摇摇晃晃像要坍塌似的。赵高自知老天爷不会让他当皇帝，群臣也不会认可，只好召来了秦始皇的弟弟子婴，把皇帝的玉玺交给了他。

选自《史记》卷八十七　李斯列传第二十七

137. 子婴托病除赵高

子婴即位，患之，乃称疾不听事，与宦者韩谈及其子谋杀高。高上谒，请病，因召入，令韩谈刺杀之，夷其三族。

子婴继位之后，担心赵高胁迫自己，于是就假称有病而不上朝处理政务，私下里却与宦官韩谈和他的儿子谋划如何杀死赵高。赵高前来求见，探问子婴的病情，子婴趁机把他召进皇宫，命令韩谈刺杀了他，并诛灭赵高三族。

选自《史记》卷八十七　李斯列传第二十七

138. 汉王隐忍封韩信

汉四年，遂皆降平齐。使人言汉王曰："齐伪诈多变，反覆之国也，南边楚，不为假王以镇之，其势不定。愿为假王便。"当是时，楚方急围汉王于荥阳，韩信使者至，发书，汉王大怒，骂曰："吾困于此，旦暮望若来佐我，乃欲自立为王！"张良、陈平蹑汉王足，因附耳语曰："汉方不利，宁能禁信之王乎？不如因而立，善遇之，使自为守。不然，变生。"汉王亦悟，因复骂曰："大丈夫定诸侯，即为真王耳，何以假为！"乃遣张良往立信为齐王，征其兵击楚。

汉高祖四年，韩信降服且平定了整个齐国。派人向汉王上书，说："齐国是个狡诈多变、反复无常的国家，南面又紧挨着楚国，如果不设立一个暂时代理的王来镇抚，局势一定难以稳定。希望您能允许我暂时当一个代理齐王。"这时，项羽的军队在荥阳紧紧地围困着汉王，韩信使者到后，汉王打开书信一看，勃然大怒，骂道："我被围困在荥阳，日夜盼着你来解救我，想不到你要自己称王了！"张良、陈平赶紧暗中踩汉王的脚，并凑近汉王的耳朵悄声说："目前我们正处在不利的境地，怎么能禁止韩信称王呢？不如趁势立他为王，好好地对待他，让他好好镇守齐国。不然他可能生出变故。"汉王也醒悟过来，又故意骂道："大丈夫平定了一个诸侯国，本来就理应称王，何必做个暂时代理的王呢？"于是派张良前往齐国，册立韩信为齐王，同时征调他的全部人马去攻打楚军。

选自《史记》卷九十二　淮阴侯列传第三十二

139. 蒯通析势帮韩信

武涉已去，齐人蒯通知天下权在韩信，欲为奇策而感动之，以相人说韩信曰："仆尝受相人之术。"韩信曰："先生相人何如？"对曰："贵贱在于骨法，忧喜在于容色，成败在于决断，以此参之，万不失一。"韩信曰："善。先生相寡人何如？"对曰："愿少间。"信曰："左右去矣。"通曰："相君之面，不过封侯，又危不安。相君之背，贵乃不可言。"韩信曰："何谓也？"蒯通曰："天下初发难也，俊雄豪杰建号壹呼，天下之士云合雾集，鱼鳞杂遝，熛至风起。当此之时，忧在亡秦而已。今楚、汉分争，使天下无罪之人肝胆涂地，父子暴骸骨于中野，不可胜数。楚人起彭城，转斗逐北，至于荥阳，乘利席卷，威震天下。然兵困于京、索之间，迫西山而不能进者，三年于此矣。汉王将数十万之众，距巩、洛，阻山河之险，一日数战，无尺寸之功，折北不救，败荥阳，伤成皋，遂走宛、叶之间，此所谓智勇俱困者也。夫锐气挫于险塞，而粮食竭于内府，百姓罢极怨望，容容无所倚。以臣料之，其势非天下之贤圣固不能息天下之祸。当今两主之命悬于足下。足下为汉则汉胜，与楚则楚胜。臣愿披腹心，输肝胆，效愚计，恐足下不能用也。诚能听臣之计，莫若两利而俱存之，三分天下，鼎足而居，其势莫敢先动。夫以足下之贤圣，有甲兵之众，据强齐，从燕、赵，出空虚之地而制其后，因民之欲，西向为百姓请命，则天下风走而响应矣，孰敢不听！割大弱强，以立诸侯，诸侯已立，天下服听而归德于齐。案齐之故，有胶、泗之地，怀诸侯以德，深拱揖让，则天下之君王相率而朝于齐矣。盖闻'天与弗取，反受其咎；时至不行，反受其殃'。愿足下孰虑之。"

武涉走后，齐国的谋士蒯通拜见韩信，他知道天下胜负的关键在于韩信，想出奇计打动他，于是以一个看相先生的口吻规劝韩信："我曾经学过相面之术。"韩信说："您是如何给人相面的？"蒯通回答说："一个人的高贵卑贱，在于骨骼；一个人的喜怒哀乐，在于面色；一个人的成败得失，在于能否当机立断。用这三项验证人相，保准万无一失。"韩信说："好，那就请您给我看看，我的面相如何？"蒯通回答说："请您让随从人员暂时回避一下。"韩信对左右侍从说："你们先出去吧。"蒯通说："看您的面相，最大不过能够封侯，而且并不安稳。看您的背相，您的显贵简直无以言表。"韩信说："您这样说是什么意思呢？"蒯通说："当初，天下人起来造秦朝的反时，英雄豪杰首先建立名号，一呼百应，天下有志之士像云雾那样聚集，像鱼鳞那样杂沓，如同火焰迸飞，狂风骤起。那时候大家关注的是如何使秦朝灭亡。现在楚汉纷争，使天下无辜的百姓惨遭杀戮，荒郊野外，尸骨遍地。项羽从彭城出发，转战四方，一路上追击，在荥阳围困刘邦，项羽是乘势追击，势如破竹，威震天下。后来他的军队被困在京、索之间，被阻于成皋以西地带，再不能前进一步，现在处于这样的困局已经三年了。汉王率领着几十万人马，在巩县、洛阳一带，凭借大山黄河的天险，抗拒楚军，每天与楚军恶战数次，但也没取得什么胜利，多次被项羽打败而无人救助，刘邦先被围困在荥阳，后受伤于成皋，还败逃到宛县和叶，真是到了智尽勇乏的地步了。现在楚军将士因为长期被险要关塞困顿而锐气尽挫，仓库的粮食也消耗殆尽，百姓疲劳困苦，怨声载道，人心不安，找不到任何依靠。以我看来，如果不出现一个圣贤之人，就不足以结束当前困顿的局面。当今楚王和汉王的命运都掌握在您的手里。您要是倾向于帮助汉王，汉王就会胜利；如果您帮助楚王，楚王就胜利。我愿意推心置腹、披肝沥胆向您提出一条建议，只是唯恐您不能采纳啊。如果您真能听从我的计策，让楚、汉双方都不受损伤同时存在下去，您和他们三分天下，鼎足而立，这样，楚王和汉王谁都不敢轻举妄动。凭借您的贤能圣德，又拥有如此众多的人马装备，占据强大的齐国，还有燕国和赵国跟随，假如您领军乘虚而入，出兵楚王和汉王的后方，然后顺应百姓想要和平的心愿，向楚王和汉王提出停战的要求，为军民百姓请求保全生命，那时天下百姓就会闻风响应，有谁敢不听从！而后，您再割取大国的疆土，削弱强国的威势，用以分封众多小的诸侯。诸侯获得封地之后，就会对您感恩戴德而归服于齐。您安定好齐国故有的疆土后，再进一步占据胶河、泗水流域，用恩德感召诸侯，对他们恭谨礼让，那么天下的君王就会相继朝拜齐国。俗话说'老天爷赐予你的东西你不要，反而会倒霉的；时机到了如果你还不赶紧采取行动，反而会遭难'。希望您仔细地考虑这件事。"

选自《史记》卷九十二　淮阴侯列传第三十二

140. 蒯通深情劝韩信

韩信曰："汉王遇我甚厚，载我以其车，衣我以其衣，食我以其食。吾闻之，乘人之车者载人之患，衣人之衣者怀人之忧，食人之食者死人之事，吾岂可以向利倍义乎！"蒯生曰："足下自以为善汉王，欲建万世之业，臣窃以为误矣。始常山王、成安君为布衣时，相与为刎颈之交。后争张黡、陈泽之事，二人相怨。常山王背项王，奉项婴头而窜，逃归于汉王。汉王借兵而东下，杀成安君泜水之南，头足异处，卒为天下笑。此二人相与，天下至欢也。然而卒相禽者，何也？患生于多欲而人心难测也。今足下欲行忠信以交于汉王，必不能固于二君之相与也，而事多大于张黡、陈泽。故臣以为足下必汉王之不危己，亦误矣。大夫种、范蠡存亡越，霸勾践，立功成名而身死亡。野兽已尽而猎狗烹。夫以交友言之，则不如张耳之与成安君者也；以忠信言之，则不过大夫种、范蠡之于勾践也。此二人者，足以观矣。愿足下深虑之。且臣闻勇略震主者身危，而功盖天下者不赏。臣请言大王功略：足下涉西河，虏魏王，擒夏说，引兵下井陉，诛成安君，徇赵，胁燕，定齐，南摧楚人之兵二十万，东杀龙且，西向以报，此所谓功无二于天下，而略不世出者也。今足下戴震主之威，挟不赏之功，归楚，楚人不信；归汉，汉人震恐。足下欲持是安归乎？夫势在人臣之位而有震主之威，名高天下，窃为足下危之。"韩信谢曰："先生且休矣，吾将念之。"

韩信说："汉王待我非常好，把他的车子给我坐，把他的衣裳给我穿，把他的食物给我吃。我听说，坐人家的车子，就要准备与人家共患难；穿人家的衣裳，心里就要时刻惦记着人家的忧患；吃人家的食物，就得时刻准备为人家效命，我怎么能够见利忘义呢！"蒯通说："你自认为和汉王关系好，想建立流传万世的功业，我私下认为您想错了。当初常山王张耳和成安君陈馀还是平民百姓时，结成生死之交，后来因为张黡、陈泽的事情产生争执，他们二人彼此仇恨。常山王张耳背叛项王，带着项王的使者项婴的人头归降汉王。汉王借给他军队向东进击，在泜水以南杀死了成安君陈馀，陈馀身首异处，被天下人耻笑。这两个人的交情，可以说是天下最亲密的了。然而竟然发展到都想把对方置于死地，这是为什么呢？祸患就是因为贪得无厌，人心难测啊。如今您打算对汉王尽忠尽信，可是我觉得您和汉王之间的交情怎么也比不上张耳和陈馀的交情，而你们之间相关联的事情又比张黡、陈泽的事件重要得多。所以我认为您要是确信汉王不会加害于您，那也是错误的。当初大夫文种、范蠡帮助濒临亡国的越国起死回生，辅佐越王勾践称霸诸侯，大功告成之后，文种被迫自杀，范蠡被迫逃亡。野兽已经打完了，猎犬就会被烹杀。以交情友谊而论，您和汉王的交情没有张耳与陈馀的友谊深；以忠诚信义而论，也超不过大夫文种、范蠡与越王勾践。这两个事例，足可以作为您的前车之鉴。希望您慎重考虑。况且我听说，大臣的勇敢、谋略如果令君王感到威胁，那他自身的处境就很危险了；而功勋盖天下的人，不会得到君王的赏赐。请让我说一说您的功绩和谋略：您横渡西河，俘虏魏豹，生擒夏说；接着您又引兵东出井陉，杀死了陈馀，攻占了赵国；以声威镇服燕国，平定安抚齐国；向南摧毁楚国军队二十万；向东杀死楚将龙且；而后西去荥阳向汉王捷报。这就是我前面所说的功勋盖天下啊。如今您有使主子害怕的威望，持有不能封赏的功绩，想投靠项羽，项羽不会信任您；归附刘邦，刘邦暗自震惊恐惧。您带着这样大的功绩和声威，哪里是您的容身之地呢？作为一个臣子而有让君主震恐的威名，名望高于天下所有的人，我私下觉得您的处境十分危险。"韩信辞谢说："您别再讲了，我得好好考虑考虑。"

选自《史记》卷九十二　淮阴侯列传第三十二

141. 韩信忠诚不叛汉

　　后数日，蒯通复说曰："夫听者事之候也，计者事之机也，听过计失而能久安者，鲜矣。听不失一二者，不可乱以言；计不失本末者，不可纷以辞。夫随厮养之役者，失万乘之权；守儋右之禄者，阙卿相之位。故知者决之断也，疑者事之害也，审毫牦之小计，遗天下之大数，智诚知之，决弗敢行者，百事之祸也。故曰'猛虎之犹豫，不若蜂虿之致螫；骐骥之踟蹰，不如驽马之安步；孟贲之狐疑，不如庸夫之必至也；虽有舜禹之智，吟而不言，不如喑聋之指麾也'。此言贵能行之。夫功者难成而易败，时者难得而易失也。时乎时，不再来。愿足下详察之。"韩信犹豫不忍背汉，又自以为功多，汉终不夺我齐，遂谢蒯通。蒯通说不听，已佯狂为巫。

　　过了几天，蒯通又规劝韩信说："能够听从别人的劝告，就是事情成功的征兆；未能听取好的意见，未能做出正确的判断，决策失误而能够长治久安的人，实在少有。能正确听取意见的人，就不会被别人的花言巧语迷惑；能够周密筹划又不本末倒置的人，就不会被七嘴八舌所扰乱。甘愿做劈柴喂马差事的人，就会失掉争取万乘之国权柄的机会；安心微薄俸禄的人，就会失去做卿相的可能。所以说当机立断是聪明人的作为，犹豫不决是百事的祸害。只在眼前的小事上下功夫，就会丢掉天下的大事；有判断是非的智慧，但是不采取实际的行动，也会导致事情失败。所以俗话说'猛虎犹豫不前，不如黄蜂、蝎子用毒刺刺人；骏马徘徊不前，不如劣马慢步前行；勇士孟贲狐疑不定，不如凡夫俗子说到做到；即使有虞舜、夏禹的智慧，可是沉默不语，那还不如一个聋哑人在那里指手画脚'。这些俗语都说明付诸行动是最可宝贵的。所有的事业都是失败容易成功难，时机难得而易失。时机啊时机，失掉了就不会再来。希望您仔细斟酌斟酌。"韩信仍然犹豫不决，不忍心背叛汉王，又觉得自己功勋卓著，汉王终究不至于把齐国夺走，最终还是谢绝了蒯通的劝告。蒯通见韩信不采纳自己的意见，为了避祸，只能装疯卖傻做了巫师。

选自《史记》卷九十二　淮阴侯列传第三十二

142. 韩信忠诚被封候

　　项王亡将钟离眜家在伊庐，素与信善。项王死后，亡归信。汉王怨眜，闻其在楚，诏楚捕眜。信初之国，行县邑，陈兵出入。汉六年，人有上书告楚王信反。高帝以陈平计，天子巡狩会诸侯，南方有云梦，发使告诸侯会陈："吾将游云梦。"实欲袭信，信弗知。高祖且至楚，信欲发兵反，自度无罪，欲谒上，恐见擒。人或说信曰："斩眜谒上，上必喜，无患。"信见眜计事。眜曰："汉所以不击取楚，以眜在公所。若欲捕我以自媚于汉，吾今日死，公亦随手亡矣。"乃骂信曰："公非长者！"卒自刭。信持其首，谒高祖于陈。上令武士缚信，载后车。信曰："果若人言，'狡兔死，良狗烹；高鸟尽，良弓藏；敌国破，谋臣亡。'天下已定，我固当烹！"上曰："人告公反。"遂械系信。至洛阳，赦信罪，以为淮阴侯。

　　项王部下逃亡的将领钟离眜，家住伊庐，一向与韩信友好。项王死后，钟离眜潜逃归附了韩信。汉王怨恨钟离眜，听说他在韩信那里，就命令韩信逮捕钟离眜。韩信初到楚国，到下属各县视察，总要带着一些士兵，戒备森严。汉高祖六年，有人上书告发韩信谋反。高祖采纳陈平的计谋，以到南方视察云梦泽为名，派使臣通告各诸侯到陈县会合，说："我要巡视云梦泽。"实际打算袭击韩信，韩信却不知道。刘邦将要到楚国时，韩信曾想发兵抵抗，但想到自己没有任何罪过；想去见刘邦，又怕被刘邦设计生擒。有人对韩信说："杀了钟离眜去朝见皇上，皇上一定高兴，就没有祸患了。"韩信去找钟离眜商量此事。钟离眜说："刘邦所以不攻打楚国，就是因为我在您这里。如果您想抓了我取悦汉王，那么我今天死，明天就会轮到您了。"还骂韩信说："你真不是个厚道的人！"说罢刎颈自杀。韩信提着钟离眜的头，到陈郡朝拜刘邦。刘邦命令武士捆绑了韩信，押在随行的车上。韩信说："果真像人们说的'兔子一死，猎狗就遭到烹杀；飞鸟打完，良弓就被收了起来；敌国一被消灭，功臣也该被杀了。'现在天下已经平安，我是到该死的时候了！"刘邦说："有人告发你谋反。"就给韩信带上了刑具。到了洛阳，赦免了韩信的罪过，改封他为淮阴侯。

选自《史记》卷九十二　淮阴侯列传第三十二

143. 汉王韩信论才能

信知汉王畏恶其能，常称病不朝从。信由此日夜怨望，居常鞅鞅，羞与绛、灌等列。信尝过樊将军哙，哙跪拜送迎，言称臣，曰："大王乃肯临臣！"信出门，笑曰："生乃与哙等为伍！"上常从容与信言诸将能不，各有差。上问曰："如我能将几何？"信曰："陛下不过能将十万。"上曰："于君何如？"曰："臣多多而益善耳。"上笑曰："多多益善，何为为我禽？"信曰："陛下不能将兵，而善将将，此乃信之所以为陛下擒也。且陛下所谓天授，非人力也。"

韩信知道汉王畏忌自己的才能，常常借口生病不参加朝见和侍行。从此，韩信日夜怨恨，在家闷闷不乐，觉得和绛侯、灌婴处于同等地位，简直是一种羞辱。韩信曾经拜访樊哙将军，樊哙跪拜送迎，自称臣子，他受宠若惊地说："大王怎么竟肯光临臣舍！"韩信从他家出来后，仰天大笑说："想不到我这辈子竟然落得和樊哙这般人为伍了！"皇上经常从容地和韩信议论将军们的高下，认为各有长短。皇上问韩信："像我的才能能统率多少兵马？"韩信说："陛下最多能统率十万。"皇上说："那么你呢？"韩信说："我是越多越好。"皇上笑着说："既然你的本事这么大，为什么还被我俘虏了？"韩信说："陛下您虽然不善于带兵，却善于驾驭将领，这就是我被陛下俘虏的原因。况且您之所以胜利，这是上天的安排，不是人力可以改变的。"

选自《史记》卷九十二 淮阴侯列传第三十二

144. 吕后设计杀韩信

陈豨拜为巨鹿守，辞于淮阴侯。淮阴侯挈其手，辟左右，与之步于庭，仰天叹曰："子可与言乎？欲与子有言也。"豨曰："唯将军令之。"淮阴侯曰："公之所居，天下精兵处也；而公，陛下之信幸臣也。人言公之畔，陛下必不信；再至，陛下乃疑矣；三至，必怒而自将。吾为公从中起，天下可图也。"陈豨素知其能也，信之，曰："谨奉教！"汉十年，陈豨果反。上自将而往，信病不从。阴使人至豨所，曰："弟举兵，吾从此助公。"信乃谋与家臣夜诈诏赦诸官徒奴，欲发以袭吕后、太子。部署已定，待豨报。其舍人得罪于信，信囚，欲杀之。舍人弟上变，告信欲反状于吕后。吕后欲召，恐其党不就，乃与萧相国谋，诈令人从上所来，言豨已得死，列侯群臣皆贺。相国绐信曰："虽疾，强入贺。"信入，吕后使武士缚信，斩之长乐钟室。信方斩，曰："吾悔不用蒯通之计，乃为儿女子所诈，岂非天哉！"遂夷信三族。

陈豨被任命为巨鹿郡守，向淮阴侯韩信辞行。韩信打发走左右侍从，拉着他的手在庭院里漫步，韩信仰天长叹道："您可以听听我的心里话吗？有些心里话我想跟您谈谈。"陈豨说："一切听任将军吩咐。"韩信说："您将要管辖的地区，那里聚集着国家的精锐部队；而您，是陛下信任宠幸的臣子。如果有人告发说您反叛，陛下一定不会相信；但如果有人告第二次，陛下就会心生疑虑；如果再第三次被告，陛下必然大怒而亲自率兵前来围剿。你到那里时，我在京城为您做内应，那时天下就是我们的了。"陈豨一向知道韩信的雄才大略，对他的话深信不疑，说："我一定听从您的指教！"汉高祖十年，陈豨真的造反了。刘邦亲自率领兵马前去讨伐，韩信借口生病没有跟着一起去。韩信暗中派人给陈豨传递消息，说："你只管起兵，我在这里协助您。"韩信就和家臣商量，夜里假传圣旨，释放在各官府做苦役的罪犯和奴隶，准备把他们武装起来去袭击吕后和太子。一切部署完毕，单等着陈豨那边的消息。这时韩信家的一个门客，因为得罪了韩信，被韩信囚禁起来，打算杀掉他。这个门客的弟弟就写密信向吕后告发了韩信准备反叛的计划。吕后打算把韩信召来，又怕他不肯就范。吕后就和萧相国谋划，派一个人假装从刘邦那里回来，诈称陈豨已被俘获处死，让列侯群臣都入朝祝贺。萧何亲自来骗韩信说："即使你有病，也要强打精神进宫祝贺。"于是韩信只好跟着萧何进宫，结果韩信一进长乐宫，吕后就命令武士把韩信捆起来，在长乐宫的钟室杀掉了他。韩信临死前说："我真后悔当初没有采纳蒯通的计谋，今天竟然被妇人小儿所骗，难道不是天意嘛！"接着吕后又灭了韩信三族。

选自《史记》卷九十二　淮阴侯列传第三十二

145. 蒯通巧辩免罪过

高祖已从豨军来，至，见信死，且喜且怜之，问："信死亦何言？"

吕后曰："信言恨不用蒯通计。"高祖曰："是齐辩士也。"乃诏齐捕蒯通。蒯通至，上曰："若教淮阴侯反乎？"对曰："然，臣固教之。竖子不用臣之策，故令自夷于此。如彼竖子用臣之计，陛下安得而夷之乎！"上怒曰："烹之。"通曰："嗟乎，冤哉烹也！"上曰："若教韩信反，何冤？"对曰："秦之纲绝而维弛，山东大扰，异姓并起，英俊乌集。秦失其鹿，天下共逐之，于是高才疾足者先得焉。跖之狗吠尧，尧非不仁，狗因吠非其主。当是时，臣唯独知韩信，非知陛下也。且天下锐精持锋欲为陛下所为者甚众，顾力不能耳。又可尽烹之邪？"高帝曰："置之。"乃释通之罪。

刘邦平定陈豨叛乱，回到京城，见韩信已被吕后杀死，是既高兴又怜悯，问吕后说："韩信临死时说过什么话？"吕后说："韩信说只恨当初没有采纳蒯通的计谋。"刘邦说："那人是齐国有名的说客。"于是下令齐国捕捉蒯通。蒯通被带到，刘邦问他："你曾唆使淮阴侯反叛吗？"蒯通说："是，我的确教过他。可是那小子不采纳我的计策，所以自取灭亡。假如那小子早听了我的话，你们今天还能把他满门抄斩吗？"刘邦勃然大怒，说："把他给我煮了。"蒯通说："哎呀，煮死我才冤枉啊！"刘邦说："你唆使韩信造反，有什么冤枉？"蒯通说："秦朝残暴无道，政权瓦解，整个中原地区都乱了套，各路诸侯纷纷起事，一时天下英雄豪杰像乌鸦一样聚集。秦朝失去帝位，天下英杰都来抢夺，于是才智高超、行动敏捷的人率先得到它。盗跖的狗对着尧狂叫，这并不是尧不仁义，而是因为狗只忠于它的主人。那时候，我只知道有个韩信，并不知道有陛下。况且天下手执利刃想当皇帝的人多的是，只是都没有成功罢了，您能把他们都煮了吗？"高祖说："放掉他。"于是就赦免了蒯通的罪过。

选自《史记》卷九十二　淮阴侯列传第三十二

感言：刘邦抓捕韩信后不杀且封侯，又不杀蒯通，也不失为一位明智的皇帝。

146. 沛公依计得陈留

沛公至高阳传舍，使人召郦生。郦生至，入谒，沛公方倨床使两女子洗足，而见郦生。郦生入，则长揖不拜，曰："足下欲助秦攻诸侯乎？且欲率诸侯破秦也？"沛公骂曰："竖儒！夫天下同苦秦久矣，故诸侯相率而攻秦，何谓助秦攻诸侯乎？"郦生曰："必聚徒合义兵诛无道秦，不宜倨见长者。"于是沛公辍洗，起摄衣，延郦生上坐，谢之。郦生因言六国纵横时，沛公喜，赐郦生食，问曰："计将安出？"郦生曰："足下起纠合之众，收散乱之兵，不满万人，欲以径入强秦，此所谓探虎口者也。夫陈留，天下之冲，四通五达之郊也，今其城又多积粟。臣善其令，请得使之，令下足下。即不听，足下举兵攻之，臣为内应。"于是遣郦生行，沛公引兵随之，遂下陈留。号郦食其为广野君。

后来沛公来到高阳，在旅舍住下，派人去召郦生前来拜见。郦生来到旅舍觐见，沛公正坐在床边伸着两腿让两个女子为他洗脚，就传唤郦生来见。郦生进去后，只是作个长揖而没有弯腰下拜，说："您是想帮助秦国攻打诸侯呢？还是想率领诸侯攻破秦国呢？"沛公骂道："你个没有见识的儒生！天下的人共同遭受秦朝的苦楚已经很久了，所以诸侯们才陆续起兵反抗暴秦，什么叫帮助秦国攻打诸侯？"郦生说："如果您一定要聚合民众，召集义兵来讨伐暴虐无道的秦王朝，那就不该用这种傲慢无礼的态度来接见长者。"于是沛公立刻停止了洗脚，起身穿上整齐的衣裳，把郦生请到了上宾的座位上，并且向他道歉。郦生于是谈了六国合纵连横所用的谋略，沛公喜出望外，立即命人端上饭来，让郦生进餐，然后问道："我们该从哪里着手制订计划呢？"郦生说道："您把乌合之众，散乱之兵收集起来，总共也不满一万人，如果凭借这些兵力直接深入强大秦国与之对抗的话，那就是人们所说的探虎口啊。陈留是天下的交通要道，四通八达的地方，现在城里又有很多储备粮。我和陈留的县令交好，请您派我到他那里去一趟，让他来投降。他若是不听从的话，您再发兵攻城，我在城内作为内应。"于是沛公就派遣郦生前往，自己带兵紧随其后，这样就攻取了陈留。沛公赐给郦食其广野君的称号。

选自《史记》卷九十七　郦生陆贾列传第三十七

147. 高祖公正封刘敬

汉七年，韩王信反，高帝自往击之。至晋阳，闻信与匈奴欲共击汉，上大怒，使人使匈奴。匈奴匿其壮士肥牛马，但见老弱及羸畜。使者十辈来，皆言匈奴可击。上使刘敬复往使匈奴，还报曰："两国相击，此宜夸矜见所长。今臣往，徒见羸瘠老弱，此必欲见短，伏奇兵以争利。愚以为匈奴不可击也。"是时汉兵已逾句注，二十余万兵已业行。上怒，骂刘敬曰："齐虏！以口舌得官，今乃妄言沮吾军。"械系敬广武。遂往，至平城，匈奴果出奇兵围高帝白登，七日然后得解。高帝至广武，赦敬，曰："吾不用公言，以困平城。吾皆已斩前使十辈言可击者矣。"乃封敬二千户，为关内侯，号为建信侯。

高祖七年，韩王信反叛汉朝，高祖亲自前往攻打他。到达晋阳时，听到韩王信与匈奴勾结要共同攻打汉朝的消息，高祖大为震怒，就派使臣出使匈奴探摸底细。匈奴把他们强壮能战的士兵和肥壮的牛马都藏了起来，能见到的只是年老体弱的士兵和瘦弱不堪的牲畜。派去的使臣十余批回来，都说可以出兵攻打匈奴了。高祖派刘敬再出使匈奴，他回来报告说："两国交兵，这时该夸耀显示自己的长处才合理。现在我去那里，只看到瘦弱的牲畜和老弱的士兵，这一定是故意显露自己的短处，而埋伏奇兵来争取胜利。我认为现在还不能出兵攻打匈奴。"此时汉朝军队已经越过了句注山，

二十万大军已经出征。高祖听了刘敬的话非常恼怒，骂刘敬道："你这齐
国俘虏！凭着伶牙俐齿捞得官做，现在竟敢胡言乱语阻碍我的大军前行。"
就用镣铐把刘敬拘押在广武县。高祖于是率军前往，到了平城，匈奴果然
出奇兵将高祖围困在白登山，七天后才得以解围。高祖回到广武县，便赦
免了刘敬，对刘敬说："我不采纳您的意见，招来平城之困。我已经把你
之前的那十来批出使匈奴说匈奴可以攻打的人都斩首了。"于是封赏刘敬
食邑二千户，并封他为关内侯，封号为建信侯。

选自《史记》卷九十九　刘敬叔孙通列传第三十九

148. 睿智季布感惠帝

孝惠时，为中郎将。单于尝为书嫚吕后，不逊，吕后大怒，召诸将议之。
上将军樊哙曰："臣愿得十万众，横行匈奴中。"诸将皆阿吕后意，曰"然"。
季布曰："樊哙可斩也！夫高帝将兵四十余万众，困于平城，今哙奈何以
十万众横行匈奴中，面欺！且秦以事于胡，陈胜等起。于今创痍未瘳，哙
又面谀，欲摇动天下。"是时殿上皆恐，太后罢朝，遂不复议击匈奴事。

孝惠帝的时候，季布担任中郎将。匈奴单于曾经写信侮辱吕后，出言
不逊，吕后非常愤怒，召来众将领商议此事。上将军樊哙说："我愿带领
十万人马，横扫匈奴。"各位将领都迎合吕后的心意，齐声说："好。"
季布说："樊哙这个人真该杀头啊！当年，高祖率领四十万大军尚且被围
困在平城，如今樊哙如何用十万人马横扫匈奴呢？这是当面撒谎！再说秦
王朝正因为对匈奴用兵，才引起陈胜等人揭竿造反。直到现在创伤还没有
治好，而樊哙又当面阿谀逢迎，他这是想要使天下动荡不安啊。"当时，
殿上的将领都感到惊恐，吕后宣布退朝，于是不再讨论攻打匈奴的事了。

季布为河东守，孝文时，人有言其贤者，孝文召，欲以为御史大夫。

复有言其勇，使酒难近。至，留邸一月，见罢。季布因进曰："臣无功窃宠，戴罪河东。陛下无故召臣，此人必有以臣欺陛下者；今臣至，无所受事，罢去，此人必有以毁臣者。夫陛下以一人之誉而召臣，一人之毁而去臣，臣恐天下有识闻之有以窥陛下也。"上默然惭，良久曰："河东吾股肱郡，故特召君耳。"布辞之官。

季布做了河东郡守，孝文帝时，有人说他很贤能，孝文帝便召见他，想任命他担任御史大夫。后又有人说他很勇敢，但好纵酒发疯，让人难以接近。季布来到京城长安，在馆驿住了一个月，皇帝召见之后就让他回原郡。季布于是对孝文帝说："我没有什么功劳却得到了皇上的恩宠，以戴罪之身在河东郡任职。如今陛下无缘无故地召见我，这必然是有人妄自赞誉我来欺骗陛下；现在我到了京城，没有经受任何事情，就此作罢，遣回原郡，这必然是有人在您面前毁谤我。陛下因为一个人赞誉我就召见我，又因为一个人的毁谤而让我离开，我担心天下有见识的人听说此事，就窥探出您为人处事的深浅了。"皇上沉默不语，很羞愧，过了很久才说道："河东对我来说是一个极其重要的郡，好比我的大腿和臂膀，所以我特地召见你啊！"于是季布就辞别了孝文帝回到了河东郡。

选自《史记》卷一百 季布栾布列传第四十

149. 冒顿杀父自称王

匈奴单于曰头曼，头曼不胜秦，北徙。十余年而蒙恬死，诸侯畔秦，中国扰乱，诸秦所徙适戍边者皆复去，于是匈奴得宽，复稍渡河南与中国界于故塞。

匈奴的单于叫头曼，头曼被秦打败，向北迁徙。过了十多年，蒙恬去世，诸侯背叛了秦国，中原混乱，那些被秦派出守边疆的罪犯也都逃离了边境，于是匈奴得到了喘息的机会，又渐渐渡过黄河，回到了过去与中原地区相邻的旧边界。

　　单于有太子名冒顿。后有所爱阏氏，生少子，而单于欲废冒顿而立少子，乃使冒顿质于月氏。冒顿既质于月氏，而头曼急击月氏。月氏欲杀冒顿，冒顿盗其善马，骑之亡归。头曼以为壮，令将万骑。冒顿乃作为鸣镝，习勒其骑射，令曰："鸣镝所射而不悉射者，斩之。"行猎鸟兽，有不射鸣镝所射者，辄斩之。已而冒顿以鸣镝自射其善马，左右或不敢射者，冒顿立斩不射善马者。居顷之，复以鸣镝自射其爱妻，左右或颇恐，不敢射，冒顿又复斩之。居顷之，冒顿出猎，以鸣镝射单于善马，左右皆射之。于是冒顿知其左右皆可用。从其父单于头曼猎，以鸣镝射头曼，其左右亦皆随鸣镝而射杀单于头曼，遂尽诛其后母与弟及大臣不听从者。冒顿自立为单于。

　　单于有位太子叫冒顿。后来单于所爱的阏氏生了个小儿子，单于想废掉冒顿而立小儿子为太子，于是就让冒顿到月氏去做人质。冒顿在月氏当人质时，头曼却猛烈攻打月氏。月氏想杀死冒顿，冒顿则偷了月氏的良马，骑着它逃回了匈奴。头曼认为冒顿很勇猛，就命令他统领一万骑兵。冒顿创造了一种响箭，用响箭训练他的部下，下令说："我的响箭射向哪里，你们就要跟着射，不听命令的就斩首。"他首先射猎鸟兽，有人不射响箭所射的目标，冒顿就把他杀了。不久，冒顿以响箭射击自己的良马，左右将士有不敢射的，冒顿立即杀了他们。过了些日子，冒顿又用响箭射向自己心爱的妻子，左右将士有的感到恐慌，不敢射击，冒顿又把他们杀了。过了些日子，冒顿出去打猎，用响箭射击单于的良马，左右将士都跟着射。于是冒顿知道他的左右都是可用之人。他跟随父亲单于头曼去打猎，用响箭射击头曼的头，他的左右也都跟随响箭射死了单于头曼。接着冒顿又把他的后母及弟弟和不服从的大臣全部杀死，冒顿自立为单于。

选自《史记》卷一百一十　匈奴列传第五十

150. 冒顿忍辱扩疆土

冒顿既立，是时东胡强盛，闻冒顿杀父自立，乃使使谓冒顿，欲得头曼时有千里马。冒顿问群臣，群臣皆曰："千里马，匈奴宝马也，勿与。"冒顿曰："奈何与人邻国而爱一马乎？"遂与之千里马。居顷之，东胡以为冒顿畏之，乃使使谓冒顿，欲得单于一阏氏。冒顿复问左右，左右皆怒曰："东胡无道，乃求阏氏！请击之。"冒顿曰："奈何与人邻国爱一女子乎？"遂取所爱阏氏予东胡。东胡王愈益骄，西侵。与匈奴间，中有弃地，莫居，千余里，各居其边为瓯脱。东胡使使谓冒顿曰："匈奴所与我界瓯脱外弃地，匈奴非能至也，吾欲有之。"冒顿问群臣，群臣或曰："此弃地，予之亦可，勿予亦可。"于是冒顿大怒曰："地者，国之本也，奈何予之！"诸言予之者，皆斩之。冒顿上马，令国中有后者斩，遂东袭击东胡。东胡初轻冒顿，不为备。及冒顿以兵至，击，大破灭东胡王，而虏其民人及畜产。既归，西击走月氏，南并楼烦、白羊。悉复收秦所使蒙恬所夺匈奴地者，与汉关故河南塞，至朝那、肤施，遂侵燕、代。是时汉兵与项羽相距，中国罢于兵革，以故冒顿得自强，控弦之士三十余万。

冒顿当了单于后，这时东胡很强盛，听说冒顿杀父自立，就派使者对冒顿说，想得到头曼的那匹千里马。冒顿问群臣的意见，群臣都说："千里马是匈奴的宝马，不要给东胡。"冒顿说："跟人家做邻居，怎么能吝惜一匹马呢？"于是就把千里马给了东胡。过了不久，东胡以为冒顿怕他，就派使者对冒顿说，想要单于的一个阏氏。冒顿又询问左右之臣，左右大臣皆发怒说："东胡没有道理，竟然想要大王的阏氏！请出兵攻打他。"冒顿说："与人为邻，怎能吝惜一个女人呢？"于是就把自己喜爱的阏氏送给了东胡。东胡王越来越骄纵，向西进犯侵扰。东胡与匈奴之间有一块千里无人居住的中间地带，双方都在这空地的两边修起哨所。东胡派使者对冒顿说："匈奴与东胡之间有千余里无人居住的中间地带，是你们匈奴不能到达的地方，我们想占有它。"冒顿征求群臣意见，群臣中有人说："这是被丢弃的空地，给他们也可以，不给他们也可以。"于是冒顿大怒，说："土地，是国家的根本，怎么可以给他们！"那些说把空地给东胡的人都被杀了。冒顿上马，命令全国青壮年都要去讨伐东胡，后退者斩首，于是向东袭击东胡。东胡最初轻视冒顿，因此没有防备。等到冒顿领兵到来，一开战就大败东胡，消灭了东胡王，而且俘获了东胡的百姓和牲畜。冒顿归来后，又打跑了西边的月氏，向南吞并了楼烦和白羊，完全收复了当年蒙恬夺走的土地，与汉朝以原来的河南塞为界，直到朝那和肤施两地，并继续侵犯燕国和代地。这时汉军正与项羽对抗，中原地区无力对外用兵，因此冒顿趁机强大起来，有三十余万能拉弓射箭的军队。

选自《史记》卷一百一十　匈奴列传第五十

151. 相如美曲结良缘

相如归，而家贫，无以自业。素与临邛令王吉相善，吉曰："长卿久宦游不遂，而来过我。"于是相如往，舍都亭。临邛令缪为恭敬，日往朝相如。相如初尚见之，后称病，使从者谢吉，吉愈益谨肃。临邛中多富人，而卓王孙家僮八百人，程郑亦数百人，二人乃相谓曰："令有贵客，为具召之。"并召令。令既至，卓氏客以百数。至日中，谒司马长卿，长卿谢病不能往，临邛令不敢尝食，自往迎相如。相如不得已，强往，一坐尽倾。酒酣，临邛令前奏琴曰："窃闻长卿好之，愿以自娱。"相如辞谢，为鼓一再行。是时卓王孙有女文君新寡，好音，故相如缪与令相重，而以琴心挑之。相如之临邛，从车骑，雍容闲雅甚都；及饮卓氏，弄琴，文君窃从户窥之，心悦而好之，恐不得当也。既罢，相如乃使人重赐文君侍者通殷勤。文君夜亡奔相如，相如乃与驰归成都。

相如只好回到家里。但是家境贫寒，没有什么合适的营生。相如一向和临邛县令王吉交好，王吉对他说："长卿，你长期在外做官游学，不太顺心，有时间过来看看我吧。"于是，相如去往临邛，住在城内一个小亭中。临邛县令表现得很恭敬，每天都去拜见相如。起初，相如还见他，后来，他就假称有病，让随从去辞谢王吉。但是，王吉却越发的恭敬谨慎。临邛县里有很多富人，卓王孙就有家奴八百人，程郑也有家奴数百人。二人商量说："县令有贵客，我们准备酒席，招待招待他。"就一起邀请了县令。县令到了以后，卓家的客人已经数以百计。到了中午，邀请司马长卿，长卿假称有病，不能前往。临邛令不敢进食，亲自前去迎接相如。相如不得已，勉强前去，所有宾客都为他的风采所倾倒。酒到浓时，临邛县令捧上一张琴对司马相如说："我听说长卿喜欢弹琴，请为我们演奏一曲，当作娱乐。"相如辞谢了一番，就弹了一两支曲子。当时，卓王孙的女儿文君，刚刚丧夫，喜欢音乐，所以相如假装和县令相互敬重，实际上是用琴声引诱卓文君。相如来临邛时，车马跟随，仪态雍容，举止文雅，很帅气。等到了卓王孙家喝酒弹琴时，卓文君偷偷从门缝里看他，心里很喜欢，又担心自己配不上。宴会结束后，相如托人送给文君的侍者很多礼物，表达他对文君的倾慕之心。卓文君半夜前去找相如，相如就和她私奔回了成都。

选自《史记》卷一百一十七　司马相如列传第五十七

152. 得父接济文君富

家居徒四壁立。卓王孙大怒曰："女至不材，我不忍杀，不分一钱也。"人或谓王孙，王孙终不听。文君久之不乐，曰："长卿第俱如临邛，从昆弟假贷犹足为生，何至自苦如此！"相如与俱之临邛，尽卖其车骑，买一酒舍酤酒，而令文君当炉。相如身自着犊鼻裈，与保庸杂作，涤器于市中。卓王孙闻而耻之，为杜门不出。昆弟诸公更谓王孙曰："有一男两女，所不足者非财也。今文君已失身于司马长卿，长卿故倦游，虽贫，其人才足依也，且又令客，独奈何相辱如此！"卓王孙不得已，分予文君童百人，钱百万，及其嫁时衣被财物。文君乃与相如归成都，买田宅，为富人。

两人生活条件很差，家徒四壁。卓王孙大怒说："女儿不成器，我不忍心伤害她，但也不会给她一点钱。"有人劝说卓王孙，但王孙最终没有听。时间长了，文君感到不高兴，说"长卿你只要和我一起去临邛，向兄弟们借钱也能生活，何苦把自己逼到这般窘境！"相如就和文君一起来到临邛，把车马全都卖掉，买下一家酒店卖酒，并且让文君亲自站柜台卖酒。相如自己穿着犊鼻裤，与雇工们一起干杂活，在闹市中洗酒器。卓王孙听到这件事，感到很丢脸，为此闭门不出。有兄弟长辈们劝卓王孙，说："您有一个儿子两个女儿，家里缺的并不是钱财。如今，文君已经委身于司马长卿，长卿本来也已厌倦了奔波的生活，虽然贫穷，但还是个可以依靠的人才，况且他又是县令的贵客，为什么要这么轻视侮辱他呢！"卓王孙不得已，分给文君家奴一百人，钱一百万以及她出嫁时的衣服和财物。文君就和相如回到成都，买了田地住房，成了富人。

选自《史记》卷一百一十七　司马相如列传第五十七

感言：卓王孙这位大度的父亲，终于接济了自己不听话的女儿——王文君，使他们一夜之间由穷变富，这在当时的社会环境中实属大度之举。

三、沙场谋略

153. 范增献计杀沛公

行略定秦地。函谷关有兵守关，不得入。又闻沛公已破咸阳，项羽大怒，使当阳君等击关。项羽遂入，至于戏西。沛公军霸上，未得与项羽相见。沛公左司马曹无伤使人言于项羽曰："沛公欲王关中，使子婴为相，珍宝尽有之。"项羽大怒，曰："旦日飨士卒，为击破沛公军！"当是时，项羽兵四十万，在新丰鸿门，沛公兵十万，在霸上。范增说项羽曰："沛公居山东时，贪于财货，好美姬。今入关，财物无所取，妇女无所幸，此其志不在小。吾令人望其气，皆为龙虎，成五采，此天子气也。急击勿失。"

项羽将要攻取秦关中地带。函谷关有兵把守，不能进去。又听说沛公已经攻破咸阳，项羽大怒，派当阳君等攻打函谷关。项羽便进入了函谷关，到达戏水西岸。沛公驻军霸上，没有能够和项羽相见。沛公的左司马曹无伤派人对项羽说："沛公想要称王关中，让秦朝降王子婴给他当相国，并把所有珍宝都占为己有。"项羽一听，勃然大怒，说："明天早晨好好犒劳士卒，给我击溃沛公的军队！"这时，项羽有兵四十万，驻扎在新丰鸿门，沛公有兵十万，驻扎在霸上。范增劝告项羽说："沛公在山东时，贪图财宝，喜爱美女。如今进了关，不收财物，不亲近妇女，由此可见，他的志向不小。我派人观望了他上空的云气，都呈龙虎状，五颜六色，这是天子之气。赶快进攻，不要错失良机。"

选自《史记》卷七　项羽本纪第七

154. 张良献计感沛公

楚左尹项伯者，项羽季父也，素善留侯张良。张良是时从沛公。项伯乃夜驰之沛公军，私见张良，具告以事，欲呼张良与俱去。曰："毋从俱死也。"张良曰："臣为韩王送沛公，沛公今事有急，亡去不义，不可不语。"良乃入，具告沛公。沛公大惊，曰："为之奈何？"张良曰："谁为大王为此计者？"曰："鲰生说我曰'距关，毋内诸侯，秦地可尽王也'。故听之。"良曰："料大王士卒足以当项王乎？"沛公默然，曰："固不如也，且为之奈何？"张良曰："请往谓项伯，言沛公不敢背项王也。"沛公曰："君安与项伯有故？"张良曰："秦时与臣游，项伯杀人，臣活之。今事有急，故幸来告良。"沛公曰："孰与君少长？"良曰："长于臣。"沛公曰："君为我呼入，吾得兄事之。"张良出，要项伯。项伯即入见沛公。沛公奉卮酒为寿，约为婚姻，曰："吾入关，秋毫不敢有所近，籍吏民，封府库，而待将军。所以遣将守关者，备他盗之出入与非常也。日夜望将军至，岂敢反乎！愿伯具言臣之不敢倍德也。"项伯许诺。谓沛公曰："旦日不可不蚤自来谢项王。"沛公曰："诺。"于是项伯复夜去，至军中，具以沛公言报项王。因言曰："沛公不先破关中，公岂敢入乎？今人有大功而击之，不义也，不如因善遇之。"项王许诺。

楚国左尹项伯是项羽的叔父，平素与留侯张良要好。张良这时跟随着沛公，项伯就连夜骑马来到沛公军营，私下见到张良，把事情全部告诉了他，打算叫张良和他一块走。项伯说："不要跟沛公一块送死。"张良说："我为韩王护送沛公，现在沛公形势危急，我独自逃走是不道义的，不能不告诉他。"于是张良进入军帐，把情况全部告诉了沛公。沛公大吃一惊，说："这可如何是好？"张良说："谁给大王出的这个主意？"沛公说："一个无知小人劝我说'守住函谷关，不要让诸侯军进来，您就可以占据整个秦地称王了'。我听信了他的话。"张良说："大王认为以您的兵力足以抵挡项王吗？"沛公默然不语，过了一会儿说："我的兵力当然不如项羽，又该怎么办呢？"张良说："请让我去告诉项伯，说沛公不敢背叛项王。"沛公说："你怎么与项伯有交情的？"张良说："在秦朝的时候，项伯和我有过交往，项伯杀了人，我救了他。现在形势危急，幸亏他来告诉我。"

沛公说："项伯与你，谁年纪大？谁年纪小？"张良说："他比我大。"沛公说："你替我叫他进来，我要用对待兄长的礼节对待他。"张良走出来，邀请项伯。于是项伯就进去见沛公。沛公举杯给项伯敬酒，并与他约为儿女亲家。沛公说："我进驻函谷关以来，连最细小的东西都没敢动，造册登记吏民，封存府库，只等着将军到来。之所以遣将守关，是为了防备别的盗贼出入和意外事件。我日日夜夜盼望将军到来，怎么敢反叛啊！请您向将军详细说明我是不敢背弃道义的。"项伯答应了他。项伯又对沛公说："明天早晨一定要早点来亲自向项王赔罪。"沛公说："是。"于是项伯又连夜赶了回去，回到项羽的大营，把沛公的话原原本本报告了项王。随即向项羽说："沛公不先攻破关中，您难道敢进来吗？如今人家立有大功您却要去攻打他，这是不道义的，不如借他来请罪的机会好好对待他。"项王答应了。

选自《史记》卷七　项羽本纪第七

155. 项庄舞剑指沛公

　　沛公旦日从百余骑来见项王，至鸿门，谢曰："臣与将军戮力而攻秦，将军战河北，臣战河南，然不自意能先入关破秦，得复见将军于此。今者有小人之言，令将军与臣有隙。"项王曰："此沛公左司马曹无伤言之；不然，籍何以至此。"项王即日因留沛公与饮。项王、项伯东向坐，亚父南向坐。亚父者，范增也。沛公北向坐，张良西向侍。范增数目项王，举所佩玉玦以示之者三，项王默然不应。范增起，出召项庄，谓曰："君王为人不忍，若入前为寿，寿毕，请以剑舞，因击沛公于坐，杀之。不者，若属皆且为所虏。"庄则入为寿。寿毕，曰："君王与沛公饮，军中无以为乐，请以剑舞。"项王曰："诺。"项庄拔剑起舞，项伯亦拔剑起舞，常以身翼蔽沛公，庄不得击。于是张良至军门，见樊哙。樊哙曰："今日之事何如？”良曰：“甚急。今者项庄拔剑舞，其意常在沛公也。”哙曰：
“此迫矣，臣请入，与之同命。”哙即带剑拥盾入军门。交戟之卫士欲止
不内，樊哙侧其盾以撞，卫士仆地，哙遂入，披帷西向立，瞋目视项王，
头发上指，目眦尽裂。项王按剑而跽曰：“客何为者？”张良曰：“沛公
之参乘樊哙者也。”项王曰：“壮士！赐之卮酒！”则与斗卮酒。哙拜谢，
起，立而饮之。项王曰：“赐之彘肩！”则与一生彘肩。樊哙覆其盾于地，
加彘肩上，拔剑切而啖之。项王曰：“壮士！能复饮乎？”樊哙曰：“臣死
且不避，卮酒安足辞！夫秦王有虎狼之心，杀人如不能举，刑人如恐不胜，
天下皆叛之。怀王与诸将约曰：‘先破秦入咸阳者王之。’今沛公先破秦
入咸阳，豪毛不敢有所近，封闭宫室，还军霸上，以待大王来。故遣将守
关者，备他盗出入与非常也。劳苦而功高如此，未有封侯之赏，而听细说，
欲诛有功之人。此亡秦之续耳，窃为大王不取也。”项王未有以应，曰：“坐。”
樊哙从良坐。

　　第二天一大早，沛公带着一百多名侍从人马来见项王，到了鸿门，向
项王谢罪说：“我和将军齐心协力攻打秦朝，将军在河北作战，我在河南
作战，然而我自己也没有想到会先入关攻破秦地，能在这里又见到将军。
如今有小人散布流言，使将军和我有了隔阂。”项王说：“这是你的左司
马曹无伤说的，不然，我项籍怎么会这样。”项王当天就留沛公一同饮酒。
项王、项伯面朝东坐，亚父面朝南坐。亚父就是范增。沛公面朝北坐，张
良面朝西陪侍。范增多次向项王使眼色，再三举起佩带的玉玦向项王示意，
项王默然不予理会。范增起身出去找来项庄，对他说：“大王为人心肠太软，
你进去上前祝酒，祝酒完了，请求舞剑，乘机袭击沛公，在坐席上杀死他。
不然的话，你们这些人都将成为他的俘虏。”项庄便进去祝酒。祝酒完了
说：“大王与沛公饮酒，军中没有什么可供娱乐的，请允许我舞剑助兴。”
项王说：“好吧。”项庄拔剑起舞，项伯也拔剑起舞，常常用身体掩护沛公，
项庄没有办法得手。见此情形，张良赶紧出帐来到军门，找来樊哙。樊哙
说：“现在情况怎么样？”张良说：“极为危急。此刻项庄正在舞剑，他的

意图常在沛公身上。"樊哙说："这就很紧急了，请让我进去，与沛公同生共死。"樊哙就带着剑，手拥盾牌，往军门中闯。交叉持戟的卫士想要阻拦，不让他进去，樊哙侧过他的盾牌撞击，卫士倒在地上，樊哙于是闯进了大帐，揭开帷帐，向西而立，圆睁怒目，看着项王，头发根根竖起，两边眼角都要睁裂了。项王伸手握住宝剑，挺直身子，问："来客是干什么的？"张良说："这是沛公的参乘樊哙。"项王说："真是位壮士！赏赐他一杯酒。"左右就给他一大杯酒。樊哙拜谢后起来，站着一饮而尽。项王说："赏给他猪腿。"左右就给他一只生猪腿。樊哙把盾牌反扣在地上，把猪腿放在上面，拔出剑来边切边吃。项王说："好一位壮士！还能再喝酒吗？"樊哙说："我连死都不怕，区区一杯酒又有什么可推辞的！那秦王有虎狼之心，杀人唯恐杀不完，给人加刑唯恐用不尽，天下人都反叛他。楚怀王和将领们约定说'谁先攻破秦地进入咸阳，就让他在关中为王'。如今沛公先攻破了秦地进入咸阳，连最细小的东西都没敢动，封闭宫室，把军队撤回到霸上，等待大王到来。之所以派遣将士把守函谷关，是为了防备别的盗贼和意外事件。如此劳苦功高，没有得到封侯的赏赐，大王您反而听信闲言碎语，要杀有功的人。这是继续在走已经灭亡的秦朝的老路，我认为大王您是不会这样做的。"项王没有回答，只说："坐。"樊哙在张良旁边坐下来。

选自《史记》卷七　项羽本纪第七

156.沛公假厕真逃生

坐须臾，沛公起如厕，因招樊哙出。沛公已出，项王使都尉陈平召沛公。沛公曰："今者出，未辞也，为之奈何？"樊哙曰："大行不顾细谨，大礼不辞小让。如今人方为刀俎，我为鱼肉，何辞为。"于是遂去。乃令张良留谢。良问曰："大王来何操？"曰："我持白璧一双，欲献项王；玉斗一双，欲与亚父，会其怒，不敢献。公为我献之。"张良曰："谨诺。"
当是时，项王军在鸿门下，沛公军在霸上，相去四十里。沛公则置车骑，
脱身独骑，与樊哙、夏侯婴、靳强、纪信等四人持剑盾步走，从郦山下，
道芷阳间行。沛公谓张良曰："从此道至吾军，不过二十里耳。度我至军中，
公乃入。"沛公已去，间至军中，张良入谢，曰："沛公不胜杯杓，不能辞。
谨使臣良奉白璧一双，再拜献大王足下；玉斗一双，再拜奉大将军足下。"
项王曰："沛公安在？"良曰："闻大王有意督过之，脱身独去，已至军矣。"
项王则受璧，置之坐上。亚父受玉斗，置之地，拔剑撞而破之，曰："唉！
竖子不足与谋。夺项王天下者，必沛公也，吾属今为之虏矣。"沛公至军，
立诛杀曹无伤。

　　坐了一会儿，沛公起身上厕所，乘机把樊哙叫了出来。沛公出去后，
项王派都尉陈平去叫沛公回来。沛公对樊哙说："刚才我们出来，还没有
辞行，怎么办呢？"樊哙说："做大事不必顾及小的礼节，行大礼无须躲
避小的责备，如今人家好比是菜刀、砧板，而我们好比是受人宰割的鱼肉，
为什么还要告辞呢！"于是一行人离去。让张良留下来向项王致歉。张良
问："大王来的时候带了什么？"沛公说："我带来一双白璧，想献给项王，
一双玉斗，想送给亚父，他们正值余怒未消，我没敢进献。您替我献给他们。"
张良说："遵命。"当时，项王的军队驻扎在鸿门一带，沛公的军队在霸上，
相距四十里。于是沛公丢下车骑，脱身而走，独自一人骑马，樊哙、夏侯婴、
靳强、纪信等四人握剑持盾徒步奔跑跟随，从郦山下，经芷阳抄小路而行。
沛公对张良说："从这条路到我们的军营，不过二十里而已。估计我到达
军中后，您再进去。"沛公等一行离开鸿门，抄小路回到霸上军中，张良
进去致歉说："沛公不胜酒力，不能亲自来辞行。谨使我张良奉上白璧一双，
拜献大王；玉斗一双，拜送大将军。"项王说："沛公在哪里？"张良说：
"听说大王有意责备他，独自脱身而去，已经回到军中了。"项王接过玉璧，
放在坐席上。亚父接过玉斗，放在地上，拔剑把它击碎，说："唉！项庄
这班小子没法与他们共谋大事。夺走项王天下的，必定是沛公，我们这些

人就要被他俘虏了。"沛公回到军中,立刻把曹无伤处决了。

选自《史记》卷七 项羽本纪第七

　　感言:樊哙、亚夫均智者,他们凭借敏锐的目光为主子效力。樊哙:"做大事不必顾及小的礼节,行大礼无须躲避小的责备。"使沛公死里逃生,成就了以后的汉王。亚夫劝项羽,项羽心软放走沛公,落了个自刎乌江的下场。人常说:"看棋者清楚、下棋者糊涂",看棋者如有好主义,善于谏言,下棋者也应善于倾听呀。

157. 忠心谏言讲策略

　　居数日,项羽引兵西屠咸阳,杀秦降王子婴,烧秦宫室,火三月不灭;收其货宝妇女而东。人或说项王曰:"关中阻山河四塞,地肥饶,可都以霸。"项王见秦宫室皆以烧残破,又心怀思欲东归,曰:"富贵不归故乡,如衣绣夜行,谁知之者!"说者曰:"人言楚人沐猴而冠耳,果然!"项王闻之,烹说者。

　　过了几天,项羽带兵西进,血洗咸阳,杀死了秦朝已经投降的国王子婴,焚烧秦朝宫室,大火烧了三个月都没有熄灭;而后项羽搜罗了秦朝的财宝和女人,率军东去。有人劝项王说:"关中依靠山河为屏障,四面关塞,土地肥饶,可在这里建都而定霸业。"项王看见秦朝宫室都已烧毁,残破不堪,同时又怀念故乡,一心想回东方,就说:"富贵了不回故乡,就好比穿着锦绣的衣服在夜里行走,有谁能知道!"劝项王的人说:"人们说楚国人是猕猴戴帽子,果然如此。"项王听到了这话,烹杀了劝说他的那个人。

选自《史记》卷七 项羽本纪第七

感言：给上司献好心、谏言，应择机而行，讲究策略？否则，自讨没趣。

158. 汉王巧用离间计

汉王之败彭城，诸侯皆复与楚而背汉。汉军荥阳，筑甬道属之河，以取敖仓粟。汉之三年，项王数侵夺汉甬道，汉王食乏，恐，请和，割荥阳以西为汉。

项王前去援救彭城，进而追击汉王到荥阳，这时田横乘机收复了齐国，立田荣的儿子田广为齐王。汉王在彭城战败，诸侯又都归附楚而背叛了汉。汉军驻扎在荥阳，修筑了一条甬道，与黄河相连，以便运取敖仓的粮食。汉三年，项王屡次侵夺汉军的甬道，汉王粮食匮乏，恐慌起来，请求讲和，条件是把荥阳以西的地盘划归汉王。

项王欲听之。历阳侯范增曰："汉易与耳，今释弗取，后必悔之。"项王乃与范增急围荥阳。汉王患之，乃用陈平计间项王。项王使者来，为太牢具，举欲进之。见使者，详惊愕曰："吾以为亚父使者，乃反项王使者。"更持去，以恶食食项王使者。使者归报项王，项王乃疑范增与汉有私，稍夺之权。范增大怒，曰："天下事大定矣，君王自为之。愿赐骸骨归卒伍。"项王许之。行未至彭城，疽发背而死。

项王正准备答应。历阳侯范增说："现在的汉军容易对付，如果放他们走而不征服他们，以后一定会后悔。"于是项王就和范增加紧围攻荥阳。汉王深为忧虑，就采用陈平的计策离间项王和范增。项王的使者来了，汉王给他准备了牛、羊、豕齐全的丰盛筵席，打算端上去。端饭菜的人一见使者，假装惊愕地说："我还以为是亚父的使者呢，原来是项王的使者啊。"

随即把饭菜又端了下去，拿粗劣的饭食给项王的使者吃。使者回来报告了项王，项王就怀疑范增私通汉军，渐渐剥夺了他的权力。范增非常生气，说："天下的形势，大局已定，大王您自己去干吧。希望您准许我回乡为民。"项王答应了他。范增还没有走到彭城，就因背上毒疮发作而死。

　　　　　　　　　　　　　　　　选自《史记》卷七　项羽本纪第七

　　感言：陈平的一个计谋，铲除了项王的一位得力军师，项羽有勇无谋，怎能不败。

159. 四面楚歌破楚军

　　项王军壁垓下，兵少食尽，汉军及诸侯兵围之数重。夜闻汉军四面皆楚歌，项王乃大惊曰："汉皆已得楚乎？是何楚人之多也！"项王则夜起，饮帐中。有美人名虞，常幸从。骏马名骓，常骑之。于是项王乃悲歌慷慨，自为诗曰："力拔山兮气盖世，时不利兮骓不逝。骓不逝兮可奈何，虞兮虞兮奈若何！"歌数阕，美人和之。项王泣数行下，左右皆泣，莫能仰视。

　　项王的军队在垓下修筑了营垒，兵少粮尽，汉军和各路诸侯军队把他包围了好几层。夜晚听到四面的汉军都在唱楚地的歌，项王大为震惊，说："难道汉军已经完全取得了楚地？为什么汉军中楚人如此众多啊？"于是项王夜间起来，在帐幕里饮酒。有一个名叫虞的美人，一直受宠跟在项王身边。有一匹叫骓的骏马，项王常骑着它。于是项王不禁慷慨悲歌，自己作诗唱道："力拔山兮气盖世，时不利兮骓不逝。骓不逝兮可奈何，虞兮虞兮奈若何！"唱了好几遍，美人伴唱相和，项王悲泣，泪下数行，左右侍从也都哭泣，悲痛得不能抬头仰视。

　　　　　　　　　　　　　　　　选自《史记》卷七　项羽本纪第七

感言：汉王的"四面楚歌"又是一计，搅乱了项王的心，破了项王的阵。楚军思乡心切，无心再战，接下来就是兵败如山倒。

160. 农夫田头骗项羽

于是项王乃上马骑，麾下壮士骑从者八百余人，直夜溃围南出，驰走。平明，汉军乃觉之，令骑将灌婴以五千骑追之。项王渡淮，骑能属者百余人耳。项王至阴陵，迷失道，问一田父，田父绐曰："左。"左，乃陷大泽中。以故汉追及之。项王乃复引兵而东，至东城，乃有二十八骑。汉骑追者数千人。项王自度不得脱，谓其骑曰："吾起兵至今八岁矣，身七十余战，所当者破，所击者服，未尝败北，遂霸有天下。然今卒困于此，此天之亡我，非战之罪也。今日固决死，愿为诸君快战，必三胜之，为诸君溃围，斩将，刈旗，令诸君知天亡我，非战之罪也。"乃分其骑以为四队，四向。汉军围之数重。项王谓其骑曰："吾为公取彼一将。"令四面骑驰下，期山东为三处。于是项王大呼驰下，汉军皆披靡，遂斩汉一将。是时，赤泉侯为骑将，追项王，项王瞋目而叱之，赤泉侯人马俱惊，辟易数里，与其骑会为三处。汉军不知项王所在，乃分军为三，复围之。项王乃驰，复斩汉一都尉，杀数十百人，复聚其骑，亡其两骑耳。乃谓其骑曰："何如？"骑皆伏曰："如大王言。"

于是项王上马准备突围，部下壮士骑马追随他的有八百多人，他们趁着夜半时分突破重围，向南飞驰而去。快天亮的时候，汉军才发觉，派骑兵将领灌婴率五千骑兵追赶项王。项王渡过淮水，部下壮士骑兵能够跟上的只有一百多人了。项王逃至阴陵，迷失了道路，询问一个种田的人，种田的人骗他说："往左边走。"项王于是往左去，结果陷入了一大片沼泽中。因此，汉军追上了他们。项王就又带兵向东，到了东城，这时项王身边只有二十八个骑兵了。汉军追赶他们的骑兵有几千人。项王自己估计不能脱身了，对手下的骑兵说："我起兵到现在八年了，亲身经历过七十多场大战，所有抵抗我的敌军都被打败，我所攻打的敌军都被降服，没有打过败仗，因而称霸天下。然而如今却被围困在这里，这是天要亡我，不是我作战不利。今日肯定要决一死战了，我愿为各位痛痛快快地打一仗，一定要接连三次取胜，为各位突破重围，斩杀敌将，砍倒敌人军旗，让各位知道是上天亡我，不是我作战不利。"项王就把他的骑兵分为四队，面向四方，汉军把项王包围了好几层。项王对手下的骑兵说："我为你们斩他一将。"项王命令骑兵四面疾驰而去，约定在山的东面分作三处会合。于是项王大吼一声，飞奔直下，汉军惊惶溃乱，项王当即斩杀了一个汉军将领。当时，赤泉侯作为骑兵将领，追赶项王，项王怒目大吼，赤泉侯连人带马受到惊吓，退避了好几里。项王和他的骑兵分三处会合。汉军不知道项王在哪里，就把军队分为三部分，又把项王包围起来。项王飞马奔驰，又斩了汉军的一个都尉，杀死了近百人，再把他的骑兵集合起来，仅仅损失了两人。项王就对他的骑兵说："怎么样？"骑兵都佩服地说："正如大王所说的那样。"

选自《史记》卷七　项羽本纪第七

161. 项王自刎乌江边

　　于是项王乃欲东渡乌江。乌江亭长舣船待，谓项王曰："江东虽小，地方千里，众数十万人，亦足王也。愿大王急渡。今独臣有船，汉军至，无以渡。"项王笑曰："天之亡我，我何渡为！且籍与江东子弟八千人渡江而西，今无一人还；纵江东父兄怜而王我，我何面目见之？纵彼不言，籍独不愧于心乎？"乃谓亭长曰："吾知公长者。吾骑此马五岁，所当无敌，尝一日行千里，不忍杀之，以赐公。"乃令骑皆下马步行，持短兵接战。独籍所杀汉军数百人。项王身亦被十余创。顾见汉骑司马吕马童，曰："若非吾故人乎？"马童面之，指王翳曰："此项王也。"项王乃曰："吾闻汉购我头千金，邑万户，吾为若德。"乃自刎而死。

　　这时，项王就想向东渡过乌江。乌江亭长把船靠在岸边等候。他对项王说："江东虽然小，但土地纵横上千里，民众数十万，也足以称王。希望大王赶快渡江。现在只有我有船只，汉军来到这里，没法渡过去。"项王笑着说："上天要灭亡我，我渡江干什么呢！况且我项籍和江东子弟八千人渡江西进，如今没有一个人回来；即使江东父老兄弟怜悯我，让我称王，我有什么脸面去见他们？即使他们不说什么，难道我项籍心里不会惭愧吗？"于是项王对亭长说："我知道您是位忠厚长者。我骑这匹马五年了，所向无敌，曾经一天奔驰一千里，不忍心杀了它，把它送给您吧。"就命令骑兵都下马步行，手持短兵迎战。单单项籍一人杀死的汉军就有几百人。项王身上也受了十多处伤。他回头看见汉军的骑司马吕马童，说："你不是我的老相识吗？"吕马童面对项王，指给王翳说："这就是项王。"项王说："我听说汉王悬赏黄金千斤，封邑万户买我的脑袋，我给你做件好事吧。"于是就自刎而死。

　　感言： 项羽乃好汉也，自刎还把自己的尸体分给同乡士兵，让他们去领赏，多么仗义呀！但是这样的主帅为什么会失败呢？这是需要认真总结的。

　　太史公曰：吾闻之周生曰"舜目盖重瞳子"，又闻项羽亦重瞳子。羽岂其苗裔邪？何兴之暴也！夫秦失其政，陈涉首难，豪杰蜂起，相与并争，不可胜数。然羽非有尺寸，乘势起陇亩之中，三年，遂将五诸侯灭秦，分裂天下，而封王侯，政由羽出，号为"霸王"，位虽不终，近古以来未尝有也。及羽背关怀楚，放逐义帝而自立，怨王侯叛己，难矣。自矜功伐，奋其私智而不师古，谓霸王之业，欲以力征经营天下，五年卒亡其国，身死东城，尚不觉寤而不自责，过矣。乃引"天亡我，非用兵之罪也"，岂不谬哉！

太史公说：我听周生说"舜的眼睛大概是两个瞳孔"，又听说项羽也是两个瞳孔。项羽难道是舜的后裔吗？不然他为什么兴起得如此迅猛啊！秦朝政治腐败，陈涉最先起来反抗，豪杰蜂拥而起，相互争夺，数也数不清。然而项羽并没有尺寸的封地为根基，他趁秦末大乱之势于民间揭竿而起，三年时间，就率领五路诸侯军消灭了秦朝，分割天下，封王建侯，政令全都由项羽发出，号为"霸王"，其地位虽然未能善终，但近古以来，还未曾有过这样的事情。等到项羽放弃关中，怀恋楚地，放逐义帝而自立为王，抱怨诸侯们背叛自己，这时局势已经难以控制了。项羽自我夸耀功勋，逞一己私智，却不以古人为师，以为创立霸王的伟业，想要依靠武力征伐来经营天下，最后在五年内使自己的国家灭亡，身死东城，还没有觉悟，不自我反省，这实在是错误的。而他竟然用"上天要灭亡我，不是我用兵不利"为借口，难道不是太荒谬了吗！

选自《史记》卷七　项羽本纪第七

感言：有人说，虽然司马迁笔墨多赞项羽，但终因其勇多谋少，心胸陕小（用人时说大话，事后舍不得为部将封官）而败；沛公虽多遭人唾骂（尤其是《高祖还乡》中），但终因知人善任，大度容人，关键时刻还肯屈人之下，终于夺取了天下。

162. 项羽抓了吕家人

是时项王北击齐，田荣与战城阳。田荣败，走平原，平原民杀之。齐皆降楚。楚因焚烧其城郭，系虏其子女。齐人叛之。田荣弟横立荣子广为齐王，齐王反楚城阳。项羽虽闻汉东，既已连齐兵，欲遂破之而击汉。汉王以故得劫五诸侯兵，遂入彭城。项羽闻之，乃引兵去齐，从鲁出胡陵，至萧，与汉大战彭城、灵壁东睢水上，大破汉军，多杀士卒，睢水为之不流。乃取汉王父母妻子于沛，置之军中以为质。当是时，诸侯见楚强汉败，还皆去汉复为楚。塞王欣亡入楚。

　　这时项羽正在北边攻打齐国，田荣和他在城阳交战。田荣战败，逃到平原县，平原的民众杀了他。齐国各地也都向楚国投降。楚军却到处放火焚烧齐国的城邑，掳掠齐人的子女，逼得齐国人又反叛了楚国。田荣的弟弟田横立田荣的儿子田广为齐王，齐王田广在城阳举兵反楚。这时项羽虽然听说了汉王已经向东方杀来，但他想既然已经和齐军连续作战多日，就干脆打败齐军之后再去迎击汉军。汉王乘此机会挟持常山王张耳，河南王申阳、韩王郑昌、魏王魏豹、殷王卬五诸侯的军队，攻入了彭城。项羽听说彭城失守，立即率兵离开齐国，从鲁县穿过胡陵到达萧县，与汉军在彭城灵壁以东的睢水上激战，大败汉军，杀死了很多士兵，以致睢水都被阻塞得不能畅流。项羽又派人从沛县抓来了汉王的父母、妻子和儿女，把他们放在军中做人质。当时，诸侯们见楚军强大，汉军战败，又纷纷背离汉王而去归附楚王。塞王司马欣也逃亡到了楚国。

选自《史记》卷八　高祖本纪第八

163.黥布倒戈叛项羽

　　吕后兄周吕侯为汉将兵，居下邑。汉王从之，稍收士卒，军砀。汉王乃西过梁地，至虞。使谒者随何之九江王布所，曰："公能令布举兵叛楚，项羽必留击之。得留数月，吾取天下必矣。"随何往说九江王布，布果背楚。楚使龙且往击之。

　　吕后的哥哥周吕侯为汉王统率一支军队，驻扎在下邑，汉王随他到了那里。逐渐收编了一些士兵，然后驻军砀县。汉王西行经过梁地，到了虞县。他派谒者随何去九江王黥布那里，汉王对随何说："你如果能说服黥布举兵反楚，项羽必然会留下来攻打他。如果能够拖延几个月的时间，我一定可以夺取天下。"于是随何去游说九江王黥布，黥布果然背叛了楚国。楚王派龙且去攻打他。

选自《史记》卷八　高祖本纪第八

164. 汉王使用离间计

汉王军荥阳南，筑甬道属之河，以取敖仓。与项羽相距岁余。项羽数侵夺汉甬道，汉军乏食，遂围汉王。汉王请和，割荥阳以西者为汉。项王不听。汉王患之，乃用陈平之计，予陈平金四万斤，以间疏楚君臣。于是项羽乃疑亚父。亚父是时劝项羽遂下荥阳，及其见疑，乃怒，辞老，愿赐骸骨归卒伍，未至彭城而死。

汉王刘邦驻军荥阳南面，修筑了一条两边有防御工事的甬道，和黄河南岸相连接，以便取用敖仓的粮食。就这样和项羽对峙了一年多。项羽多次侵袭夺取了汉王的甬道，汉军粮草供应不上，于是项羽包围了汉王。汉王请求讲和，条件是把荥阳以西的区域划归汉王。项王不答应。汉王为此而忧虑，就采用了陈平的计策，给了陈平黄金四万斤，用以离间项羽和范增之间的君臣关系。结果项羽对亚父范增起了疑心。范增当时劝项羽赶紧攻下荥阳，当他知道项羽已经怀疑自己之后，非常愤怒，就推辞说自己年事已高，请求项王准许他告退回乡为民，项王答应了他的请求，结果范增还没有到彭城就死了。

选自《史记》卷八　高祖本纪第八

165. 汉王巧扮逃出城

汉军绝食，乃夜出女子东门二千余人，被甲，楚因四面击之。将军纪信乃乘王驾，诈为汉王，诳楚，楚皆呼万岁，之城东观，以故汉王得与数十骑出西门遁。令御史大夫周苛、魏豹、枞公守荥阳。诸将卒不能从者，尽在城中。周苛、枞公相谓曰："反国之王，难与守城。"因杀魏豹。

被围困的汉军粮草断绝，于是趁夜把二千多名女子放出东门，并让她们身披士兵的铠甲，楚军见此情形，从四面追击围堵。这时将军纪信乘汉王的车驾，冒充汉王，诳骗楚军，楚军以为抓住了汉王刘邦，都高呼万岁，到城东去观看，而汉王乘机带着几十名随从骑兵从西门逃走。出城之前，汉王命令御史大夫周苛、魏豹和枞公留守荥阳。那些没能跟随汉王出城的将领和士兵，都留在城中，周苛与枞公商量说："魏豹是有过反叛前科的侯国之王，没法和他一起守城。"于是他们把魏豹杀了。

选自《史记》卷八　高祖本纪第八

166. 汉王采用缓兵计

汉王之出荥阳入关，收兵欲复东。袁生说汉王曰："汉与楚相距荥阳数岁，汉常困。愿君王出武关，项羽必引兵南走，王深壁，令荥阳、成皋间且得休。使韩信等辑河北赵地，连燕齐，君王乃复走荥阳，未晚也。如此，则楚所备者多，力分，汉得休，复与之战，破楚必矣。"汉王从其计，出军宛、叶间，与黥布行收兵。

汉王逃出荥阳回到关中，想组织兵力再次东进。袁生劝汉王说："我们和项羽在荥阳对峙好几年了，汉军常陷于被动的处境。希望汉王出武关，项羽一定率军南下，那时大王居深沟高垒不出，让荥阳、成皋一带得以休整。派韩信等去平定河北赵地，夺取燕国和齐国，到那时大王再前往荥阳也不晚。这样一来，楚军就要多方防备，力量分散，而汉军得以休整，再与楚军交战，必然能够打败楚军。"汉王采纳了他的计策，出兵于宛县、叶县之间，与黥布一边前进，一边收集人马。

选自《史记》卷八　高祖本纪第八

167. 汉王策反齐王广

淮阴已受命东，未渡平原。汉王使郦生往说齐王田广，广叛楚，与汉和，共击项羽。韩信用蒯通计，遂袭破齐。齐王烹郦生，东走高密。项羽闻韩信已举河北兵破齐，且欲击楚，则使龙且、周兰往击之。韩信与战，骑将灌婴击，大破楚军，杀龙且。齐王广奔彭越。当此时，彭越将兵居梁地，往来苦楚兵，绝其粮食。

淮阴侯韩信奉命东进伐齐，到达平原县还没有渡河。这时，汉王却暗中派郦食其去游说齐王田广，田广反叛了楚国，答应与刘邦联合共同攻打项羽。韩信见此情形，本打算停止伐齐，但后来还是采用了蒯通的计策，发动突袭大破齐军。齐王一怒之下烹死了郦食其，向东逃到高密。项羽听说韩信已经率领河北军打败了齐国，而且很快就要进攻楚国，就派龙且、周兰前去攻打韩信。韩信与他们交战，骑将灌婴出击，大败楚军，杀死龙且。齐王田广逃奔彭城。这时候，彭越率领部队驻扎在梁地，反复骚扰楚军，断绝楚军的粮食供给。

选自《史记》卷八　高祖本纪第八

168. 曹咎马欣中计死

四年，项羽乃谓海春侯大司马曹咎曰："谨守成皋。若汉挑战，慎勿与战，无令得东而已。我十五日必定梁地，复从将军。"乃行击陈留、外黄、睢阳，下之。汉果数挑楚军，楚军不出，使人辱之五六日，大司马怒，度兵汜水。士卒半渡，汉击之，大破楚军，尽得楚国金玉货赂。大司马咎、长史欣皆自刭汜水上。

汉王四年，项羽对海春侯大司马曹咎说："你小心地守住成皋。如果汉军挑战，千万不要应战，只要不让他们东进就可以了。我十五天内定能平定梁地，回头再与你会合。"说完项羽就出发率兵攻打陈留、外黄、睢阳，把它们全部攻了下来。项羽离开成皋后，汉军果然屡次向楚军挑战，楚军都不出来应战，汉军派人一连辱骂了他们五六天，大司马曹咎十分恼怒，出兵横渡汜水。楚兵刚刚渡过一半，汉军突然向他们发动攻击，大败楚军，把楚国囤积在成皋的金玉财物洗劫一空。大司马曹咎、长史司马欣都在汜水上自刭了。

选自《史记》卷八 高祖本纪第八

169. 张良献计封韩信

韩信已破齐，使人言曰："齐边楚，权轻，不为假王，恐不能安齐。"汉王欲攻之。留侯曰："不如因而立之，使自为守。"乃遣张良操印绶立韩信为齐王。

韩信平定了齐国后，派人对刘邦说："齐国临近楚国，我的权力太小，如果不任命我为代理齐王，恐怕不能安定齐地。"汉王听后很生气，想要攻打韩信。留侯张良说："不如就此封他为王，让他为自己防守齐地。"于是汉王刘邦便派遣张良带着印绶前去封韩信为齐王。

选自《史记》卷八　高祖本纪第八

170. 汉王中箭掩伤情

　　楚汉久相持未决，丁壮苦军旅，老弱罢转饷。汉王项羽相与临广武涧而语。项羽欲与汉王独身挑战。汉王数项羽曰："始与项羽俱受命怀王，曰先入定关中者王之，项羽负约，王我于蜀汉，罪一。项羽矫杀卿子冠军而自尊，罪二。项羽已救赵，当还报，而擅劫诸侯兵入关，罪三。怀王约入秦无暴掠，项羽烧秦宫室，掘始皇帝冢，私收其财物，罪四。又强杀秦降王子婴，罪五。诈坑秦子弟新安二十万，王其将，罪六。项羽皆王诸将善地，而徙逐故主，令臣下争叛逆，罪七。项羽出逐义帝彭城，自都之，夺韩王地，并王梁楚，多自予，罪八。项羽使人阴弑义帝江南，罪九。夫为人臣而弑其主，杀已降，为政不平，主约不信，天下所不容，大逆无道，罪十也。吾以义兵从诸侯诛残贼，使刑余罪人击杀项羽，何苦与乃公挑战！"项羽大怒，伏弩射中汉王。汉王伤匈，乃扪足曰："虏中吾指！"汉王病创卧，张良强请汉王起行劳军，以安士卒，毋令楚乘胜于汉。汉王出行军，病甚，因驰入成皋。

　　楚、汉长期相持，胜负未分，年轻力壮的厌倦了长期行军作战，老弱的也被抓去运送粮饷而疲备不堪。刘邦和项羽隔着广武涧对话。项羽提出要跟汉王刘邦单独决一雌雄，汉王则罗列了项羽的罪状说："当初我和你项羽一同受怀王之命，说好了谁先入关中就在关中为王，你违背约定，让我去蜀汉为王，这是你的第一条罪状。你假托怀王之命杀死卿子冠军宋义，然后自任上将军，这是你的第二条罪状。你奉命援救赵国之后，本应当回去汇报，而你却擅自劫持诸侯的军队入关，这是你的第三条罪状。怀王当初约定入关后不许烧杀掳掠，你却放火焚毁秦朝宫室，挖掘始皇帝的陵墓，把秦地的财物占为己有，这是你的第四条罪状。又硬是杀掉了已经投降的秦王子婴，这是你的第五条罪状。你采用欺骗的手段在新安坑杀了二十万秦兵，却封他们的将领为王，这是你的第六条罪状。你把自己手下的将领都封在好地方，而赶走原来的诸侯王，致使他们的臣下为争王位而反叛，这是你的第七条罪状。你把义帝赶出彭城，自己在那里建都，又夺取了韩王的地盘，把梁、楚之地一并占为己有，这是你的第八条罪状。你派人在江南暗杀了义帝，这是你的第九条罪状。你身为臣子却杀君弑主，残杀已经投降的人，你主持政事而不公，主持盟约而不守信用，为天下所不容，大逆不道，这是你的第十条罪状。如今我率领义兵和各路诸侯来讨伐你这个残暴的罪人，让那些受过刑的罪人就可以击杀你项羽，又何必亲自动手呢？"项羽大怒，他让埋伏好的弓弩手放箭射中了汉王。汉王胸部中箭，却按着脚说："这个贼人射中了我的脚趾！"汉王受了箭伤卧病不起，张良坚决请求他起来前去慰劳军队，以稳定军心，免得楚军乘机向汉军发动进攻。汉王出去巡视军队，病情加重，只好驱车进入成皋。

选自《史记》卷八　　高祖本纪第八

171. 四面楚歌楚军崩

五年，高祖与诸侯兵共击楚军，与项羽决胜垓下。淮阴侯将三十万自当之，孔将军居左，费将军居右，皇帝在后，绛侯、柴将军在皇帝后。项羽之卒可十万。淮阴先合，不利，却。孔将军、费将军纵，楚兵不利，淮阴侯复乘之，大败垓下。项羽卒闻汉军之楚歌，以为汉尽得楚地，项羽乃败而走，是以兵大败。使骑将灌婴追杀项羽东城，斩首八万，遂略定楚地。

鲁为楚坚守不下，汉王引诸侯兵北，示鲁父老项羽头，鲁乃降。遂以鲁公号葬项羽谷城。还至定陶，驰入齐王壁，夺其军。

　　汉王五年，高祖刘邦与诸侯军一起攻击楚军，在垓下与项羽决战。淮阴侯韩信率领三十万大军与楚军正面对阵，他的部将孔将军在左翼，费将军在右翼，汉王刘邦领兵随后，绛侯周勃、柴将军跟在汉王的后面。这时项羽的军队大约有十万人。淮阴侯韩信率先与楚军交锋，佯装作战失利，向后撤退。孔将军、费将军从左右两边纵兵围攻，楚军陷入困境，淮阴侯乘势从正面攻击楚军，大败楚军于垓下。项羽的士兵们听到汉军唱的是楚地的歌，以为汉军已经完全占领了楚地，于是项羽溃败而逃，楚军也因此全部崩溃。汉王派骑将灌婴一路追杀项羽到东城，杀了八万楚兵，终于攻取了楚地，项羽兵败自刎。这时，只有曲阜还在为项羽坚守，不肯投降，汉王就率领诸侯军北上，拿着项羽的人头给曲阜的父老们看，曲阜这才投降。因为项羽曾被怀王封为鲁公，于是汉王就以鲁公的名号把项羽葬在谷城。汉王回师定陶后，驰入齐王韩信的军营，夺了他的兵权。

选自《史记》卷八　高祖本纪第八

172.文帝细柳赞亚夫

　　文帝之后六年，匈奴大入边。乃以宗正刘礼为将军，军霸上；祝兹侯徐厉为将军，军棘门；以河内守亚夫为将军，军细柳，以备胡。上自劳军，至霸上及棘门军，直驰入，将以下骑送迎。已而之细柳军，军士吏被甲，锐兵刃，彀弓弩，持满。天子先驱至，不得入。先驱曰："天子且至！"军门都尉曰："将军令曰：'军中闻将军令，不闻天子之诏。'"居无何，上至，又不得入。于是上乃使使持节诏将军："吾欲入劳军。"亚夫乃传言开壁门。壁门士吏谓从属车骑曰："将军约，军中不得驱驰。"于是天子乃按辔徐行。至营，将军亚夫持兵揖曰："介胄之士不拜，请以军礼见。"天子为动，改容式车，使人称谢："皇帝敬劳将军。"成礼而去。既出军门，群臣皆惊。文帝曰："嗟乎，此真将军矣！曩者霸上、棘门军，若儿戏耳，其将固可袭而虏也。至于亚夫，可得而犯邪！"称善者久之。

孝文帝后元六年，匈奴人大举入侵汉朝边境。于是孝文帝任命宗正刘礼为将军，率军驻扎霸上；任命祝兹侯徐厉为将军，率军驻扎棘门；任命河内郡守周亚夫为将军，率军驻扎细柳，以防御匈奴。有一次孝文帝亲自去慰劳军队，当他到达霸上和棘门两座军营时，两座军营都是让孝文帝的座驾侍从一路驰入军营，将军率领部下下马迎送皇上。之后孝文帝去细柳军营，军营的官兵都身披铠甲，拿着锋利的兵器，箭弦拉得紧紧的，戒备森严。当皇帝的先驱部队到时，未能进入军营。先驱部队的官吏说："皇帝马上就要到达了。"把守营门的都尉说："将军有令说：'军营中听将军的命令，不听皇上的诏令。'"过了一会儿，孝文帝的车驾来到军营，又不得进入。孝文帝只好派遣使者手持符节去通知周亚夫说："我想进去慰劳部队。"周亚夫这才传命打开营门。营门的守卫对孝文帝的随从车骑说："将军有规定，军营中不允许车马奔跑。"于是孝文帝让侍从拉着缰绳慢慢地行走。孝文帝到了军营，将军周亚夫手持兵器行礼，说："我是穿着盔甲的将士不能下拜，请允许我用军队的礼节拜见。"孝文帝为之感动，俯身扶着车前的横木，肃然起敬，派人向周亚夫传呼道："皇帝恭敬地慰劳将军。"举行完了劳军的仪式，皇帝离开了军营。出了军营，群臣和侍卫们都露出惊怪之色。孝文帝感叹地说："这才是真正的将军！前面经过的霸上、棘门军营，简直就像儿戏一般，他们的将军可以被偷袭而成为俘虏。至于周亚夫，谁能够侵犯得了呢？"孝文帝赞不绝口地说了好久。

选自《史记》卷五十七　绛侯周勃世家第二十七

感言：治军从严、从实战出发，不随大众，别具一格，孝文帝赞不绝口。

173. 亚夫用计平叛军

孝景三年，吴、楚反。亚夫以中尉为太尉，东击吴、楚。因自请上曰："楚兵剽轻，难与争锋。愿以梁委之，绝其粮道，乃可制。"上许之。

孝景帝三年，吴王刘濞和楚王刘戊一起举兵叛乱。周亚夫从中尉升迁为太尉，率兵东进攻打吴、楚叛军。周亚夫出发前向孝景帝请示说："楚军一向剽悍轻捷，与他们抢先作战不容易。我们可以把梁国委弃给他们去攻打，以消耗他们的锐气，而我们从后方切断他们的粮道，这样就有可能打败他们。"孝景帝答应了他的请求。

太尉既会兵荥阳，吴方攻梁。梁急，请救。太尉引兵东北走昌邑，深壁而守。梁日使使请太尉，太尉守便宜，不肯往。梁上书言景帝，景帝使使诏救梁。太尉不奉诏，坚壁不出，而使轻骑兵弓高侯等绝吴、楚兵后食道。吴兵乏粮，饥，数欲挑战，终不出。夜，军中惊，内相攻击扰乱，至于太尉帐下。太尉终卧不起。顷之，复定。后吴奔壁东南陬，太尉使备西北。已而其精兵果奔西北，不得入。吴兵既饿，乃引而去。太尉出精兵追击，大破之。吴王濞弃其军，而与壮士数千人亡走，保于江南丹徒。汉兵因乘胜，遂尽虏之，降其兵，购吴王千金。月余，越人斩吴王头以告。凡相攻守三月，而吴、楚破平。于是诸将乃以太尉计谋为是。由此梁孝王与太尉有却。

太尉周亚夫在荥阳集结了朝廷的各路军队，时值吴军正在攻打梁国。梁国告急，梁王请求周亚夫出兵援助。周亚夫率军驻扎在荥阳东北的昌邑，加高营垒，坚守不出。梁国每天都派遣使者来请求周亚夫援救，而周亚夫为了把握有利的战机，不肯前往援救。梁王上书报告孝景帝，孝景帝于是派遣使者下诏让周亚夫出兵援救梁国。周亚夫不执行诏令，仍是坚守营垒不肯出兵救援梁国，而派弓高侯等率领轻骑兵去断绝了吴、楚部队后方的粮道。这样一来吴国的军队的粮食供给不上，士兵开始饥饿，吴军几次向周亚夫挑战交锋，但周亚夫始终坚守阵地不肯出来应战。一天夜晚，周亚夫的军中掀起惊乱，乱兵一直闹到周亚夫的军帐周围。周亚夫始终卧床不起。过了一会儿，惊乱就平定下来了。后来吴军攻击周亚夫营壁的东南角，周亚夫却派人去防备西北角。过了一会儿，吴军的精兵果然攻击西北角，因为周亚夫有备，所以吴军未能攻入。最终吴军因为已经绝粮，便引兵离去。这时周亚夫立即派出精锐部队前往追击，大败吴军。吴王刘濞只好抛弃他的军队，带着数千名壮士逃到了江南丹徒县。汉军乘胜追击，全部俘虏了他们，迫使他们投降汉军，同时悬赏千金来捉拿吴王刘濞。过了一个多月，丹徒有人割下吴王刘濞的脑袋前来送给周亚夫。这次周亚夫与叛军作战，前后一共经历了三个月的时间，平息了吴、楚的叛乱。这时将领们才认识到周亚夫的计谋是正确的。但是由于这件事，梁孝王与周亚夫之间结下了怨仇。

选自《史记》卷五十七　绛侯周勃世家第二十七

174. 穰苴诛庄退敌兵

齐景公时，晋伐阿、甄，而燕侵河上，齐师败绩。景公患之。晏婴乃荐田穰苴曰："穰苴虽田氏庶孽，然其人文能附众，武能威敌，愿君试之。"景公召穰苴，与语兵事，大悦之，以为将军，将兵捍燕晋之师。穰苴曰："臣素卑贱，君擢之闾伍之中，加之大夫之上，士卒未附，百姓不信，人微权轻，愿得君之宠臣，国之所尊，以监军，乃可。"于是景公许之，使庄贾往。穰苴既辞，与庄贾约曰："旦日日中会于军门。"穰苴先驰至军，立表下漏待贾。贾素骄贵，以为将己之军而己为监，不甚急；亲戚左右送之，留饮。日中而贾不至。穰苴则仆表决漏，入，行军勒兵，申明约束。约束既定，夕时，庄贾乃至。穰苴曰："何后期为？"贾谢曰："不佞大夫亲戚送之，故留。"穰苴曰："将受命之日则忘其家，临军约束则忘其亲，援枹鼓之急则忘其身。今敌国深侵，邦内骚动，士卒暴露于境，君寝不安席，食不甘味，百姓之命皆悬于君，何谓相送乎！"召军正问曰："军法期而后至者云何？"对曰："当斩。"庄贾惧，使人驰报景公，请救。既往，未及反，于是遂斩庄贾以徇三军。三军之士皆震栗。久之，景公遣使者持节赦贾，驰入军中。穰苴曰："将在军，君令有所不受。"问军正曰："驰三军法何？"正曰："当斩。"使者大惧。穰苴曰："君之使不可杀之。"乃斩其仆，车之左驸，马之左骖，以徇三军。遣使者还报，然后行。士卒次舍，井灶、饮食、问疾、医药，身自抚循之。悉取将军之资粮享士卒，身与士卒平分粮食，最比其赢弱者。三日而后勒兵。病者皆求行，争奋出为之赴战。晋师闻之，为罢去；燕师闻之，渡水而解。于是追击之，遂取所亡封内故境而引兵归。未至国，释兵旅，解约束，誓盟而后入邑。景公与诸大夫郊迎，劳师成礼，然后反归寝。既见穰苴，尊为大司马。田氏日以益尊于齐。

　　齐景公在位的时候，晋国出兵攻打齐国的东阿和甄城，而燕国入侵齐国黄河南岸的领土，齐国的军队被打败。齐景公为此很是忧虑。这时，晏婴向齐景公推荐田穰苴说："穰苴虽然是田家的妾生之子，可是他文能得到群众的拥护，武能使敌人畏惧，希望您能试用他。"于是齐景公召见了穰苴，与他讨论军事问题，景公对穰苴非常满意，任命他为将军，率兵去抵抗燕、晋两国的军队。穰苴说："我的地位素来卑微低贱，您把我从平民中提拔起来，置于大夫之上，士兵们不会服从，百姓也不会信任，我的资历浅，威望低，权力不能服众，希望能得到一位君王宠信、国家尊重的大臣来做监军，这样才行得通。"于是齐景公答应了他的请求，派庄贾去做监军。穰苴辞别了景公后，与庄贾约定说："我们明天正午在军门相会。"第二天穰苴率先赶到军门，立起了木表和漏壶计时，等待庄贾。但庄贾平素骄纵显贵，认为率领自己的军队而由自己来做监军，一点也不着急，亲朋好友为他饯行，挽留他喝酒。直到中午庄贾还没有出现。于是穰苴放倒木表，倒掉漏壶里的水，进入军营，列队操练，宣布了各种规章号令。各种规章号令已定，到了日暮时分，庄贾才姗姗来迟。穰苴问他："为什么没有准时赴约？"庄贾表示歉意地解释道："亲戚朋友给我送行，所以耽搁了。"穰苴说："身为将领，从接受任命的那一天起就应当忘记自己的家庭，来到军队，宣布规章号令后就应当忘掉私人的交情，擂鼓进军战况紧急时就应当忘掉自己的生命，如今敌人已经深入国境，举国骚动，士兵暴露于境内，齐王睡不好，吃不香，全国百姓的生命安危都寄托在你身上，还送什么行呢？"于是召来执法的军官问道："约定好了时间而迟到的人，按照军法应该如何处置？"执法的军官回答说："应当斩首。"庄贾一听吓坏了，赶紧派人飞马前去报告齐景公，请他搭救。送信的人去了之后，还没来得及返回，穰苴就处斩了庄贾，并在三军面前示众。三军将士都感到震惊和害怕。过了很久，齐景公派遣使者手持符节赶来赦免庄贾，快马闯入军营之中。穰苴说道："大将在军营之中，国君的命令有时可以不接受。"司马穰苴又问执法的军官说："乱闯三军军营，按照军法当如何处置？"执法的军官说："应当斩首。"使者一听，大惊失色。司马穰苴说："不能杀国君的使者。"于是便斩了使者的车夫，砍断车子左边的立木，杀死了车子左前方的马，并在三军面前示众。接着穰苴派遣使者回去向齐景公报告，然后率兵出发了。士兵们安营扎寨、掘井立灶、饮水吃饭、探问疾病以及医药等事，穰苴都亲自过问、抚慰。他拿出朝廷给将军专用的物资粮食来款待士兵，自己和士兵们平分粮食，享受军队中最低的口粮标准。三天后整顿军队，准备出战，连那些病弱的士兵都请求跟随穰苴出发，争先奋勇地为他奔赴疆场。晋军听说了这件事，主动引兵撤退了；燕国的军队听说这件事之后，渡过黄河向北撤退逃散。于是穰苴率领齐国军队趁势追击，收复了齐国的失地。他们率兵归来进入国都之前，收起兵器，解除了打仗时的各种规定，盟誓之后进入京城。齐景公与众大夫在郊外迎接，齐景公在完成了一系列劳军礼仪之后，才回宫休息。齐景公接见了穰苴，尊他为大司马。田氏家族在齐国也日渐显贵起来。

选自《史记》卷六十四司马穰苴列传第四

175. 孙武演兵斩宫女

　　孙子武者，齐人也。以兵法见于吴王阖庐。阖庐曰："子之十三篇，吾尽观之矣，可以小试勒兵乎？"对曰："可。"阖庐曰："可试以妇人乎？"曰："可。"于是许之，出宫中美女，得百八十人。孙子分为二队，以王之宠姬二人各为队长，皆令持戟。令之曰："汝知而心与左右手背乎？"妇人曰："知之。"孙子曰："前，则视心；左，视左手；右，视右手；后，即视背。"妇人曰："诺。"约束既布，乃设铁钺，即三令五申之。于是鼓之右，妇人大笑。孙子曰："约束不明，申令不熟，将之罪也。"复三令五申而鼓之左，妇人复大笑。孙子曰："约束不明，申令不熟，将之罪也；既已明而不如法者，吏士之罪也。"乃欲斩左右队长。吴王从台上观，见且斩爱姬，大骇。趣使使下令曰："寡人已知将军能用兵矣。寡人非此二姬，食不甘味，愿勿斩也。"孙子曰："臣既已受命为将，将在军，君命有所不受。"遂斩队长二人以徇。用其次为队长，于是复鼓之。妇人左右前后跪起皆中规矩绳墨，无敢出声。于是孙子使使报王曰："兵既整齐，王可试下观之，唯王所欲用之，虽赴水火犹可也。"吴王曰："将军罢休就舍，寡人不愿下观。"孙子曰："王徒好其言，不能用其实。"于是阖庐知孙子能用兵，卒以为将。西破强楚，入郢，北威齐晋，显名诸侯，孙子与有力焉。

　　孙子名武，齐国人。凭借着精通兵法而受到吴王阖庐（一名阖闾）的接见。阖庐说："您的十三篇兵书，我都看过了，可以稍稍演示一下如何操练部队吗？"孙子回答说："可以。"阖庐说："可以用女人们来试试吗？"孙子回答说："可以。"于是阖庐抽调了一百八十名宫中的美女。孙子把她们分成两队，让吴王阖庐的两位宠姬分别担任队长，他命令所有的美女都拿好戟，然后问她们："你们知道自己的胸口、左右手和背在什么位置吗？"女人们回答道："知道。"孙子说："我说向前，你们就看胸口所对应的方向；我说向左，你们就看左手对应的方向；我说向右，你们就看右手对应的方向；我说向后，你们就看背对应的方向。"女人们回答道："好。"制定好规则后，孙子摆好斧、钺等刑具，然后反复地向她们重申规则。一切准备好之后，孙子击鼓发令，叫她们向右，女人们一阵哄笑。孙子说："规则不明确，号令不熟悉，这是将领的过错。"于是再次反复地向她们重申规则，随即击鼓发令让她们向左，女人们又是一阵哄笑。孙子说："规则不明确，号令不熟悉，这是将领的过错；现在既然已经交代清楚了，而不遵照号令行事，这就是军官和士兵的过错了。"说罢就要处决左、右两队的队长。吴王正在台上观看，见孙子将要杀他的爱姬，大惊失色。赶紧派使臣传达命令说："我已经知道将军善于用兵了，如果失去了这两个爱姬，我吃东西都没有味道，希望你不要杀她们。"孙子回答道："我既然已经受命为将，将军行军打仗，君王的命令有的可以不接受。"于是就杀了两个队长示众。重新任命另外两个人来担任队长，于是再击鼓发令，女人们不论是向左向右、向前向后、跪倒、站立都遵守规矩，没有人敢随意出声。于是孙子派使臣向吴王报告说："队伍已经操练整齐，大王您可以下来校阅她们，任凭大王想如何使唤她们，即使叫她们赴汤蹈火也可以。"吴王回答："将军停止演练，回屋休息吧。我不想下去校阅。"孙子感叹地说："大王只是欣赏我书面上的文章，却不能把它付诸实践。"从这以后，吴王阖庐知道孙子确实善于用兵，最终任命他为将军。吴国向西打败了强大的楚国，攻入了楚国的郢都，向北威震齐国和晋国，在诸侯之间名声显赫，这里面孙子发挥了很重要的作用。

选自《史记》卷六十五　孙子吴起列传第五

176. 孙武智高斗庞涓

孙武既死，后百余岁有孙膑。膑生阿鄄之间，膑亦孙武之后世子孙也。

孙膑尝与庞涓俱学兵法。庞涓既事魏，得为惠王将军，而自以为能不及孙膑，乃阴使召孙膑。膑至，庞涓恐其贤于己，疾之，则以法刑断其两足而黥之，欲隐勿见。

孙武死后，过了一百多年出了一个孙膑。孙膑生于阿城和鄄城一带，也是孙武的后代子孙。孙膑曾经和庞涓一起学习兵法，庞涓奉事魏国以后，做了魏惠王的将军，他知道自己的才能不如孙膑，就悄悄地派人召来孙膑。孙膑来了，庞涓害怕他比自己强，对他非常忌恨，就假借法令以陷害他，砍掉了他的两只脚，并且在他脸上刺了字，想使他隐没起来不再出头。

齐使者如梁，孙膑以刑徒阴见，说齐使。齐使以为奇，窃载与之齐。齐将田忌善而客待之。忌数与齐诸公子驰逐重射。孙子见其马足不甚相远，马有上、中、下辈。于是孙子谓田忌曰："君弟重射，臣能令君胜。"田忌信然之，与王及诸公子逐射千金。及临质，孙子曰："今以君之下驷与彼上驷，取君上驷与彼中驷，取君中驷与彼下驷。"既驰三辈毕，而田忌一不胜而再胜，卒得王千金。于是忌进孙子于威王。威王问兵法，遂以为师。

齐国的使者来到魏国国都大梁，孙膑以罪犯的身份悄悄地会见并游说他。齐国的使者认为孙膑是位难得的人才，偷偷地载着他来到了齐国。齐国将军田忌很赏识孙膑，对他以礼相待。田忌经常跟齐王与宗室公子们赛马，下了很大的赌注。孙膑发现他们的马实力相差不远，有上、中、下三等。于是孙膑对田忌说："你尽管下大赌注，我能让你取胜。"田忌很相信他，与齐王及宗室公子们赛马时下了千金的赌注。临到比赛了，孙膑对田忌说："现在用您的下等马和他们的上等马比赛，用您的上等马对付他们的中等马，用您的中等马对付他们的下等马。"三场比赛跑下来后，田忌败了一次，胜了两次，最终赢得了齐王的千金赌注。于是田忌就把孙膑推荐给了齐威王。齐威王向孙膑请教兵法，对他大为赞赏，于是尊他为军师。

其后魏伐赵，赵急，请救于齐。齐威王欲将孙膑，膑辞谢曰："刑余之人不可。"于是乃以田忌为将，而孙子为师，居辎车中，坐为计谋。田忌欲引兵之赵，孙子曰："夫解杂乱纷纠者不控卷，救斗者不搏撠，批亢捣虚，形格势禁，则自为解耳。今魏赵相攻，轻兵锐卒必竭于外，老弱罢于内。君不若引兵疾走大梁，据其街路，冲其方虚，彼必释赵而自救。是我一举解赵之围而收弊于魏也。"田忌从之，魏果去邯郸，与齐战于桂陵，大破魏军。

后来魏国攻打赵国，赵国形势危急，向齐国求援。齐威王想要以孙膑为主将，孙膑辞谢说："受过肉刑身体不完整的人，不宜担任主将。"于是齐威王任命田忌为主将，孙膑为军师，坐在有篷盖的车里，暗中出谋划策。田忌想引兵直奔赵国，孙膑说："想解开一团乱麻的人，不能紧握拳头乱砸；给人拉架，只能从旁劝解，不能抢拳卷进去搏斗。如果避实击虚，敌人的局势发生了被阻遏的变化，对原来的进攻计划必然有所顾忌，问题就会迎刃而解。现在魏国和赵国交战，魏国的精锐部队必定疲于应付外面的战事，剩下老弱病残留在国内。你不如率兵迅速向魏国国都大梁挺进，占据他们的交通要道，攻击他们正好戒备空虚的地方，魏国必定解除对赵国的包围而回兵自救。这样一来，我们既解了赵国之围，又能收拾魏国疲于奔命的军队，一举打败他们。"田忌听从了他的建议，魏军果然离开邯郸，回师自救，与齐军在桂陵地区交战，齐军大败魏军。

后十三岁，魏与赵攻韩，韩告急于齐。齐使田忌将而往，直走大梁。魏将庞涓闻之，去韩而归，齐军既已过而西矣。孙子谓田忌曰："彼三晋之兵素悍勇而轻齐，齐号为怯，善战者因其势而利导之。兵法：百里而趣利者蹶上将，五十里而趣利者军半至。使齐军入魏地为十万灶，明日为五万灶，又明日为三万灶。"庞涓行三日，大喜，曰："我固知齐军怯，入吾地三日，士卒亡者过半矣。"乃弃其步军，与其轻锐倍日并行逐之。孙子度其行，暮当至马陵。马陵道狭，而旁多阻隘，可伏兵，乃斫大树白而书之曰"庞涓死于此树之下"。于是令齐军善射者万弩，夹道而伏，期

曰"暮见火举而俱发"。庞涓果夜至斫木下，见白书，乃钻火烛之。读其
书未毕，齐军万弩俱发，魏军大乱相失。庞涓自知智穷兵败，乃自刭，曰：
"遂成竖子之名！"齐因乘胜尽破其军，虏魏太子申以归。孙膑以此名显
天下，世传其兵法。

　　十三年以后，魏国和赵国联合攻打韩国，韩国向齐国告急。齐王任命
田忌为将前去营救，田忌率军直奔大梁。魏将庞涓得知这个消息，急忙从
韩国撤兵赶回魏国，这时齐军已经越过边境向西进军了。孙膑对田忌说：
"魏国人素来凶悍勇猛，瞧不起齐国人，他们称齐兵怯懦，善于指挥作战
的人，就要因势利导，使他们更加轻敌。兵法说：急功近利日行百里的，
就要折损上将；急功近利日行五十里的，部队就会减员一半。命令齐国军
队进入魏境先安置给十万人做饭的灶，第二天安置给五万人做饭的灶，再
过一天安置给三万人做饭的灶。"庞涓行军三天，见此情形非常高兴，说：
"我就知道齐军胆小怯懦，进入我国境内才三天，临阵脱逃的士兵就超过
半数了！"于是丢下自己的步兵，带上一支轻装精锐的部队，日夜兼程地
追击齐军。孙膑估算魏军的行程，晚上应当可以到达马陵了。马陵道路狭窄，
两旁又多是峻隘险阻，适合埋下伏兵。孙膑就叫人削去一棵大树的树皮，
露出白木，然后在上面写道："庞涓死于此树之下。"于是调令齐军军中
一万名善于射箭的人，埋伏在马陵道两边，约定说："天黑以后，看见树
下火光亮起，就一齐放箭。"庞涓果然在夜里赶到了被削去树皮的大树下，
看见树上好像写着什么，就点火照亮树干上的字，结果上边的字还没读完，
齐军伏兵就万箭齐发，魏军乱作一团，无法彼此照应。庞涓自知无计可施、
败局已定，就拔剑自刭，临死前说道："这下可算成就了这小子的名声！"
齐军乘胜追击，彻底打败了魏军，俘虏了魏国太子申，凯旋而归。从此孙
膑名扬天下，他的兵法也在世间广为流传。

选自《史记》卷六十五　孙子吴起列传第五

177. 吴起治军纪严明

　　吴起者，卫人也，好用兵。尝学于曾子，事鲁君。齐人攻鲁，鲁欲将吴起，吴起取齐女为妻，而鲁疑之。吴起于是欲就名，遂杀其妻，以明不与齐也。鲁卒以为将。将而攻齐，大破之。

　　吴起是卫国人，善于用兵。曾经求学于曾子，奉事鲁国国君。齐国攻打鲁国，鲁国国君想任命吴起为将军，但由于吴起娶了齐国的女人为妻，所以鲁国人对他有疑心。吴起那时候一心追逐功名，就杀了自己的妻子，以此来表明自己不亲附齐国。鲁国国君终于任命他做了将军。吴起率兵攻打齐国，把齐军打得大败。

　　起之为将，与士卒最下者同衣食。卧不设席，行不骑乘，亲裹赢粮，与士卒分劳苦。卒有病疽者，起为吮之。卒母闻而哭之。人曰："子卒也，而将军自吮其疽，何哭为？"母曰："非然也。往年吴公吮其父，其父战不旋踵，遂死于敌。吴公今又吮其子，妾不知其死所矣。是以哭之。"

　　吴起当将军的时候，和最下等的士兵穿一样的衣服，吃一样的食物。睡觉不铺褥子，行军不骑马坐车，亲自背着捆扎好的粮食，与士兵们同甘共苦。有个士兵长了恶性毒疮，吴起帮他把疮里的脓吸出来。这个士兵的母亲听说后，不由得哭了起来。有人说："你儿子是一个无名小卒，将军却亲自替他吸疮里的脓，你还有什么好哭的呢？"那位母亲回答说："不是这样啊，以前吴将军替他父亲吸吮毒疮，他父亲在战场上勇往直前，结果死在敌人手里。如今吴将军又给我儿子吸吮毒疮，我不知道他将来又会战死在什么地方，所以我为他哭泣啊。"

文侯以吴起善用兵，廉平，尽能得士心，乃以为西河守，以拒秦、韩。

魏文侯因为吴起善于用兵打仗，为人廉洁公平，深得将士们的真心拥戴，就任命他为西河地区的长官，以防备秦国和韩国入侵。

选自《史记》卷六十五　孙子吴起列传第五

178. 吴起明智服田文

吴起为西河守，甚有声名。魏置相，相田文。吴起不悦，谓田文曰："请与子论功，可乎？"田文曰："可。"起曰："将三军，使士卒乐死，敌国不敢谋，子孰与起？"文曰："不如子。"起曰："治百官，亲万民，实府库，子孰与起？"文曰："不如子。"起曰："守西河而秦兵不敢东乡，韩赵宾从，子孰与起？"文曰："不如子。"起曰："此三者，子皆出吾下，而位加吾上，何也？"文曰："主少国疑，大臣未附，百姓不信，方是之时，属之于子乎？属之于我乎？"起默然良久，曰："属之子矣。"文曰："此乃吾所以居子之上也。"吴起乃自知弗如田文。

吴起担任西河郡守时，很有声望。魏国设置了相位，以田文为相国。吴起很不高兴，对田文说："我想和您比一比功劳，可以吗？"田文说："可以。"吴起说："统率三军，让士兵们舍生忘死，敌国不敢打魏国的主意，这一条您能比得过我吗？"田文说："我不如您。"吴起说："管理文武百官，让黎民百姓亲附，充实府库的储备，这一条您又能比得过我吗？"田文说："我不如您。"吴起说："镇守西河而使秦国军队不敢向东进犯，韩国、赵国服服帖帖，这方面您比得过我吗？"田文说："我不如您。"吴起说："这三方面您都不如我，可是您的官位却高于我，这是为什么呢？"田文说："当今君王还年轻，国内政局不稳，大臣们不亲附，百姓也不信任，在这样的时刻，全国上下是盯着您，还是盯着我呢？"吴起沉默了许久，然后说："大家都盯着您呢。"田文说："这就是我的官位在您之上的原因啊。"吴起这才明白自己不如田文。

选自《史记》卷六十五 孙子吴起列传第五

179. 螳螂捕蝉雀在后

韩魏相攻，期年不解。秦惠王欲救之，问于左右。左右或曰救之便，或曰勿救便，惠王未能为之决。陈轸适至秦，惠王曰："子去寡人之楚，亦思寡人不？"陈轸对曰："王闻夫越人庄舄乎？"王曰："不闻。"曰："越人庄舄仕楚执珪，有顷而病。楚王曰：'舄故越之鄙细人也，今仕楚执珪，贵富矣，亦思越不？'中谢对曰：'凡人之思故，在其病也。彼思越则越声，不思越则楚声。'使人往听之，犹尚越声也。今臣虽弃逐之楚，岂能无秦声哉！"惠王曰："善。今韩魏相攻，期年不解，或谓寡人救之便，或曰勿救便，寡人不能决，愿子为子主计之余，为寡人计之。"陈轸对曰："亦尝有以夫卞庄子刺虎闻于王者乎？庄子欲刺虎，馆竖子止之，曰：'两虎方且食牛，食甘必争，争则必斗，斗则大者伤，小者死，从伤而刺之，一举必有双虎之名。'卞庄子以为然，立须之。有顷，两虎果斗，大者伤，小者死。庄子从伤者而刺之，一举果有双虎之功。今韩魏相攻，期年不解，是必大国伤，小国亡，从伤而伐之，一举必有两实。此犹庄子刺虎之类也。臣主与王何异也？"惠王曰："善。"卒弗救。大国果伤，小国亡，秦兴兵而伐，大克之。此陈轸之计也。

韩国和魏国交战，战争持续了一年还没有结束。秦惠王想让他们和解，征求左右近臣的意见。左右近臣有的说让他们和解有利，有的说不和解有利，秦惠王不能对此事作出决断。正好陈轸回到了秦国，秦惠王说："先生离开我去了楚国，还想念我吗？"陈轸回答说："大王听说过越国人庄鸟吗?"惠王说:"没有听说过。"陈轸说:"越人庄鸟在楚国官至执珪的爵位,不久就生病了。楚王说:'庄鸟原本是越国一个地位低贱的人,如今在楚国官做到执珪的爵位,富贵了,还思念越国吗?'中谢回答说:'大凡一个人思念自己的故乡,是在他生病的时候,如果他思念越国,就会操越国的腔调,如果不思念越国就会操楚国的腔调。'楚王派人去偷听,庄鸟还是操越国的腔调。如今我虽然遭到遗弃而去了楚国,怎么能没有秦国的腔调呢?"惠王说:"好。现在韩国和魏国交战,整整一年都没有解除,大臣们有的对我说让他们和解有利,有的说不让他们和解有利,我未能作出决断,希望先生为你的楚国君主出谋划策之余,也替我考虑一下这件事。"陈轸回答说:"也曾有人把卞庄子刺虎的事讲给大王听吗?庄子准备刺杀猛虎,旅馆里的佣人劝阻他说:'两只老虎正在吃牛,吃得香甜了必定会争夺,一争夺就一定会打起来,一打起来,大的受伤,小的死亡,这时候再去刺杀受伤的老虎,必然获得一举杀死两只老虎的声誉。'卞庄子觉得他说得对,站在旁边等待两虎相争,过了一会儿,两只老虎果然斗了起来,结果大的受了伤,小的死了,庄子追上受伤的老虎而杀死了它,果然获得了一举杀死两只老虎的功效。如今,韩、魏两国交战,整整一年了还未能解除,这样势必大国损伤,小国危亡,等大国受到损伤再去攻打它,必然会获得一举击败两个国家的实效。这和庄子刺杀猛虎是一类事啊。我为楚王谋划和为大王提供建议有什么区别呢?"惠王说:"说得好。"秦国最终没有让韩国和魏国和解。结果大国果然受到损伤,小国面临危亡,秦国趁机出兵攻打,战胜了他们。这都是陈轸的计谋啊。

选自《史记》卷七十　张仪列传第十

180. 游腾巧辩说楚王

　　秦惠王卒,太子武王立,逐张仪、魏章,而以樗(chù)里子、甘茂为左右丞相。秦使甘茂攻韩，拔宜阳。使樗里子以车百乘入周。周以卒迎之，意甚敬。楚王怒，让周，以其重秦客。游腾为周说楚王曰："知伯之伐仇犹，遗之广车，因随之以兵，仇犹遂亡。何则？无备故也。齐桓公伐蔡，号曰诛楚，其实袭蔡。今秦，虎狼之国，使樗里子以车百乘入周，周以仇犹、蔡观焉，故使长戟居前，强弩在后，名曰卫疾，而实囚之。且夫周岂能无忧其社稷哉？恐一旦亡国以忧大王。"楚王乃悦。

　　秦惠王去世后，太子武王继位，赶走了张仪、魏章，而任命樗里子和甘茂为左、右丞相。秦王派甘茂攻打韩国，攻克了宜阳，然后派樗里子率领一百辆战车进入周朝都城。周天子派士兵列队迎接他，表现得很是恭敬。楚王得知后非常愤怒，责备周天子，认为周天子不该对樗里子优礼相待。游腾替周天子向楚王解释道："当初知伯攻打仇犹，赠送给仇犹大车，趁机让军队跟在后面，结果仇犹灭亡了。为什么呢？就是因为没有防备的缘故啊。齐桓公攻打蔡国时，声称是讨伐楚国，其实是偷袭蔡国。如今的秦国，是个如虎狼一般凶恶的国家，派樗里子带着百辆战车来到周都，周天子是以仇犹、蔡国的教训来看待这件事情的，所以派手持长戟的士兵站在前面，让手挽强弓的士兵列在后面，表面说是护卫樗里子，实际上是把他看管起来，以防不测。再说，难道周天子不考虑自己国家的安危吗？我们也怕一旦亡国会给大王您带来麻烦。"楚王这才高兴起来。

　　　　　　　　　选自《史记》卷七十一　樗里子甘茂列传第十一

181. 胡衍退樗还得金

　　昭王元年，樗里子将伐蒲。蒲守恐，请胡衍。胡衍为蒲谓樗里子曰："公之攻蒲，为秦乎？为魏乎？为魏则善矣，为秦则不为赖矣。夫卫之所以为卫者，以蒲也。今伐蒲入于魏，卫必折而从魏。魏亡西河之外而无以取者，兵弱也。今并卫于魏，魏必强。魏强之日，西河之外必危矣。且秦王将观公之事，害秦而利魏，王必罪公。"樗里子曰："奈何？"胡衍曰："公释蒲勿攻，臣试为公入言之，以德卫君。"樗里子曰："善。"胡衍入蒲，谓其守曰："樗里子知蒲之病矣，其言曰必拔蒲。衍能令释蒲勿攻。"蒲守恐，因再拜曰："愿以请。"因效金三百斤，曰："秦兵苟退，请必言子于卫君，使子为南面。"故胡衍受金于蒲以自贵于卫。于是遂解蒲而去。还击皮氏，皮氏未降，又去。

　　昭王元年，樗里子领兵攻打卫国的蒲城。蒲城的长官十分害怕，请胡衍给他出主意。于是胡衍出面替蒲城长官对樗里子说："您攻打蒲城，是为了秦国，还是为了魏国？如果是为了魏国，那当然很好；如果是为了秦国，那就没有什么好处了。因为卫国之所以还能存在，就是因为蒲城。现在您攻打蒲城迫使它投降魏国，那么整个卫国就会转而依附魏国。魏国丧失了西河以外的国土而没有办法夺回来，这是因为魏国兵力薄弱啊。现在您攻打蒲城而导致卫国并入魏国，魏国必定会强大起来。魏国一旦强大起来，秦国所占领的西河以外的土地必然岌岌可危了。再说秦王会关注您的行动，如果您做的事有害于秦国而让魏国得利，秦王必定会加罪于您。"樗里子听了这番话之后说："那应该怎么办呢？"胡衍说："您放弃蒲城不要进攻，我试着替您到蒲城向他们说明，让卫国国君知道是由于您的贤德，才使卫国免此一劫。"樗里子说："好吧。"胡衍进入蒲城后，就对蒲城的长官说："樗里子已经知道蒲城困厄的处境了，他说一定要拿下蒲城。不过，我胡衍能让他放弃蒲城，不再进攻。"蒲城的长官听了胡衍这番话十分恐慌，对他拜了又拜连声说："请您一定要帮忙。"于是献上黄金三百斤，说："秦国军队如果真的撤退了，请务必允许我把您举荐给卫国国君，让您也能封得一块领地。"为此，胡衍从蒲城得到重金又使自己在卫国得以显贵。樗里子解围撤离了蒲城，回兵攻打魏国的皮氏，没有攻下来，只好又撤离了。

　　　　　　　　　　　选自《史记》卷七十一　樗里子甘茂列传第十一

182. 所向披靡数白起

白起者，郿人也。善用兵，事秦昭王。昭王十三年，而白起为左庶长，将而击韩之新城。是岁，穰侯相秦，举任鄙以为汉中守。其明年，白起为左更，攻韩、魏于伊阙，斩首二十四万，又虏其将公孙喜，拔五城。起迁为国尉。涉河取韩安邑以东，到乾河。明年，白起为大良造。攻魏，拔之，取城小大六十一。明年，起与客卿错攻垣城，拔之。后五年，白起攻赵，拔光狼城。后七年，白起攻楚，拔鄢、邓五城。其明年，攻楚，拔郢，烧夷陵，遂东至竟陵。楚王亡去郢，东走徙陈。秦以郢为南郡。白起迁为武安君。武安君因取楚，定巫、黔中郡。昭王三十四年，白起攻魏，拔华阳，走芒卯，而虏三晋将，斩首十三万。与赵将贾偃战，沉其卒二万人于河中。昭王四十三年，白起攻韩陉城，拔五城，斩首五万。四十四年，白起攻南阳太行道，绝之。

白起是陕西郿县（今眉县）人。善于用兵，奉事秦昭王。昭王十三年，白起为左庶长，率军攻打韩国的新城。这一年，穰侯担任秦国的宰相。他举荐任鄙做了汉中郡守。第二年，白起被封为左更，与韩、魏联军在伊阙交战，杀敌二十四万人，又俘虏了魏国将领公孙喜，占领了五座城邑。白起升迁为国尉。他率兵渡过黄河夺取了韩国安邑以东直到干河一带的大片土地。第三年，白起被封为大良造。率兵攻打魏国并战胜了它，夺取了大小城邑六十一座。第四年，白起与客卿司马错攻打垣城，占领了那里。此后的第五年，白起攻打赵国，攻占了光狼城。又过了七年，白起攻打楚国，占领了鄢、邓等五座城邑。第二年，白起又攻打楚国，占领了楚国的郢都，烧毁了楚国先王的陵墓，一路向东打到竟陵。楚王逃离郢都，向东奔逃迁都到陈县。秦国把郢都设为南郡。白起升迁为武安君，他趁势攻取楚地，平定了巫山和黔中两郡。秦昭王三十四年，白起攻打魏国，占领了华阳，使芒卯败逃，并且俘获了赵国和魏国的将领，杀敌十三万人。白起与赵国将领贾偃交战，把赵国两万降兵扔到了黄河里。秦昭王四十三年，白起攻打韩国陉城，攻占了五座城邑，杀敌五万人。秦昭王四十四年，白起攻打韩国南阳的太行道，阻绝了这条通道。

选自《史记》卷七十三　白起王翦列传第十三

183. 赵王贪小埋隐患

四十五年，伐韩之野王。野王降秦，上党道绝。其守冯亭与民谋曰："郑道已绝，韩必不可得为民。秦兵日进，韩不能应，不如以上党归赵。赵若受我，秦怒，必攻赵。赵被兵，必亲韩。韩赵为一，则可以当秦。"因使人报赵。赵孝成王与平阳君、平原君计之。平阳君曰："不如勿受。受之，祸大于所得。"平原君曰："无故得一郡，受之便。"赵受之，因封冯亭为华阳君。

秦昭王四十五年，白起攻打韩国的野王城，野王投降了秦国，韩国的上党郡同韩国的联系被切断。上党郡守冯亭和当地的百姓谋划说："通往国都新郑的道路已经被切断，韩国肯定不能再管我们了。秦兵正一天天逼近，韩国无法接应我们，不如以上党归附赵国。赵国如果接纳我们，秦国一怒之下必定攻打赵国。赵国遭到攻击，必然亲近韩国。韩国和赵国团结一致，就可以抵挡秦国。"于是派人通报赵国。赵孝成王和平阳君、平原君一起商量这件事，平阳君说："还是不要接受，接受了它，带来的祸患大于所得到的好处。"平原君说："平白无故得到一郡，还是接受它好。"于是赵王接受了上党，封冯亭为华阳君。

选自《史记》卷七十三　白起王翦列传第十三

感言：赵王因为贪小便宜，接受了上党，留下了隐患，得罪了韩国，秦军重兵压境，赵国危在旦夕。

184. 赵王中计用赵括

四十七年，秦使左庶长王龁攻韩，取上党。上党民走赵。赵军长平，以按据上党民。四月，龁因攻赵。赵使廉颇将。赵军士卒犯秦斥兵，秦斥兵斩赵裨将茄。六月，陷赵军，取二鄣四尉。七月，赵军筑垒壁而守之。秦又攻其垒，取二尉，败其阵，夺西垒壁。廉颇坚壁以待秦，秦数挑战，赵兵不出。赵王数以为让。而秦相应侯又使人行千金于赵为反间，曰："秦之所恶，独畏马服子赵括将耳，廉颇易与，且降矣。"赵王既怒廉颇军多失亡，军数败，又反坚壁不敢战，而又闻秦反间之言，因使赵括代廉颇将以击秦。秦闻马服子将，乃阴使武安君白起为上将军。而王龁为尉裨将，令军中有敢泄武安君将者斩。赵括至，则出兵击秦军。秦军详败而走，张二奇兵以劫之。赵军逐胜，追造秦壁。壁坚拒不得入，而秦奇兵二万五千人绝赵军后，又一军五千骑绝赵壁间，赵军分而为二，粮道绝。而秦出轻兵击之。赵战不利，因筑壁坚守，以待救至。秦王闻赵食道绝，王自之河内，赐民爵各一级，发年十五以上悉诣长平，遮绝赵救及粮食。

秦昭王四十七年，秦王派左庶长王龁攻打韩国，夺取了上党。上党的百姓都往赵国逃跑。赵国驻军长平，来镇抚上党的百姓。四月，王龁向赵国展开攻击。赵王派廉颇去统率军队。赵军士兵侵犯了秦军侦察兵，秦军侦察兵杀死了赵军副将茄。六月，秦军攻陷赵军，夺取了两个城堡，俘虏了四个校尉。七月，赵军加筑防御工事固守。秦军又对这些防御工事发动了进攻，俘虏了两个校尉，攻破了赵军阵地，占领了西边的营垒。于是廉颇固守在营垒里等待秦军发动进攻，秦军多次挑战，赵军就是不出城应战。为此，赵王多次指责廉颇。这时，秦国丞相应侯范雎派人带着千金前往赵国施行反间计，大肆宣扬说："秦军所厌恶忌讳的，就是怕马服君赵奢的儿子赵括为统帅，廉颇容易对付，他马上就要投降了。"赵王本来就恼怒廉颇军队伤亡很大，屡次战败，而且还坚守营垒不敢出战，再加上听到秦国散布的许多反间谣言，于是派赵括取代廉颇率兵攻击秦军，秦国听说马服君的儿子赵括担任主帅，就暗地里派武安君白起担任上将军，让王龁担任尉官副将，并命令军中有谁敢泄露武安君白起出任主将的，格杀勿论。赵括一到长平，就出兵进攻秦军。秦军假装战败而逃，暗中布置了两支突袭部队准备截断赵军的后路。赵军乘胜追击，一直追到秦军的营垒。秦军的营垒非常坚固，赵军攻不进去，而秦军的一支两万五千人的突袭部队已经截断了赵军的后路，另一支五千人的骑兵插入赵军的营垒之间，断绝了它们之间的联系，赵军被一分为二，运粮的通道也被掐断。这时秦军派出轻装精兵进攻赵军，赵军交战失利，只好构筑壁垒固守，等待援兵到来。秦王得知赵国运粮的通道被截断，亲自到河内，赐予百姓爵位各一级，征调十五岁以上的青壮年全都前往长平战场，拦截赵国赶往长平的救兵，断绝赵军的粮食。

选自《史记》卷七十三　白起王翦列传第十三

185. 活埋赵军四十万

至九月，赵卒不得食四十六日，皆内阴相杀食。来攻秦垒，欲出。为四队，四五复之，不能出。其将军赵括出锐卒自搏战，秦军射杀赵括，括军败，卒四十万人降武安君。武安君计曰："前秦已拔上党，上党民不乐为秦而归赵。赵卒反覆。非尽杀之，恐为乱。"乃挟诈而尽坑杀之，遗其小者二百四十人归赵。前后斩首虏四十五万人。赵人大震。

到九月时，赵国士兵没有食物已经四十六天了，士兵们纷纷暗中自相残杀以人肉充饥。困厄至极的赵军不顾一切地向秦军营垒发动攻击，想要突围出去。他们编为四队，轮番进攻了四五次，仍然没能冲出去。赵军主将赵括派出精锐部队亲自披挂上阵与秦军搏杀，结果秦军射杀了赵括，赵括的军队大败，四十万士卒投降武安君。武安君谋划着说："前者秦军夺取上党，上党的百姓不愿意做秦国的臣民而归附了赵国。赵国士兵反复无常，如果不把他们都杀掉，恐怕会出乱子。"于是用计把赵国降兵全部活埋，留下其中年纪小的二百四十人，把他们放回了赵国。这一仗前后擒杀赵军四十五万人，赵国上下大为震惊。

选自《史记》卷七十三　白起王翦列传第十三

186. 苏代巧言化危机

四十八年十月，秦复定上党郡。秦分军为二：王龁攻皮牢，拔之；司马梗定太原。韩、赵恐，使苏代厚币说秦相应侯曰："武安君禽马服子乎？"曰："然。"又曰："即围邯郸乎？"曰："然。""赵亡则秦王王矣，武安君为三公。武安君所为秦战胜攻取者七十余城，南定鄢、郢、汉中，北禽赵括之军，虽周、召、吕望之功不益于此矣。今赵亡，秦王王，则武安君必为三公，君能为之下乎？虽无欲为之下，固不得已矣。秦尝攻韩，围邢丘，困上党，上党之民皆反为赵，天下不乐为秦民之日久矣。今亡赵，北地入燕，东地入齐，南地入韩、魏，则君之所得亡几何。故不如因而割之，无以为武安君功也。"于是应侯言于秦王曰："秦兵劳，请许韩、赵之割地以和，且休士卒。"王听之，割韩垣雍、赵六城以和。正月，皆罢兵。武安君闻之，由是与应侯有隙。

秦昭王四十八年十月，秦军再次平定了上党郡。然后秦军兵分两路：王龁攻克了皮牢；司马梗平定了太原。韩国和赵国大为惊恐，于是派苏代带着丰厚的礼物去劝说秦相应侯，他先问道："武安君擒杀了马服君的儿子赵括吗？"应侯回答说："是的。"苏代又问："马上就要围攻邯郸了吗？"应侯回答说："是的。"赵国说："赵国一旦灭亡秦王就要君临天下了，武安君必将成为国家的三公。武安君为秦国打败敌人攻取的城邑有七十多座，他向南平定了楚国的鄢、郢及汉中地区，向北俘获了赵括的军队，即使历史上赫赫有名的周公、召公和吕望的功劳恐怕也不能超过这些了。现在如果赵国灭亡，秦王君临天下，那么武安君必定被封为三公，您甘愿屈居于他之下吗？那时候即使您不甘心屈居于他之下，恐怕也不行了吧。秦国曾经攻打韩国，包围邢丘，控制了上党，上党的百姓都转而归附赵国，天下百姓不愿意做秦国的臣民时间已经很久了。现在如果灭亡了赵国，赵国北边的土地将归入燕国，东边的土地将并入齐国，南边土地将落入韩国和魏国，这样一来，您所得到的百姓就没有多少了。还不如趁此机会割取韩国和赵国的土地，不要再让他们成为武安君的战功了。"应侯听后觉得苏代说得很有道理，于是向秦王进言道："秦国士兵已经很疲劳了，请您允许韩国和赵国割地讲和，暂且让士兵们休整一下。"秦王听从了他的建议，割取了韩国的垣雍和赵国的六座城邑与他们讲和。正月，秦军全部撤退。武安君得知了整个事情的前因后果，从此与应侯有了矛盾。

选自《史记》卷七十三　白起王翦列传第十三

187. 白起不赞攻邯郸

其九月，秦复发兵，使五大夫王陵攻赵邯郸。是时武安君病，不任行。四十九年正月，陵攻邯郸，少利，秦益发兵佐陵。陵兵亡五校。武安君病愈，秦王欲使武安君代陵将。武安君言曰："邯郸实未易攻也。且诸侯救兵日至，彼诸侯怨秦之日久矣。今秦虽破长平军，而秦卒死者过半，国内空。远绝河山而争人国都，赵应其内，诸侯攻其外，破秦军必矣。不可。"秦王自命，不行；乃使应侯请之，武安君终辞不肯行，遂称病。

　　这一年九月，秦国再次出兵，派五大夫王陵攻打赵国的都城邯郸。当时武安君有病在身，不能率师出征。昭王四十九年正月，王陵攻打邯郸，进展不太顺利，秦王便增派部队支援王陵。结果王陵损失了五个校的人马。武安君病好了，秦王想派武安君代替王陵为将。武安君进言说："邯郸确实不易攻下。而且各国诸侯的救兵很快就要到了，那些诸侯国怨恨秦国时日已久了。现在秦国虽然消灭了长平的赵军，但是我们自己的士兵也死伤过半，国内空虚。远行千里跋山涉水去争夺别人的国都，赵军在城内接应，诸侯各国的军队从外面进攻，击破秦军是必然的。不能这样了。"秦王亲自下令，武安君不肯出发前往；于是就派应侯去请他，但武安君始终推辞不肯出征，后来干脆称病不起。

　　　　　　　　　　选自《史记》卷七十三　　白起王翦列传第十三

188. 战神白起下场惨

　　秦王使王龁代陵将，八九月围邯郸，不能拔。楚使春申君及魏公子将兵数十万攻秦军，秦军多失亡。武安君言曰："秦不听臣计，今如何矣！"秦王闻之，怒，强起武安君，武安君遂称病笃。应侯请之，不起。于是免武安君为士伍，迁之阴密。武安君病，未能行。居三月，诸侯攻秦军急，秦军数却，使者日至。秦王乃使人遣白起，不得留咸阳中。武安君既行，出咸阳西门十里，至杜邮。秦昭王与应侯群臣议曰："白起之迁，其意尚怏怏不服，有余言。"秦王乃使使者赐之剑，自裁。武安君引剑将自刭，曰："我何罪于天而至此哉？"良久，曰："我固当死。长平之战，赵卒降者数十万人，我诈而尽坑之，是足以死。"

遂自杀。武安君之死也，以秦昭王五十年十一月。死而非其罪，秦人怜之，乡邑皆祭祀焉。

　　秦王派王龁代替王陵统率部队，八九月围攻邯郸，没能攻下来。楚国派春申君以及魏公子信陵君领兵数十万攻击秦军，秦军伤亡惨重。这时，武安君说："秦王不听从我的建议，现在怎么样了！"秦王听了这番话，非常恼怒，强令武安君赴前线就任，武安君推说病情严重。应侯范雎再次去请他，武安君还是推辞不去赴任。于是秦王一怒之下免去武安君的官爵把他降为士兵，下令把他发配到阴密。武安君因为有病在身，迟迟没有出发。又过了三个月，诸侯联军对秦军的攻势更加猛烈，秦军连连败退，前线告急的使者天天都有。秦王就派人催促白起，使他不得留在咸阳城中。武安君没有办法，只好上路，走出咸阳西门十里路，到了杜邮。秦昭王与应侯以及群臣商量说："白起对于这次流放是耿耿于怀的，他很不服气，心存怨言。"于是秦王派使者赐给白起一把剑，让他自杀。武安君拿着剑将要自刎时，仰天长叹道："我到底有什么罪过竟落得如此结果？"过了好一会儿，又说："我本来就该死。长平之战，赵国有几十万士卒投降，我用计把他们统统活埋，就这一条，足够以死谢罪了。"说罢自刎而死，武安君死在秦昭王五十年十一月。武安君的死并不是因为他有罪，秦国人都很同情他，所以许多乡村城镇都祭祀他。

　　　　　　　　　　选自《史记》卷七十三　　白起王翦列传第十三

189. 看门老汉计谋高

　　魏有隐士曰侯嬴，年七十，家贫，为大梁夷门监者。公子闻之，往请，欲厚遗之。不肯受，曰："臣修身洁行数十年，终不以监门困故而受公子财。"公子于是乃置酒大会宾客。坐定，公子从车骑，虚左，自迎夷门侯生。侯生摄敝衣冠，直上载公子上坐，不让，欲以观公子。公子执辔愈恭。侯生又谓公子曰："臣有客在市屠中，愿枉车骑过之。"公子引车入市，侯生下见其客朱亥，俾倪，故久立与其客语，微察公子。公子颜色愈和。当是时，魏将相宗室宾客满堂，待公子举酒。市人皆观公子执辔，从骑皆窃骂侯生。侯生视公子色终不变，乃谢客就车。至家，公子引侯生坐上坐，遍赞宾客，宾客皆惊。酒酣，公子起，为寿侯生前。侯生因谓公子曰："今日嬴之为公子亦足矣。嬴乃夷门抱关者也，而公子亲枉车骑，自迎嬴于众人广坐之中，不宜有所过，今公子故过之。然嬴欲就公子之名，故久立公子车骑市中，过客以观公子，公子愈恭。市人皆以嬴为小人，而以公子为长者，能下士也。"于是罢酒，侯生遂为上客。

魏国有个隐士叫侯嬴，七十岁了，家境贫寒，是大梁城东门的看门人。魏公子听说他后，就前去拜访，并想赠送给他厚礼。但是侯嬴不肯接受，说："我几十年来修养品性，坚持操守，终究不能因为看门贫困的缘故而接受公子的财礼。"公子于是就置办酒席，宴饮宾客。等宾客们都坐定之后，公子就带着车马随从，空出车子左边的上座，亲自到东城门去接侯嬴。侯嬴整理了一下破旧的衣帽，径直上车坐在公子空出的上座上，一点也不谦让，想借此观察一下公子的态度。公子手握马缰绳，非常恭敬。侯嬴又对公子说："我有个朋友在街市的屠宰场里，希望劳驾一下您的车马带我去拜访一下他。"公子立即驾车来到街市，侯嬴下车去见他的朋友朱亥，他斜着眼睛，故意久久地站在那里和朱亥说话，其实是在暗暗观察公子的耐性。只见公子的神态比刚才更加和悦。当时，魏国的将相、宗室大臣以及高朋贵宾坐满堂上，正等着公子举杯开宴。街市上的人们都看到公子手握缰绳替侯嬴驾车。公子的随从都暗自责骂侯嬴。侯嬴见公子神色始终不变，这才辞别朱亥上了车。来到魏公子府上后，公子领着侯嬴坐到上座，称赞侯嬴并把他介绍给在场的所有宾客，满堂宾客都很吃惊。大家饮酒正酣，公子站起身，走到侯嬴面前向他敬酒。侯嬴趁机对公子说："今天我侯嬴也够难为公子了。我只是个城东门的守门人，可是公子屈尊驾着车马，亲自在大庭广众之中迎接我，我本来不应该在这个时候去拜访朋友，今天公子竟陪我去了。但我也是想成就公子的好名声，故意让公子带着车马长时间地停在街市中，借拜访朋友来观察公子，而公子没有恼怒，反而更加谦恭。街市上的人都认为我是小人，而觉得公子为人厚道，能礼贤下士。"于是酒宴过后，侯嬴就成了魏公子家的上宾。

选自《史记》卷七十七魏公子列传第十七

190. 盗符窃兵救赵国

行过夷门，见侯生，具告所以欲死秦军状。辞决而行，侯生曰："公子勉之矣，老臣不能从。"公子行数里，心不快，曰："吾所以待侯生者备矣，天下莫不闻，今吾且死，而侯生曾无一言半辞送我，我岂有所失哉？"复引车还，问侯生。侯生笑曰："臣固知公子之还也。"曰："公子喜士，名闻天下。今有难，无他端而欲赴秦军，譬若以肉投馁虎，何功之有哉？尚安事客？然公子遇臣厚，公子往而臣不送，以是知公子恨之复返也。"公子再拜，因问。侯生乃屏人间语，曰："嬴闻晋鄙之兵符常在王卧内，而如姬最幸，出入王卧内，力能窃之。嬴闻如姬父为人所杀，如姬资之三年，自王以下欲求报其父仇，莫能得。如姬为公子泣，公子使客斩其仇头，敬进如姬。如姬之欲为公子死，无所辞，顾未有路耳。公子诚一开口请如姬，如姬必许诺，则得虎符夺晋鄙军，北救赵而西却秦，此五霸之伐也。"公子从其计，请如姬。如姬果盗晋鄙兵符与公子。

公子带着车队行经东门，去见侯嬴，把如何准备去和秦军拼命的情况全都告诉了他。然后向侯先生诀别准备上路，侯嬴说："公子好自为之吧，老臣我不能随您一块去。"公子走了几里路，心里很不痛快，寻思道："我对待侯嬴够周到了，天下没有人不知道，如今我将要去赴死可侯嬴竟没有一言半语来送我，难道是我对待他有所疏漏？"于是又率领车马返回，想问问侯嬴。侯嬴笑着对他说："我就知道公子会回来的。"接着又说："公子喜欢招贤纳士，闻名天下。如今有了危难，没有别的办法而只好准备去和秦军拼命，这样做好比把肉扔给饥饿的老虎，能有什么作用呢？如果是这样，还养着我们这些宾客干什么呢？公子待我情深义重，公子要走而我不送行，我知道公子会因此生疑而返回的。"公子向侯嬴拜了两拜，进而询问对策。侯嬴于是支开众人，与公子秘密交谈，说："我听说晋鄙的兵符经常放在魏王的卧室内，魏王周围如姬最受宠幸，她可以自由出入魏王的卧室，有机会偷出兵符。我还听说如姬的父亲被人杀害，如姬积恨达三年之久，从魏王以下到处找人替她报杀父之仇，但没能如愿。为此，如姬曾向公子哭诉，公子派门客砍了她仇人的头，恭敬地献给如姬。如姬愿意以死为公子效命，绝不会有所推辞，只是没有机会罢了。公子只要开口请求如姬帮忙，如姬必定答应，这样就能拿到虎符而夺取晋鄙的兵权，率兵北救赵国，向西抵御秦国，这是春秋五霸的功业啊。"公子听从了侯嬴的建议，请求如姬帮忙。如姬果然偷出晋鄙的兵符交给了公子。

公子行，侯生曰："将在外，主令有所不受，以便国家。公子即合符，而晋鄙不授公子兵而复请之，事必危矣。臣客屠者朱亥可与俱，此人力士。晋鄙听，大善；不听，可使击之。"于是公子泣。侯生曰："公子畏死邪？何泣也？"公子曰："晋鄙嚄唶宿将，往恐不听，必当杀之，是以泣耳，岂畏死哉？"于是公子请朱亥。朱亥笑曰："臣乃市井鼓刀屠者，而公子亲数存之，所以不报谢者，以为小礼无所用。今公子有急，此乃臣效命之秋也。"遂与公子俱。公子过谢侯生。侯生曰："臣宜从，老不能。请数公子行日，以至晋鄙军之日，北向自刭，以送公子。"公子遂行。

公子拿到兵符准备出发，侯嬴说："将帅带兵在外，君主的命令有时可以不接受，以有利于国家。公子到达后，即使两符相合无误，可晋鄙若仍不把兵权交给公子而要再请示魏王，那事情就危险了。我的朋友屠夫朱

亥可以和您一同前往，他是个大力士。如果晋鄙听从，那当然最好；如果
他不听从，可以让朱亥击杀他。"公子听后不由得落下了眼泪。侯嬴问道：
"公子是怕死吗，为什么哭呢？"公子回答说："晋鄙是一员勇猛彪悍的
老将，我这次前往恐怕他不会听从命令，必定要杀死他，我是因此而哭泣
啊，哪里是怕死呢？"于是公子去邀请朱亥随行。朱亥笑着说："我只是
个集市上宰杀牲畜的屠夫，而公子竟多次亲自登门问候我，我之所以不回
拜答谢，是因为我觉得讲这些小礼节没有什么用处。如今公子有紧急需要，
这是我为公子效命的时候了。"于是朱亥就和公子一块去了。公子去向侯
嬴辞行。侯嬴说："我本来应该跟您一块去，无奈年迈不能随行。请允许
我计算您行程的日期，您到达晋鄙军队的那一天，我就向着北方刎颈而死，
以此来报答公子。"公子于是出发了。

　　至邺，矫魏王令代晋鄙。晋鄙合符，疑之，举手视公子曰："今吾拥
十万之众，屯于境上，国之重任，今单车来代之，何如哉？"欲无听。朱
亥袖四十斤铁椎，椎杀晋鄙，公子遂将晋鄙军。勒兵下令军中曰："父子
俱在军中，父归；兄弟俱在军中，兄归；独子无兄弟，归养。"得选兵
八万人，进兵击秦军。秦军解去，遂救邯郸，存赵。赵王及平原君自迎公
子于界，平原君负韊矢，为公子先引。赵王再拜曰："自古贤人未有及公
子者也。"当此之时，平原君不敢自比于人。公子与侯生决，至军，侯生
果北向自刭。

　　公子到达邺城后，拿出兵符假传魏王的命令要接管晋鄙的兵权。晋鄙
把两块兵符相合，验证无误，但还是心存疑问，就举起手盯着公子说："如
今我率领十万大军，驻扎在边境上，这是国家交给我的重任，现在你只身
一人来取代我，这究竟是怎么回事呢？"于是就不想听从命令。这时朱亥
取出藏在袖间四十斤重的铁椎，击杀了晋鄙，于是公子统率了晋鄙的军队。
他集合了军队，并下达命令说："父子都在军中的，父亲可以回去；兄弟
都在军中的，长兄可以回去；没有兄弟的独生子，可以回去奉养父母。"

这样整编后，得到精兵八万人，进军攻击秦军。秦军被迫撤走兵马，于是公子解救了邯郸，保住了赵国。赵王和平原君亲自到国境来迎接公子。平原君替公子背着箭袋走在前面引路。赵王两次拜谢说："自古以来的贤人没有一个能比得上公子的。"在这个时候，平原君也不敢再拿自己与魏公子相比了。那天公子与侯嬴诀别，到达晋鄙军中时，侯嬴估算着公子的行程，果然在那天向着北方刎颈而死。

选自《史记》卷七十七　魏公子列传第十七

191. 既使有功也别傲

魏王怒公子之盗其兵符，矫杀晋鄙，公子亦自知也。已却秦存赵，使将将其军归魏，而公子独与客留赵。赵孝成王德公子之矫夺晋鄙兵而存赵，乃与平原君计，以五城封公子。公子闻之，意骄矜而有自功之色。客有说公子曰："物有不可忘，或有不可不忘。夫人有德于公子，公子不可忘也；公子有德于人，愿公子忘之也。且矫魏王令，夺晋鄙兵以救赵，于赵则有功矣，于魏则未为忠臣也。公子乃自骄而功之，窃为公子不取也。"于是公子立自责，似若无所容者。赵王扫除自迎，执主人之礼，引公子就西阶。公子侧行辞让，从东阶上。自言罪过，以负于魏，无功于赵。赵王侍酒至暮，口不忍献五城，以公子退让也。公子竟留赵。赵王以鄗为公子汤沐邑，魏亦复以信陵奉公子。公子留赵。

魏王对公子盗出了他的兵符，假传命令杀死晋鄙的事情非常生气，公子也很清楚这一点。所以在打退秦军保住了赵国之后，就让手下的将领带着部队返回了魏国，而公子自己和他的门客们留在赵国。赵孝成王感激公子假传命令夺取晋鄙的军队从而保住了赵国，于是和平原君商量，打算把五座城邑封赏给公子。公子得知这个消息以后，产生了骄傲自大的情绪，露出了居功自满的神色。这时，门客中有人劝说公子道："有些事不能忘记，也有些事不能不忘记。别人对公子有恩德，公子不能忘记；公子对别人有恩德，希望公子忘了它。况且假传魏王命令，夺取晋鄙兵权以解救赵国，这对赵国来说当然是有功劳了，但对魏国来说就不算是忠臣了。公子却骄傲自满，以此居功，我私下认为公子这样是不可取的。"公子一听，立刻自责起来，羞愧得好像无地自容一样。赵王打扫了殿堂台阶，亲自迎接公子，并行主人的礼节，请公子从表示尊贵的西边的台阶上殿。公子一再推辞谦让，侧着身子从东边的台阶走了上去。公子说自己有罪，有负于魏国，而对赵国也没有什么功劳。赵王陪公子喝酒直到傍晚，始终不好意思开口谈封献五座城邑的事，因为公子总是在谦让自责。公子最终留在了赵国。赵王把鄗邑封赏给公子，而魏王也把信陵又奉还给公子。公子继续留在赵国。

选自《史记》卷七十七　魏公子列传第十七

192. 礼贤下士交平民

公子闻赵有处士毛公藏于博徒，薛公藏于卖浆家，公子欲见两人，两人自匿，不肯见公子。公子闻所在，乃间步往，从此两人游，甚欢。平原君闻之，谓其夫人曰："始吾闻夫人弟公子天下无双，今吾闻之，乃妄从博徒卖浆者游，公子妄人耳。"夫人以告公子。公子乃谢夫人去，曰："始吾闻平原君贤，故负魏王而救赵，以称平原君。平原君之游，徒豪举耳，不求士也。无忌自在大梁时，常闻此两人贤，至赵，恐不得见。以无忌从之游，尚恐其不我欲也，今平原君乃以为羞，其不足从游。"乃装为去。夫人具以语平原君。平原君乃免冠谢，固留公子。平原君门下闻之，半去平原君归公子，天下士复往归公子，公子倾平原君客。

魏公子听说赵国有位德才兼备而没有从政的毛公混迹于赌徒中，还有一位薛公藏身在酒店里，公子想见这两个人，可是这两个人却躲着不肯见公子。公子打听到了他们的藏身之地，就私下步行去和这两人交往，与他们相处得很愉快。平原君听说了这件事，就对他的夫人说："当初我听说夫人的弟弟魏公子是个举世无双的大贤人，可如今我却听说他竟然跟一些赌徒、卖酒的鬼混，看来公子只是个任性胡来的人罢了。"平原君的夫人把这些话告诉了公子。公子听后就向平原君夫人告辞要离开赵国，说："当初我听说平原君贤德，所以背弃魏王也要来救赵国，满足了平原君的要求。现在看来平原君与人交往，声势显赫的举动只是图虚名罢了，并非真正为了求取人才。我还在大梁的时候，就常常听说这两个人贤能，到了赵国，唯恐见不到他们。我去和他们交往，还担心他们不愿意结交我呢，现在平原君竟然以此为羞耻，平原君这个人不值得结交。"于是收拾行装准备离去。平原君的夫人把公子的话全都告诉了平原君，平原君听后非常惭愧，赶紧摘下帽子向公子赔礼道歉，坚决挽留公子。平原君门下的宾客们听说这件事，有一半的人离开了平原君去投奔公子，天下的士人也纷纷前往归附于公子。公子的门客人数大大地超过了平原君。

　　　　　　　　选自《史记》卷七十七　魏公子列传第十七

193. 毛薛劝说信陵君

　　公子留赵十年不归。秦闻公子在赵，日夜出兵东伐魏。魏王患之，使使往请公子。公子恐其怒之，乃诫门下："有敢为魏王使通者，死。"宾客皆背魏之赵，莫敢劝公子归。毛公、薛公两人往见公子曰："公子所以重于赵，名闻诸侯者，徒以有魏也。今秦攻魏，魏急而公子不恤，使秦破大梁而夷先王之宗庙，公子当何面目立天下乎？"语未及卒，公子立变色，告车趣驾归救魏。

公子在赵国一住就是十年，没有回魏国。秦国听说公子在赵国，就日夜不停地出兵向东进攻魏国。魏王为此深感忧虑，就派使臣去请公子回国。公子担心魏王对自己余怒未消，就告诫门下宾客说："谁要是再敢替魏王的使臣通报传达，一律处死。"公子原来的那些门客也都是背弃魏国来到赵国的，所以没有谁敢劝公子回去。这时，毛公和薛公两人前去拜见公子说："公子之所以在赵国受到尊重，名扬诸侯，就是因为有魏国的存在啊。如今秦国攻打魏国，魏国情况危急而公子漠不关心，如果秦国攻破大梁夷平魏国先王的宗庙，那时公子还有什么脸面立于天地之间呢？"话还没说完，公子立即脸色大变，嘱咐人赶紧整顿车马起程，回去营救魏国。

选自《史记》卷七十七　魏公子列传第十七

194. 公子仗义救魏国

　　魏王见公子，相与泣，而以上将军印授公子，公子遂将。魏安釐王三十年，公子使使遍告诸侯。诸侯闻公子将，各遣将兵救魏。公子率五国之兵破秦军于河外，走蒙骜，遂乘胜逐秦军至函谷关，抑秦兵，秦兵不敢出。当是时，公子威震天下，诸侯之客进兵法，公子皆名之，故世俗称《魏公子兵法》。

　　魏王见到魏公子，两人相对而泣，魏王把上将军大印授予公子，于是公子统率了魏国的军队。魏安釐王三十年，公子派使臣把秦国发动进攻的消息通报给了各国诸侯。各国诸侯得知公子统率了魏国的军队，都各自调兵遣将救援魏国。公子率领五个诸侯国的军队在黄河以南大破秦军，秦国大将军蒙骜败走。公子率军乘胜追击直到函谷关，把秦军压制在函谷关内，秦军一时不敢出关。当此之时，公子威震天下，各诸侯国派来的宾客都进献兵法，公子把它们全部收集整理在一起，并以自己的名字命名这些著作，这就是世人所称的《魏公子兵法》。

选自《史记》卷七十七 魏公子列传第十七

195. 秦国使用离间计

秦王患之，乃行金万斤于魏，求晋鄙客，令毁公子于魏王曰："公子亡在外十年矣，今为魏将，诸侯将皆属，诸侯徒闻魏公子，不闻魏王。公子亦欲因此时定南面而王，诸侯畏公子之威，方欲共立之。"秦数使反间，伪贺公子得立为魏王未也。魏王日闻其毁，不能不信，后果使人代公子将。公子自知再以毁废，乃谢病不朝，与宾客为长夜饮，饮醇酒，多近妇女。日夜为乐饮者四岁，竟病酒而卒。其岁，魏安釐王亦薨。

秦王把魏公子看作心腹大患，就拿出万斤黄金到魏国行贿，找到原来晋鄙身边的那些门客，让他们在魏王面前诋毁公子说："公子流亡在外十年了，如今担任魏国大将，诸侯各国的将领都听从他的调遣，诸侯们只知道魏国有个魏公子，不知道还有个魏王。公子也正想乘此时机自己南面称王。诸侯们敬畏公子的威望，正打算一起拥立他为王呢。"同时，秦国多次派人到魏国去搞反间计，他们先是假装不知情地到魏国来祝贺公子得以立为魏王，然后又故意说后来才知道魏公子还没有继位。魏王每天都听到这些毁谤公子的话，不能不信以为真，后来果然让人接管了公子的兵权。公子自己也知道这是又一次因毁谤而被废黜，于是推托有病不再上朝，他和宾客们通宵达旦地饮酒作乐，痛饮烈酒，沉湎女色。就这样日夜饮酒作乐四年，最终因饮酒过度患病而死。同年，魏安釐王也去世了。

秦闻公子死，使蒙骜攻魏，拔二十城，初置东郡。其后秦稍蚕食魏，十八岁而虏魏王，屠大梁。

秦王听说魏公子去世了，就派蒙骜攻打魏国，攻占了二十座城邑，开始设置东郡。从此以后，秦国逐渐蚕食魏国的领土，十八年后秦国俘虏了魏王假，屠戮了魏国国都大梁。

选自《史记》卷七十七　魏公子列传第十七

196. 纸上谈兵必误国

七年，秦与赵兵相距长平，时赵奢已死，而蔺相如病笃，赵使廉颇将攻秦，秦数败赵军，赵军固壁不战。秦数挑战，廉颇不肯。赵王信秦之间。秦之间言曰："秦之所恶，独畏马服君赵奢之子赵括为将耳。"赵王因以括为将，代廉颇。蔺相如曰："王以名使括，若胶柱而鼓瑟耳。括徒能读其父书传，不知合变也。"赵王不听，遂将之。

孝成王七年，秦军和赵军在长平对峙，那时赵奢已经去世，而蔺相如病重，赵王派廉颇率军抵抗秦国，秦军多次打败赵军，赵军固守营垒不出战。秦军屡次挑战，廉颇就是不出来应战。这时，赵王听信了秦国间谍散布的谣言。秦国间谍说："秦军所厌恶忌讳的，就是怕马服君赵奢的儿子赵括为统帅。"赵王听信了谣言，就任命赵括为将军，取代了廉颇。蔺相如说："大王凭借名声而任用赵括，就好比用胶粘住调弦的柱再去弹瑟一样。赵括只会读他父亲留下的书本，不懂得随机应变。"赵王不听，最终还是任用赵括为将取代了廉颇。

赵括自少时学兵法，言兵事，以天下莫能当。尝与其父奢言兵事，奢不能难，然不谓善。括母问奢其故，奢曰："兵，死地也，而括易言之。使赵不将括即已，若必将之，破赵军者必括也。"及括将行，其母上书言于王曰："括不可使将。"王曰："何以？"对曰："始妾事其父，时为将，身所奉饭饮而进之者以十数，所友者以百数，大王及宗室所赏赐者尽以予军吏士大夫，受命之日，不问家事。今括一旦为将，东向而朝，军吏无敢仰视之者，王所赐金帛，归藏于家，而日视便利田宅可买者买之。王以为何如其父？父子异心，愿王勿遣。"王曰："母置之，吾已决矣。"括母因曰："王终遣之，即有如不称，妾得无随坐乎？"王许诺。

赵括从小就学习兵法，谈论军事，认为天下没有一个人能抵得过他。他曾经与父亲赵奢讨论用兵之道，赵奢说不过他，却不认为赵括真有本领。赵括的母亲问赵奢这是什么缘故，赵奢说："用兵打仗是生死攸关的事，而赵括却把这说成是轻而易举的事。赵国不任用他为将也就罢了，如果一旦让他带兵，使赵军吃败仗的一定就是他。"等到赵括即将出发的时候，他的母亲上书给赵王说："不能任用赵括为将军。"赵王说："为什么？"赵括的母亲回答说："当初我侍奉他的父亲，那时他是将军，由他亲自端着饮食侍候吃喝的人数以十计，被他当作朋友对待的人数以百计，大王以及王室贵族们赏赐他的财物全都分给军吏和僚属，从接受命令的那天起，就不再过问家里的事情。如今赵括刚当上将军，就傲慢地向东而坐接受部下的朝见，手下的军吏们没有一个敢抬头看他的，大王赏赐的金帛，他都拿回家藏起来，每天就看哪里有合适的良田美宅，一旦发现就把它买下来。大王认为他哪里像他父亲？父子二人心志不同，希望大王不要委派他。"赵王说："老太太您就别为这事操心了，我已经决定了。"于是赵括的母亲只好说："既然大王非要派他去，如果他不称职打了败仗，我能不受株连吗？"赵王答应了。

赵括既代廉颇，悉更约束，易置军吏。秦将白起闻之，纵奇兵，详败走，而绝其粮道，分断其军为二，士卒离心。四十余日，军饿，赵括出锐卒自搏战，秦军射杀赵括。括军败，数十万之众遂降秦，秦悉坑之。赵前后所亡凡四十五万。明年，秦兵遂围邯郸，岁余，几不得脱。赖楚、魏诸侯来救，乃得解邯郸之围。赵王亦以括母先言，竟不诛也。

　　赵括取代廉颇后，把廉颇那些旧的规章制度全都更换了，撤换了大批军官。秦将白起听到了这些情况，便调遣了一支部队，让他们假装败逃，乘赵军追击之时，切断了赵军运粮的道路，把赵军分割成了两部分，赵军士卒人心涣散。被秦军围困四十多天后，赵军饥饿难当，赵括出动精兵亲自与秦军殊死一搏，秦军射死了赵括。随即，赵括的军队大败，几十万人投降了秦军，秦军把他们全部活埋了。赵国前后损失共四十五万人。第二年，秦军包围了邯郸，邯郸被围困了一年多，没能解围，依靠楚、魏两国前来援救，才得以解除邯郸的包围。赵王也因为赵括的母亲有言在先而没有杀她。

　　　　　　　　　　选自《史记》卷八十一　廉颇蔺相如列传第二十一

197. 赵王中计弃廉颇

　　廉颇居梁久之，魏不能信用。赵以数困于秦兵，赵王思复得廉颇，廉颇亦思复用于赵。赵王使使者视廉颇尚可用否。廉颇之仇郭开多与使者金，令毁之。赵使者既见廉颇，廉颇为之一饭斗米，肉十斤，被甲上马，以示尚可用。赵使还报王曰："廉将军虽老，尚善饭，然与臣坐，顷之三遗矢矣。"赵王以为老，遂不召。

　　廉颇在大梁住了很久，魏国没有相信并任用他。赵国由于屡受秦兵困扰，赵王就想重新起用廉颇，而廉颇也希望再为赵国所用。赵王派遣使者去探望廉颇，想要看他还堪不堪任用。廉颇的仇人郭开用重金贿赂使者，让他回来后诋毁廉颇。赵国使者见到廉颇之后，廉颇在他面前一顿饭就吃了一斗米，十斤肉，然后披上铠甲跨上战马，表示自己还有用武之地。赵国使者回去向赵王报告说："廉将军虽然年事已高，饭量还不错，可是陪我坐着时，一会儿就上了三次厕所。"赵王一听，觉得廉颇确实老了，于是没有召回他。

　　　　　　　　　　选自《史记》卷八十一　廉颇蔺相如列传第二十一

198. 秦王设计灭赵国

赵王迁七年，秦使王翦攻赵，赵使李牧、司马尚御之。秦多与赵王宠臣郭开金，为反间，言李牧、司马尚欲反。赵王乃使赵葱及齐将颜聚代李牧。李牧不受命，赵使人微捕得李牧，斩之。废司马尚。后三月，王翦因急击赵，大破杀赵葱，虏赵王迁及其将颜聚，遂灭赵。

赵王迁七年，秦国派王翦攻打赵国，赵国派李牧和司马尚抵御秦军。秦国以重金贿赂赵王的宠臣郭开，让他施行离间计，造谣说李牧、司马尚预谋造反。赵王听信了谣言，派赵葱和齐国将军颜聚取代李牧，李牧不接受命令。赵王派人暗中逮捕了李牧，杀了他，并罢免了司马尚。三个月后，王翦趁机向赵国发动了猛烈的进攻，大败赵军，杀死了赵葱，俘虏了赵王迁和他的将军颜聚，于是赵国灭亡了。

选自《史记》卷八十一　廉颇蔺相如列传第二十一

199. 李牧戍边战活术

李牧者，赵之北边良将也。常居代雁门，备匈奴。以便宜置吏，市租皆输入莫府，为士卒费。日击数牛飨士，习射骑，谨烽火，多间谍，厚遇战士。为约曰："匈奴即入盗，急入收保，有敢捕虏者斩。"匈奴每入，烽火谨，辄入收保，不敢战。如是数岁，亦不亡失。然匈奴以李牧为怯，虽赵边兵亦以为吾将怯。赵王让李牧，李牧如故。赵王怒，召之，使他人代将。

李牧是赵国防守北部边境的名将。长期驻守代县、雁门一带，防备匈奴入侵。他在军中常常根据实际情况来任命官吏，所驻守区域的租税都收入李牧的幕府，作为士兵们的经费。他每天宰杀几头牛来犒赏士兵，训练士兵骑马射箭，密切关注烽火的动向，派出很多侦察敌情的人员，给士兵们优厚的待遇。李牧订下规章说："如果有匈奴入侵，就赶快收拢人马退入营垒，有胆敢去抓捕敌人的斩首。"匈奴每次入侵，烽火台及时传来警报，军队立即退入营垒，不出去迎战。就这样过了好几年，李牧的军队没有受到任何损失。可是匈奴却认为李牧胆小，就连赵国守边的官兵也认为他们的主将胆小怕事。赵王责备李牧，李牧依然如故。赵王大怒，召回李牧，派别人取代他担任将领。

岁余，匈奴每来，出战。出战，数不利，失亡多，边不得田畜。复请李牧。牧杜门不出，固称疾。赵王乃复强起使将兵。牧曰："王必用臣，臣如前，乃敢奉令。"王许之。

此后一年多的时间里，匈奴每次来进犯，赵军就出兵迎战。在作战过程中，屡次失利，损失伤亡很大，而战事也导致边境上无法耕田放牧。赵王只好再请李牧出山。李牧闭门不出，推辞说自己有病在身。赵王就一再强使李牧出来领兵。李牧说："大王如果非要用我，就请允许我还是像以前那样做，这样我才敢接受任命。"赵王答应了他的要求。

李牧至，如故约。匈奴数岁无所得。终以为怯。边士日得赏赐而不用，皆愿一战。于是乃具选车得千三百乘，选骑得万三千匹，百金之士五万人，彀者十万人，悉勒习战。大纵畜牧，人民满野。匈奴小入，详北不胜，以数千人委之。单于闻之，大率众来入。李牧多为奇阵，张左右翼击之，大破杀匈奴十余万骑。灭襜褴，破东胡，降林胡，单于奔走。其后十余岁，匈奴不敢近赵边城。

李牧来到边境，恢复了以前的规章制度。匈奴好几年都一无所获，但他们始终认为李牧胆小。边境的官兵每天都能得到赏赐却无用武之地，都愿意出战。于是李牧就备好了精心挑选出来的战车一千三百辆，精选的战马一万三千匹，能破敌擒将的勇士五万人，善于弯弓射箭的士兵十万人，把他们全部组织起来训练作战。然后大肆放牧，牧民满山遍野到处都是。匈奴小股人马入侵，李牧假装失败，故意丢下几千人给匈奴。单于得知后，率领大队人马入侵。李牧布置了许多灵活多变的阵势迷惑他们，从左右两翼包抄匈奴，把他们打得大败，杀死十多万人马。接着消灭了襜褴，打败了东胡，降服了林胡，单于逃跑。此后十多年，匈奴不敢接近赵国的边境城镇。

选自《史记》卷八十一　廉颇蔺相如列传第二十一

200. 军民信赖田将军

田单者，齐诸田疏属也。湣王时，单为临淄市掾，不见知。及燕使乐毅伐破齐，齐湣王出奔，已而保莒城。燕师长驱平齐，而田单走安平，令其宗人尽断其车轴末而傅铁笼。已而燕军攻安平，城坏，齐人走，争涂，以辖折车败，为燕所虏，唯田单宗人以铁笼故得脱，东保即墨。燕既尽降齐城，唯独莒、即墨不下。

田单是齐国田氏王族的远房亲族。齐湣王时，田单在首都临淄担任佐理市政的小官，不被世人知晓。等到燕王派乐毅攻破了齐国，齐湣王逃离国都，不久又退守莒城。燕国的军队长驱直入扫荡齐国，而田单家族也离开都城逃到了安平，田单让他的族人把车轴两端过长的部位全部截断并安上铁箍。不久，燕军攻打安平，城池被攻破，齐国人争道逃亡，很多人都因为拥挤混乱而互相冲撞导致轴断车毁，被燕军俘虏，只有田单和同族人因为事先用铁箍包住了车轴而得以逃脱，向东退居即墨。这时，燕军已经攻下了齐国所有城池，只有莒和即墨两城还没有被攻下。

　　燕军闻齐王在莒，并兵攻之。淖齿既杀湣王于莒，因坚守，距燕军，数年不下。燕引兵东围即墨，即墨大夫出与战，败死。城中相与推田单，曰："安平之战，田单宗人以铁笼得全，习兵。"立以为将军，以即墨距燕。

　　燕军听说齐湣王在莒城，就集中兵力攻打莒城。这时，淖齿（楚国派将军淖齿救齐，他却乘机杀掉湣王，与燕人分占齐国领土和珍宝）杀死了齐湣王，坚守莒城，抗击燕军，燕军几年都没能攻下这座城。于是，燕军只好移兵向东围攻即墨。即墨的守城长官出城与燕军交战，兵败身死。即墨城中军民一致推举田单当首领，说："安平之战，田单和同族人因用铁箍包住车轴而得以安全逃脱，可见他很会用兵。"于是大家就拥立田单为将军，据守即墨，抗击燕军。

选自《史记》卷八十二　田单列传第二十二

201. 田单巧使离间计

　　顷之，燕昭王卒，惠王立，与乐毅有隙。田单闻之，乃纵反间于燕，宣言曰："齐王已死，城之不拔者二耳。乐毅畏诛而不敢归，以伐齐为名，实欲连兵南面而王齐。齐人未附，故且缓攻即墨以待其事。齐人所惧，唯恐他将之来，即墨残矣。"燕王以为然，使骑劫代乐毅。

　　不久，燕昭王去世，燕惠王即位，他与乐毅有隔阂。田单得知这一情况后，就派人去燕国施行离间计，他们散布谣言说："齐湣王已经死了，齐国的城池没有被攻下的只有两座了。乐毅害怕被杀而不敢回燕国，他用攻打齐国做幌子，留在齐国，实际上是想联合齐国的兵力在齐国南面称王。因为齐人不归附他，所以他暂且放缓进攻即墨的脚步以等待合适的时机。现在齐人最害怕的就是燕王派别的将领来，那样即墨就会完了。燕王觉得是这样，于是派骑劫取代了乐毅。

乐毅因归赵，燕人士卒忿。而田单乃令城中人食必祭其先祖于庭，飞鸟悉翔舞城中下食。燕人怪之。田单因宣言曰："神来下教我。"乃令城中人曰："当有神人为我师。"有一卒曰："臣可以为师乎？"因反走。田单乃起，引还，东向坐，师事之。卒曰："臣欺君，诚无能也。"田单曰："子勿言也！"因师之。每出约束，必称神师。乃宣言曰："吾唯惧燕军之劓所得齐卒，置之前行，与我战，即墨败矣。"燕人闻之，如其言。城中人见齐诸降者尽劓，皆怒，坚守，唯恐见得。单又纵反间曰："吾惧燕人掘吾城外冢墓，僇先人，可为寒心。"燕军尽掘垄墓，烧死人。即墨人从城上望见，皆涕泣，俱欲出战，怒自十倍。

乐毅被免职后逃到赵国，燕国军民都为乐毅被免而感到愤愤不平。接着，田单命令城中居民吃饭的时候必须在庭院中摆出饭菜来祭祀他们的祖先，飞鸟都被吸引而来，在城市上空盘旋，并飞下来啄食。燕军对此感到很奇怪，田单乘机放出话来说："很快将会有神仙下凡来指教我。"于是对城中军民说："会有神来做我的老师。"这时，有一名士兵开玩笑说："我可以当您的老师吗？"说完转身就跑。田单赶紧起身，把那个士兵拉回来，请他东向而坐，并拜他为师。那个士兵说："我是逗您玩的，我实在没有什么能耐。"田单说："您不用多说什么了。"于是拜他为师。此后田单每次发布命令，都会宣称是神师的旨意。接着田单又扬言说："我只害怕燕军割掉所俘虏的齐国士兵的鼻子，并把他们放在燕军的前列来示众，这样同齐军作战，即墨必然被攻取。"燕军听说后，按照田单所说的那样做了。即墨城里的军民看见齐国那些投降燕军的人都被割掉鼻子，十分愤怒，个个决心坚守城池，生怕当了燕军俘虏也被割掉鼻子。田单又施行反间计说："我害怕燕军挖掘我们城外的坟墓，侮辱我们的祖先，这样真让人感到痛心。"燕军信以为真，便挖了即墨城外的所有坟墓，焚烧死尸。即墨军民从城上望见，个个痛哭流涕，都想出战，心中燃起了十倍的怒火。

田单知士卒之可用，乃身操版插，与士卒分功，妻妾编于行伍之间，尽散饮食飨士。令甲卒皆伏，使老弱女子乘城，遣使约降于燕，燕军皆呼万岁。田单又收民金，得千溢，令即墨富豪遗燕将，曰："即墨即降，愿无虏掠吾族家妻妾，令安堵。"燕将大喜，许之。燕军由此益懈。

田单知道手下的士兵可以用于作战了，就亲自手持筑板和铁锹参与修筑防御工事，和士兵们同甘共苦，把自己的妻妾编入军中服役，把吃的喝的全部拿出来犒劳将士。命令精锐部队都埋伏起来，让老弱和妇女们登城，派遣使者向燕军请降，燕军都高呼万岁。田单又从百姓那里收集了黄金千镒，让即墨城中的富豪把它送给燕国将领，说："即墨投降以后，希望将军不要掳掠我同族的妻妾，让他们过安定的日子。"燕国将领非常高兴，答应了他。燕军由此而更加松懈。

选自《史记》卷八十二　田单列传第二十二

202. 田单创造火牛阵

田单乃收城中得千余牛，为绛缯衣，画以五彩龙文，束兵刃于其角，而灌脂束苇于尾，烧其端。凿城数十穴，夜纵牛，壮士五千人随其后。牛尾热，怒而奔燕军，燕军夜大惊。牛尾炬火光明炫燿，燕军视之皆龙文，所触尽死伤。五千人因衔枚击之，而城中鼓噪从之，老弱皆击铜器为声，声动天地。燕军大骇，败走。齐人遂夷杀其将骑劫。燕军扰乱奔走，齐人追亡逐北，所过城邑皆畔燕而归。田单兵日益多，乘胜，燕日败亡，卒至河上。而齐七十余城皆复为齐。乃迎襄王于莒，入临菑而听政。襄王封田单，号曰安平君。

田单于是在城中收集到一千多头牛，给它们穿上深红色的绸衣，上面画着五彩的龙纹，牛角上绑着锋利的尖刀，把淋了油脂的芦苇扎在牛尾上，然后点燃芦苇梢。田单命令士兵在城墙上挖了数十个洞，在夜里把牛放了出去，并派出五千壮士紧随其后。牛尾灼热，狂暴地冲向燕军，燕军睡梦中被惊醒，大为恐慌。牛尾上的火光明亮耀眼，燕军只看到狂奔的火牛身上满布的龙纹，被它冲撞得非死即伤。紧跟在火牛后面的五千壮士口中衔枚一声不发地攻击燕军，而城里的人乘机擂鼓呐喊，为他们助威，甚至连老弱妇孺都手持铜器敲出声响，声音震天动地。燕军惊慌失措，溃败而逃。齐人乘势诛杀了燕将骑劫。燕军一片混乱四下逃窜，齐军紧紧追击溃逃的敌人，所经过的城邑都纷纷背叛燕国而归顺田单。田单的士兵也日益增多，乘胜追击，燕军一天天败退逃亡，一直退到了黄河边上，原来齐国的七十多座城池又都被收复。接着田单就去莒城迎接齐襄王，于是襄王回到都城临淄主持国政。齐襄王也因此封赏田单，赐爵号为安平君。

选自《史记》卷八十二　田单列传第二十二

203. 刘邦礼拜大将军

信数与萧何语，何奇之。至南郑，诸将行道亡者数十人，信度何等已数言上，上不我用，即亡。何闻信亡，不及以闻，自追之。人有言上曰："丞相何亡。"上大怒，如失左右手。居一二日，何来谒上，上且怒且喜，骂何曰："若亡，何也？"何曰："臣不敢亡也，臣追亡者。"上曰："若所追者谁何？"曰："韩信也。"上复骂曰："诸将亡者以十数，公无所追；追信，诈也。"何曰："诸将易得耳。至如信者，国士无双。王必欲长王汉中，无所事信；必欲争天下，非信无所与计事者。顾王策安所决耳。"王曰："吾亦欲东耳，安能郁郁久居此乎？"何曰："王计必欲东，能用信，信即留；不能用，信终亡耳。"王曰："吾为公以为将。"何曰："虽为将，信必不留。"王曰："以为大将。"何曰："幸甚。"于是王欲召信拜之。何曰："王素慢无礼，今拜大将如呼小儿耳，此乃信所以去也。王必欲拜之，择良日，斋戒，设坛场，具礼，乃可耳。"王许之。诸将皆喜，人人各自以为得大将。至拜大将，乃韩信也，一军皆惊。

　　韩信多次跟萧何谈话，萧何认为他是位奇才。刘邦带领人马在向南郑进军时，有几十个将领都半路脱逃。韩信见萧何等人已多次向汉王推荐自己，而汉王总是不重用自己，也逃走了。萧何听说韩信逃跑了，来不及报告汉王，立刻亲自去追赶他。有人报告汉王说："丞相萧何逃跑了。"汉王一听勃然大怒，心疼得如同失去了左右手。过了一两天，萧何来拜见汉王，汉王见到他是又气又喜，骂萧何说："你为什么也逃跑了？"萧何说："我不敢逃跑，我是去追赶逃跑的人。"汉王说："你想追赶的人是谁呢？"回答说："是韩信。"汉王又骂道："各路将领逃跑了几十人，你都没去追；现在说是去追韩信，骗谁呢？"萧何说："那些将领容易得到，至于像韩信这样的杰出人物，普天之下再也找不出第二个了。大王果真要长期在汉中称王，自然用不着韩信；如果是想成就统一天下的大业，除了韩信就再没有人可与您共谋大事了。就看大王是如何决策了。"汉王说："我是要向东发展啊，怎么能够一辈子窝窝囊囊待在这里呢？"萧何说："大王既然决意向东发展，那么您要是能重用韩信，韩信自然就会留下来；您要是不能重用他，韩信终究要逃跑的。"汉王说："既然你这么说，我就让他做个将军。"萧何说："即使您让他做将军，韩信一定还是会走的。"汉王说："那我任命他做大将军。"萧何说："太好了。"于是汉王就想下令让人把韩信找来任命他为大将军。萧何说："大王向来对人轻慢，不讲礼节，如今任命大将军就像呼喊小孩儿一样，这就是韩信要离去的原因啊。大王真心要任命他，就要选择良辰吉日，沐浴斋戒，在广场上设置高坛，举行隆重的仪式，那才行呢。"汉王答应按照萧何的意思来办。众将看到这个情景，都很高兴，人人都想这回该任命自己为大将军了。等到正式任命大将军时，居然是韩信，全军都大吃一惊。

　　　　　　　　　　　选自《史记》卷九十二　淮阴侯列传第三十二

204. 韩信析说天下势

　　信拜礼毕，上坐。王曰："丞相数言将军，将军何以教寡人计策？"信谢。因问王曰："今东向争权天下，岂非项王邪？"汉王曰："然。"曰："大王自料勇悍仁强孰与项王？"汉王默然良久，曰："不如也。"信再拜贺曰："唯信亦为大王不如也。然臣尝事之，请言项王之为人也。项王暗噁叱咤，千人皆废，然不能任属贤将，此特匹夫之勇耳。项王见人恭敬慈爱，言语呕呕，人有疾病，涕泣分食饮，至使人有功当封爵者，印刓敝，忍不能予，此所谓妇人之仁也。项王虽霸天下而臣诸侯，不居关中而都彭城。有背义帝之约，而以亲爱王，诸侯不平。诸侯之见项王迁逐义帝置江南，亦皆归逐其主而自王善地。项王所过无不残灭者，天下多怨，百姓不亲附，特劫于威强耳。名虽为霸，实失天下心。故曰其强易弱。今大王诚能反其道，任天下武勇，何所不诛！以天下城邑封功臣，何所不服！以义兵从思东归之士，何所不散！且三秦王为秦将，将秦子弟数岁矣，所杀亡不可胜计，又欺其众降诸侯，至新安，项王诈坑秦降卒二十余万，唯独邯、欣、翳得脱，秦父兄怨此三人，痛入骨髓。今楚强以威王此三人，秦民莫爱也。大王之入武关，秋毫无所害，除秦苛法，与秦民约，法三章耳，秦民无不欲得大王王秦者。于诸侯之约，大王当王关中，关中民咸知之。大王失职入汉中，秦民无不恨者。今大王举而东，三秦可传檄而定也。"于是，汉王大喜，自以为得信晚。遂听信计，部署诸将所击。

　　任命韩信为大将军的仪式结束后，韩信被请入上座。汉王说："丞相多次称道将军，将军用什么计策指教我呢？"韩信谦让了一番，趁势问汉王说："大王您如今向东争夺天下的对手不是项王吗？"汉王说："是。"韩信问："大王自己估计在勇敢、强悍、仁厚、兵力方面与项王相比，您能比得过项王么？"汉王沉默了半天，说："我不如项王。"韩信起身向汉王拜了两拜，称赞说："我也认为大王比不上他呀。然而，我曾经侍奉过他，请让我说说项王的为人吧。项王大吼一声，成千上万的人被他吓得瘫在地上，可以说是够勇猛的，但是他不能放手任用有才干的将领，说明项王是匹夫之勇。项王待人恭敬有礼，仁爱慈祥，说起话来和和气气，遇到生病的人，项王心疼得流泪，还将自己吃的喝的分给他，可是等到人家立下战功，该加封晋爵时，他却把刻好的大印拿在手里，把玩得失去了棱角，也舍不得发出去，这就是人们所说的妇人之仁啊。项王现在虽然称霸天下，所有的诸侯都对他拱手称臣，可是他放弃了关中的有利地形，而建都彭城。他还违背了义帝宣告的谁先入关中谁就称王的约定，将自己的亲信分封为王，诸侯们都对此不平。诸侯们看到项王把义帝迁移到江南僻远的地方，也都回去驱逐自己的国君，占据好的地方自立为王。还有，项王军队所到之处，无不遭到杀戮抢劫，老百姓怨声载道，都不愿意归附他，只不过迫于他强大的军威，不敢反抗罢了。所以说项王现在虽说是名义上的霸主，实际上却大失民心。所以说他的优势很容易转化为劣势。如今大王果真能够与项王反其道而行，任用天下英勇善战的人才，有什么人不可以被诛灭的呢！把天下的城邑分封给有功之臣，有什么人不会对您心服口服呢！以正义之师，顺从将士东归的心愿，有什么样的敌人不能击溃呢！况且项羽分封的三个王：章邯、司马欣和董翳，原来都是秦朝的将领，他们率领关中的子弟打了好几年仗，战死和逃跑的士兵多得不计其数，后来他们又欺骗部下，投降项羽，不料到了新安，项王竟把这二十万降兵全部活埋了，唯独章邯、司马欣和董翳得以活命，现在秦地的父老乡亲对他们三个人是恨之入骨。而今项羽凭恃着威势，强行封立这三个人为王，秦地的百姓没有谁爱戴他们。而大王您进入武关以后，秋毫无犯，废除了秦朝的苛酷法令，与秦地百姓约法三章，秦地百姓没有谁不乐意大王在秦地称王。根据诸侯的成约，大王理当在关中做王，关中的百姓都知道这件事。后来您失去了应得的职位，被项王排挤到汉中，秦地百姓都怨恨项王的做法。如今大王发动军队向东挺进，只要一道军用文书三秦之地就可以平定了。"汉王听了大喜，深感自己得到韩信为时太晚。于是就听从韩信的谋划，部署各路将领攻击的目标。

选自《史记》卷九十二　淮阴侯列传第三十二

205. 刘邦依计向东进

八月，汉王举兵东出陈仓，定三秦。汉二年，出关，收魏、河南，韩、殷王皆降。合齐、赵共击楚。四月，至彭城，汉兵败散而还。信复收兵与汉王会荥阳，复击破楚京、索之间，以故楚兵卒不能西。

汉高祖元年八月，汉王出兵经过陈仓向东挺进，很快就平定了三秦。汉高祖二年，汉王率兵出函谷关，收服了魏王、河南王，韩王、殷王也相继投降。于是汉王又联合齐王、赵王共同攻击楚军。四月，汉王打到项王的都城彭城，汉军兵败，溃散而回。韩信又收集溃散的人马与汉王在荥阳会合，在京县、索亭之间打败楚军，从此楚军再也没能向西跨进。

选自《史记》卷九十二　淮阴侯列传第三十二

206. 左车苦心献良计

信与张耳以兵数万，欲东下井陉击赵。赵王、成安君陈馀闻汉且袭之也，聚兵井陉口，号称二十万。广武君李左车说成安君曰："闻汉将韩信涉西河，虏魏王，擒夏说，新喋血阏与，今乃辅以张耳，议欲下赵，此乘胜而去国远斗，其锋不可当。臣闻千里馈粮，士有饥色，樵苏后爨，师不宿饱。今井陉之道，车不得方轨，骑不得成列，行数百里，其势粮食必在其后。愿足下假臣奇兵三万人，从间道绝其辎重；足下深沟高垒，坚营勿与战。彼前不得斗，退不得还，吾奇兵绝其后，使野无所掠，不至十日，而两将之头可致于麾下。愿君留意臣之计。否，必为二子所擒矣。"成安君，儒者也，常称义兵不用诈谋奇计，曰："吾闻兵法十则围之，倍则战。今韩信兵号数万，其实不过数千。能千里而袭我，亦已罢极。今如此避而不击，后有大者，何以加之！则诸侯谓吾怯，而轻来伐我。"不听广武君策，广武君策不用。

　　韩信和张耳率领几万人马，想要东出井陉口，攻击赵国。赵王、成安君陈馀听说汉军将要来进攻，在井陉口聚集二十万兵力。这时赵国的谋士广武君李左车向成安君陈馀献计说："听说汉将韩信渡过西河，俘虏魏豹，又生擒了代相夏说，血洗阏与，如今在张耳的辅助下，准备攻打赵国。这是远离根据地乘胜奔袭敌人的作战，其锋芒锐不可当。我听说，千里运送粮饷，士兵们就会常处于饿饥状态；该烧火做饭了再去砍柴，士兵就常不能吃饱饭。眼下井陉这条道路，窄得两辆战车不能并行通过，骑兵不能排成行列，韩信的军队到这里要走数百里，他运粮食的队伍势必远远地落到后边。请您临时拨给我奇兵三万人，我抄小路去拦截他们的粮草，您就深挖战壕，高筑营垒，坚守军营，不要和他们交战。他们前进不能和我们战斗，向后也无法退却，我出奇兵截断他们的后路，他们军中无粮，在荒野中也找不到什么吃的，这样不出十天，韩信和张耳的人头就可送到将军帐下。希望您仔细考虑我的计策。否则，我们就会被他们俘虏。"成安君陈馀是个信奉儒家学说的书生，经常宣称仁义之师不用欺诈诡计，陈馀说："我听兵书上讲如果兵力十倍于敌人，就可以包围敌人；如果超过敌人一倍，就可以同对方交战。现在韩信的军队号称数万，实际上不过数千，他们跋涉千里来袭击我们，已经疲惫不堪。如今面对这样的军队，我们回避不出击，倘若以后有强大的敌军到来，我们又怎么对付呢？各国诸侯也会认为我怯懦胆小，就会轻易地来攻打我们。"陈馀不听李左车的计谋，李左车的计谋未被采用。

选自《史记》卷九十二　淮阴侯列传第三十二

　　感言：愚蠢的陈馀不听李左车计谋，被韩信击败。

207. 背水列阵获全胜

韩信使人监视，知其不用，还报，则大喜，乃敢引兵遂下。未至井陉口三十里，止舍。夜半传发，选轻骑二千人，人持一赤帜，从间道萆山而望赵军，诫曰："赵见我走，必空壁逐我，若疾入赵壁，拔赵帜，立汉赤帜。"令其裨将传飧，曰："今日破赵会食！"诸将皆莫信，详应曰："诺。"谓军吏曰："赵已先据便地为壁，且彼未见吾大将旗鼓，未肯击前行，恐吾至阻险而还。"信乃使万人先行，出，背水阵。赵军望见而大笑。平旦，信建大将之旗鼓，鼓行出井陉口，赵开壁击之，大战良久。于是信、张耳伴弃鼓旗，走水上军。水上军开入之，复疾战。赵果空壁争汉鼓旗，逐韩信、张耳。韩信、张耳已入水上军，军皆殊死战，不可败。信所出奇兵二千骑，共候赵空壁逐利，则驰入赵壁，皆拔赵旗，立汉赤帜二千。赵军已不胜，不能得信等，欲还归壁，壁皆汉赤帜，而大惊，以为汉皆已得赵王将矣，兵遂乱，遁走，赵将虽斩之，不能禁也。于是汉兵夹击，大破虏赵军，斩成安君泜水上，擒赵王歇。

韩信派出的探子暗中刺探，知道陈馀没有采纳广武君的计谋，回来报告给韩信，韩信一听大喜，才敢领兵进入井陉狭道。离井陉口还有三十里，韩信命令大部队就地休整。到了半夜时分，韩信传令出发，挑选了两千名轻装骑兵，每人拿一面红旗，抄小道上山，隐蔽在山上，监视赵国军队的举动，并告诫说："赵军见我军败逃，一定会倾巢出动追赶我军，你们火速冲进赵军营垒，拔掉赵军的旗帜，插上汉军的红旗。"又让副将传令让士兵吃一点早点，说："等今天打败了赵军正式会餐。"部下将领们都不相信，佯装答应说："好。"韩信对手下军官说："赵军已抢先占据了有利地形，建造了营垒，他们没有见到我们大部队的旗号之前，不会轻易攻击我军的先头部队，唯恐我们到了险要的地方退回去。"韩信就派出万人的先头部队，出了井陉口，背靠河水列阵。赵军远远望见，大笑不止。天刚蒙蒙亮，韩信竖起大将旗号架起战鼓，擂鼓而行开出井陉口，赵军冲出营垒攻击，双方交战了好长时间，韩信、张耳假装败退，抛旗弃鼓，逃回河边的阵地。河边阵地的部队打开营门放他们进去，继续和赵军激战。赵军果然倾巢出动，争夺汉军的旗鼓，追逐韩信、张耳。韩信、张耳已进入河边阵地，全军殊死奋战，赵军也无法取胜。韩信预先派出去的两千轻骑兵，早已在山上等候，看到赵军倾巢出动去追逐战利品的时候，就火速冲进赵军空虚的营垒，全部拔掉赵军旗帜，插上了汉军的两千面红旗。赵军久战不胜，又不能俘获韩信等人，想要退回营垒，一看营垒上插满了汉军的红旗，大吃一惊，以为汉军已经全部俘获了赵王及其将领，于是军队大乱，士兵纷纷四处逃散，赵将虽然杀人阻拦，也无济于事。于是汉兵内外夹击，大破赵军，俘虏了大批人马，陈馀被杀死在泜水边上，赵王歇被擒获。

选自《史记》卷九十二　淮阴侯列传第三十二

208. 韩信悉数解兵法

　　诸将效首虏，毕贺，因问信曰："兵法右倍山陵，前左水泽，今者将军令臣等反背水阵，曰破赵会食，臣等不服。然竟以胜，此何术也？"信曰："此在兵法，顾诸君不察耳。兵法不曰'陷之死地而后生，置之亡地而后存'？且信非得素拊循士大夫也，此所谓'驱市人而战之'，其势非置之死地，使人人自为战；今予之生地，皆走，宁尚可得而用之乎！"诸将皆服曰："善。非臣所及也。"

　　将领们献上首级和俘虏，向韩信祝贺完毕，趁机问韩信说："兵法上说：行军布阵，应该右边和背后靠山，前边和左边临水。这次将军反而令我们背水列阵，说打垮了赵军正式会餐，当时我们并不相信。可是最后按照你的阵法，我们还真的取得了胜利，这是什么战术啊？"韩信回答说：

"这个战术兵法也有记载，只是你们没留心罢了。兵法上不是说'陷之死地而后生，置之亡地而后存'吗？现在我率领的这些军队并不是我的老部下，对他们没有恩情，这就是人们所说的'赶着街市上的百姓去打仗'，这样就使将士们身处绝境，逼得士兵为保全自己而非战不可；如果给他们留有生路，他们早就跑光了，我能指望用他们取胜么！"将领们一听都佩服得不得了，说："好。将军的谋略不是我们所能赶得上的呀。"

选自《史记》卷九十二　淮阴侯列传第三十二

209. 韩信恭听左车计

信乃令军中毋杀广武君，有能生得者购千金。于是有缚广武君而致麾下者，信乃解其缚，东向坐，西向对，师事之。

韩信传令全军，不准杀害广武君李左车，有能活捉他的赏给千金。于是有人捉到了李左车，把他捆着送到韩信帐下，韩信亲自给他解开绳索，请他东向而坐，自己西向与之对坐，像对待老师那样对待他。

于是信问广武君曰："仆欲北攻燕，东伐齐，何若而有功？"广武君辞谢曰："臣闻败军之将，不可以言勇；亡国之大夫，不可以图存。今臣败亡之虏，何足以权大事乎！"信曰："仆闻之，百里奚居虞而虞亡，在秦而秦霸，非愚于虞而智于秦也，用与不用，听与不听也。诚令成安君听足下计，若信者亦已为禽矣。以不用足下，故信得侍耳，"因固问曰："仆委心归计，愿足下勿辞。"广武君曰："臣闻智者千虑，必有一失；愚者千虑，必有一得。故曰'狂夫之言，圣人择焉。'顾恐臣计未必足用，愿效愚忠。夫成安君有百战百胜之计，一旦而失之，军败鄗下，身死泜上。今将军涉西河，虏魏王，擒夏说阏与，一举而下井陉，不终朝破赵二十万众，诛成安君。名闻海内，威震天下，农夫莫不辍耕释耒，褕衣甘食，倾耳以待命者。若此，将军之所长也。然而众劳卒罢，其实难用。今将军欲举倦弊之兵，顿之燕坚城之下，欲战恐久力不能拔，情见势屈，旷日粮竭，而弱燕不服，齐必距境以自强也。燕齐相持而不下，则刘项之权未有所分也。若此者，将军所短也。臣愚，窃以为亦过矣。故善用兵者不以短击长，而以长击短。"韩信曰："然则何由？"广武君对曰："方今为将军计，莫如案甲休兵，镇赵抚其孤，百里之内，牛酒日至，以飨士大夫，北首燕路，而后遣辩士奉咫尺之书，暴其所长于燕，燕必不敢不听从。燕已从，使喧言者东告齐，齐必从风而服，虽有智者，亦不知为齐计矣。如是，则天下事皆可图也。兵固有先声而后实者，此之谓也。"韩信曰："善。"从其策，发使使燕，燕从风而靡。乃遣使报汉，因请立张耳为赵王，以镇抚其国。汉王许之，乃立张耳为赵王。

　　接着韩信问广武君李左车说："下一步我打算北上攻打燕国，向东讨伐齐国，我怎么办才能取得胜利呢？"广武君推辞说："我听说打了败仗的将领，没资格谈论用兵，亡了国的大夫没有资格给别人谋划国家的生存问题。而今我是兵败国亡的俘虏，有什么资格帮您谋划大事呢！"韩信说："当初百里奚在虞国为臣，虞国灭亡后，百里奚到秦国为臣，秦国称霸了，这并不是因为百里奚在虞国愚蠢，到了秦国就变得聪明了，关键在于国君任用不任用他，采纳不采纳他的意见。倘若成安君采纳了您的谋略，我韩信也早被您生擒了。就是因为陈馀没有采纳您的计谋，所以我今天才有幸把您请到这里，聆听您的教导啊。"于是韩信坚持问道："我是诚心诚意地听从您的教导，还望您不要推辞。"广武君说："再聪明的人考虑问题，也有失误的时候；再不聪明的人考虑问题，也有对的时候。所以俗话说'即便是狂人们的胡言乱语，圣人们选择而用'。我唯恐我的计谋对您未必有用，但我还是愿说出我的愚见以效忠诚。成安君本有百战百胜的计谋，就因为一步走错，就兵败而在泜水亡身。而今将军横渡西河，俘虏魏豹，生擒夏说于阏与，接着东下井陉，不到一早晨就击败了赵国的二十万大军，诛杀了陈馀。一时间将军名扬四海，威震天下，老百姓无不放下农具，停止耕作，穿好的，吃好的，活一天算一天，他们竖着耳朵听您的动静，心想说不定哪一天就会死去。您把人们吓成这样，这是您的优势所在。然而，眼下您的军队已经疲惫不堪，短时间内不应该再作战。如果将军坚持率领疲惫之师攻打燕国，燕国坚固的城池久攻不下，到那时，我们的弱点就会暴露出来，旷日持久，军马粮草供应不上，弱小的燕国不肯降服，齐国一定会据守边境，以图自强。一旦燕、齐两国坚持不肯降服，那么，中原战场上刘邦和项羽的胜负就更难见分晓了。像这样的话，那就是将军的劣势。我见识浅薄，但我私下认为您的想法是错误的。一个善于带兵打仗的人，不拿自己的短处攻击敌人的长处，而是拿自己的长处去攻击敌人的短处。"韩信说："那么眼下我应该怎么办呢？"广武君回答说："现在为您考虑的话，将军不如按兵不动，安定赵国的社会秩序，抚恤阵亡将士的遗孤。这样，方圆百里之内，人们一定会送来酒肉犒劳将士，您再作出向北进攻的姿态；而后派出说客拿着您的书信，去游说燕国并告知他们您在战略上的优势，燕国必不敢不听从。等到燕国归顺之后，再派说客到东边去劝降齐国，齐国一定会闻风而降服，即使有聪明睿智的人，也不能为齐国想出什么拒绝我们的办法了。这样一来，汉王平定天下的大局就都可以谋划了。用兵本来就有先虚张声势，而后采取实际行动的，我说的就是这种情况。"韩信说："很好。"韩信采纳了他的计策，派使者前往燕国游说，燕国很快就投降了。接着韩信派人向汉王汇报胜利消息，并请求立张耳为赵王，用以镇抚赵国。汉王答应了他的请求，于是封张耳为赵王。

选自《史记》卷九十二　淮阴侯列传第三十二

210.韩信佯败破齐军

齐王广、龙且并军与信战，未合，人或说龙且曰："汉兵远斗穷战，其锋不可当。齐、楚自居其地战，兵易败散。不如深壁，令齐王使其信臣招所亡城，亡城闻其王在，楚来救，必反汉。汉兵二千里客居，齐城皆反之，其势无所得食，可无战而降也。"龙且曰："吾平生知韩信为人，易与耳。且夫救齐不战而降之，吾何功？今战而胜之，齐人半可得，何为止！"遂战，与信夹潍水阵。韩信乃夜令人为万余囊，满盛沙，壅水上流，引军半渡，击龙且，佯不胜，还走。龙且果喜曰："固知信怯也。"遂追信渡水。信使人决壅囊，水大至。龙且军大半不得渡，即急击，杀龙且。龙且水东军散走，齐王广亡去。信遂追北至城阳，皆虏楚卒。

　　齐王田广和司马龙且两支部队会师，准备与韩信开战，还没交锋，有人规劝龙且说："汉军远离国土来和我们作战，他们一定会拼死作战，其锋芒锐不可当。齐、楚两军在本乡本土作战，士兵恋家容易开小差。不如深沟高垒，坚守不出。让齐王派出亲信大臣去向已经沦陷的城邑发出号召，这些城邑的官吏和百姓知道他们的国王还在，楚军又来援救，一定会反击汉军。汉军远离本土两千多里，齐国各地百姓都纷纷起来反叛他们，那汉军的粮草势必供应不上，这就可以迫使他们不战而降。"龙且说："我一向了解韩信的为人，他很容易对付。而且我是奉命来援救齐国，来到这里一战都没有打就使韩信投降了，我还有什么功劳？如今战胜他，齐国一半土地可以分封给我，为什么不打？"于是决定开战，与韩信隔着潍水摆开阵势。韩信下令连夜赶做一万多条口袋，装满沙土，堵住潍水上游，然后带领一半军队渡过河去，攻击龙且，假装战败，汉军纷纷后退。龙且一见高兴地说："我早就知道韩信是软骨头。"于是挥师过潍水追赶韩信。韩信派人挖开堵塞潍水的沙袋，河水汹涌而下。这时龙且的部队大部分已经渡过潍水，回不去了，韩信立即回师猛烈反击，杀死了龙且。龙且在潍水东岸尚未渡河的部队，见势四散逃跑，齐王田广也逃跑了。韩信追赶败兵直到城阳，俘虏了剩下的楚军士兵。

选自《史记》卷九十二　淮阴侯列传第三十二

211. 李广下马诈匈奴

匈奴大入上郡，天子使中贵人从广勒习兵击匈奴。中贵人将骑数十纵。见匈奴三人，与战。三人还射，伤中贵人，杀其骑且尽。中贵人走广。广曰："是必射雕者也。"广乃遂从百骑往驰三人。三人亡马步行，行数十里。广令其骑张左右翼，而广身自射彼三人者，杀其二人，生得一人，果匈奴射雕者也。已缚之上马，望匈奴有数千骑。见广，以为诱骑，皆惊，上山陈。广之百骑皆大恐，欲驰还走。广曰："吾去大军数十里，今如此以百骑走，匈奴追射我立尽。今我留，匈奴必以我为大军之诱，必不敢击我。"广令诸骑曰："前！"前未到匈奴陈二里所，止，令曰："皆下马解鞍！"其骑曰："虏多且近，即有急，奈何？"广曰："彼虏以我为走，今皆解鞍以示不走，用坚其意。"于是胡骑遂不敢击。有白马将出护其兵，李广上马与十余骑奔射杀胡白马将，而复还至其骑中，解鞍，令士皆纵马卧。是时会暮，胡兵终怪之，不敢击。夜半时，胡兵亦以为汉有伏军于旁欲夜取之，胡皆引兵而去。平旦，李广乃归其大军。大军不知广所之，故弗从。

李广在上郡任太守时，适逢匈奴大举入侵上郡。皇帝派了一名受宠的宦官来上郡跟随李广学习领兵抗击匈奴。有一次，这位宦官带领几十名骑兵，纵马驰骋，遇到三个匈奴人，就与他们交战，三个匈奴人回身放箭，射伤了宦官，几乎杀光了他的那些骑兵。宦官逃回到李广那里，李广说："这一定是匈奴的射雕能手。"李广于是带上数百名骑兵前去追赶那三个匈奴人。那三个人没有马，徒步前行。走了几十里，李广命令他的骑兵左右散开，两路包抄。他亲自去射杀那三个人，射死了两个，活捉了一个，审问得知，果然是匈奴的射雕能手。他们刚把俘虏捆绑上马，突然望见远处有几千名匈奴骑兵。他们看到李广，以为是诱敌之骑兵，都很吃惊，赶紧跑上山去摆好阵势。李广的数百名骑兵也都大为惊恐，想回马飞奔逃跑。李广说："我们离军营几十里，现在只要一跑，匈奴人就要追击过来，一阵乱射，我们必定死无葬身之地。现在我们原地不动，匈奴人一定以为我们是诱敌之军，必定不敢轻举妄动。"李广向骑兵下令："前进！"骑兵向匈奴人靠近，到了大约二里的地方，停下来。李广又下令说："全体下马，解下马鞍！"骑兵们说："敌人那么多，离我们又这么近，万一有紧急情况如何是好？"李广说："那些匈奴人原以为我们会逃跑，现在我们偏要来个解下马鞍，表示不逃走，这样就能使他们更加坚定我们是诱敌之兵。"如此一来，匈奴骑兵果然不敢轻举妄动。后来，匈奴军队里有一名骑白马的将领出阵来监护士兵，李广立即上马和十几名骑兵飞驰过去，射死了那个骑白马的匈奴将领，又回到自己的骑兵队伍里，解下马鞍，让士兵们都放开马，随便躺卧。直到天色渐晚，匈奴人始终觉得蹊跷，不敢轻易出击。到了半夜，匈奴骑兵又怀疑汉朝有大批伏军，想趁夜色偷袭他们，于是赶紧撤离了。第二天早晨，李广才回到他的大军营中。大军因为不知道李广的去向，所以在原地待命。

选自《史记》卷一百零九　李将军列传第四十九

212. 李广怒斩霸亭尉

广家与故颍阴侯孙屏野居蓝田南山中射猎。尝夜从一骑出，从人田间饮。还至霸陵亭，霸陵尉醉，呵止广。广骑曰："故李将军。"尉曰："今将军尚不得夜行，何乃故也！"止广宿亭下。居无何，匈奴入杀辽西太守，败韩将军。后韩将军徙右北平，死，于是天子乃召拜广为右北平太守。广即请霸陵尉与俱，至军而斩之。

李广和颍阴侯灌婴的孙子灌强一起隐居在蓝田，并一起到南山打猎。有一天夜里，李广带着一名随从外出，和别人一起在田间饮酒。回来时经过霸陵亭，霸陵尉喝醉了，大声呵斥，禁止李广通行。李广的随从说："这是前任李将军。"亭尉说:"现任将军尚且不许夜行,何况你是前任将军呢!"便扣留了李广,让他停宿在霸陵亭下。没过多久,匈奴入侵,杀死辽西太守,打败了韩安国将军的守军,韩将军迁调右北平。于是汉武帝召见李广,任他为右北平太守。李广接到任命后,向朝廷请求调任霸陵尉到他的部下听用,霸陵尉一到军中李广就把他杀了。

选自《史记》卷一百零九　李将军列传第四十九

213. 李广射虎显真功

广出猎,见草中石,以为虎而射之,中石没镞,视之石也。因复更射之,终不能复入石矣。广所居郡闻有虎,尝自射之。及居右北平射虎,虎腾伤广,广亦竟射杀之。

李广外出打猎,误将草丛中的石头认为是老虎,他拔箭就射,整个箭头都射到石头里去了,过去一看,才发现原来是石头。李广觉得奇怪,接着重新再射,却再也不能射进石头了。李广驻守过各郡,听说有老虎总是亲自去射杀。在右北平任上,一次射虎,老虎跳起来咬伤了李广,但最后李广还是射死了老虎。

选自《史记》卷一百零九　李将军列传第四十九

214. 李广武高又爱兵

广廉,得赏赐辄分其麾下,饮食与士共之。终广之身,为二千石四十余年,家无余财,终不言家产事。广为人长,猨臂,其善射亦天性也,虽其子孙他人学者，莫能及广。广讷口少言，与人居则画地为军陈，射阔狭以饮。专以射为戏，竟死。广之将兵，乏绝之处，见水，士卒不尽饮，广不近水；士卒不尽食，广不尝食。宽缓不苛，士以此爱乐为用。

李广为官清廉，得到赏赐就分给部下，饮食上和士兵同甘共苦。李广一生，做二千石俸禄的官四十多年，家中没有多余的财物，而他自己至死不谈家产方面的事。李广身材高大，胳膊也长，他善于射箭的绝技也是天赋，即便是他的子孙或外人跟他学习射箭，也没人能赶上他。李广不善言辞，说话不多，与别人在一起总喜欢在地上画阵法，或者比射箭，按照射箭定输赢罚酒。射箭成了李广一生的消遣，一直到死都是如此。李广带兵，每每缺粮断水，见到水，只要士兵还没有喝够，李广就绝不喝水；士兵还没有吃上饭，李广也是一口饭也不吃。李广对士兵宽厚和气，绝不苛责，士兵都爱戴他，乐于为他效力。

选自《史记》卷一百零九　李将军列传第四十九

感言： 李广爱兵如子闻名天下，所以作战时士兵们都勇往直前。这也是带兵人应有的智慧和品质吧。

215. 李广胆略服将兵

后二岁，广以郎中令将四千骑出右北平，博望侯张骞将万骑与广俱，异道。行可数百里，匈奴左贤王将四万骑围广，广军士皆恐，广乃使其子敢往驰之。敢独与数十骑驰，直贯胡骑，出其左右而还，告广曰："胡虏易与耳。"军士乃安。广为圜阵外向，胡急击之，矢下如雨。汉兵死者过半，汉矢且尽。广乃令士持满毋发，而广身自以大黄射其裨将，杀数人，胡虏益解。会日暮，吏士皆无人色，而广意气自如，益治军。军中自是服其勇也。明日，复力战，而博望侯军亦至，匈奴军乃解去。汉军罢，弗能追。

又过了两年，李广再一次以郎中令的身份率领四千骑兵从右北平出发讨伐匈奴，博望侯张骞率领一万骑兵与李广一同出征，分行两条路。行军几百里，匈奴左贤王率领四万骑兵包围了李广，李广的士兵都很害怕，李广派他的儿子李敢骑马往匈奴军中冲去。李敢带领着几十名骑兵飞奔，直穿匈奴骑兵阵，又从敌军左右两翼突围，回来向李广报告说："这些匈奴人很容易对付啊！"李广的部队军心大稳。李广命令自己的士兵围成圆形兵阵，面向外。匈奴人发起猛攻，箭如雨下。四千士兵死了一半多，而箭也快用光了。李广命令士兵搭箭拉弓，但并不放箭，李广亲自用大黄弩弓射杀匈奴的副将，一连杀死了好几名副将，匈奴军才渐渐撤退。这时天色已晚，李广部下个个吓得面无血色，唯独李广神态自若，再次整顿军队，准备继续战斗。军中从此都很佩服他的勇敢胆略。第二天，他们又奋力抵抗，刚好博望侯张骞的军队也赶到了，匈奴见援兵已到，无奈撤军。

选自《史记》卷一百零九　李将军列传第四十九

216. 李广难封有原因

初，广之从弟李蔡与广俱事孝文帝。景帝时，蔡积功劳至二千石。孝武帝时，至代相。以元朔五年为轻车将军，从大将军击右贤王。有功中率，封为乐安侯。元狩二年中，代公孙弘为丞相。蔡为人在下中，名声出广下甚远，然广不得爵邑，官不过九卿，而蔡为列侯，位至三公。诸广之军吏及士卒或取封侯。广尝与望气王朔燕语，曰："自汉击匈奴而广未尝不在其中，而诸部校尉以下，才能不及中人，然以击胡军功取侯者数十人，而广不为后人，然无尺寸之功以得封邑者，何也？岂吾相不当侯邪？且固命也？"朔曰："将军自念，岂尝有所恨乎？"广曰："吾尝为陇西守。羌尝反，吾诱而降。降者八百余人，吾诈而同日杀之。至今大恨独此耳。"朔曰："祸莫大于杀已降，此乃将军所以不得侯者也。"

　　当初，李广就和他的堂弟李蔡一起侍奉文帝。到景帝时，李蔡累积功劳已得到年俸二千石的官位。武帝时，李蔡做到代国的国相。元朔五年被任为轻车将军，跟随大将军卫青攻打匈奴右贤王。因为杀敌够数，被封为乐安侯。元狩二年间，竟接替公孙弘任丞相。李蔡的才干只能算是下中等，名气也远不如李广，然而李广却得不到封爵和封地，官位没超过九卿，可是李蔡却被封为列侯，官位达到三公。甚至李广属下的军官和士兵们，也有人得到了侯爵之封。李广曾和星象家王朔私下闲谈说："自从汉朝攻打匈奴以来，我没有一次不参战。我手下一些将领，才能还不及中等之人，由于攻打匈奴有军功被封侯的有几十人。我李广哪一条也不比他们差，但是没有一点功劳用来得到封赏，这是什么原因呢？是我的骨相不该封侯？还是命中注定呢？"王朔说："将军好生回想一下，是否曾经做过悔恨之事？"李广说："我在陇西太守任上，曾经遇上羌人谋反，我引诱他们投降，有八百多人投降了，但我欺骗了他们，投降当日就把他们都杀了。直到今天，我最后悔的就是这件事。"王朔说："祸患没有比杀死已投降的俘虏更大的了，这也就是将军得不到封侯的原因。"

选自《史记》卷一百零九　李将军列传第四十九

　　感言：相面人王朔把"李广难封"的原因归结为杀死俘虏，这显然是封建迷信，可笑！

217. 敢于担当护部属

　　大将军、骠骑将军大出击匈奴，广数自请行。天子以为老，弗许；良久乃许之，以为前将军。是岁，元狩四年也。

大将军卫青、骠骑将军霍去病率军大举出征匈奴，李广多次请求参战。皇帝认为他年事已高，没有答应；但李广总是一再请战，皇帝终于应允，任命他为前将军。这一年是元狩四年。

广既从大将军青击匈奴，既出塞，青捕房知单于所居，乃自以精兵走之，而令广并于右将军军，出东道。东道少回远，而大军行水草少，其势不屯行。广自请曰："臣部为前将军，今大将军乃徙令臣出东道，且臣结发而与匈奴战，今乃一得当单于，臣愿居前，先死单于。"大将军青亦阴受上诫，以为李广老，数奇，毋令当单于，恐不得所欲。而是时公孙敖新失侯，为中将军从大将军，大将军亦欲使敖与俱当单于，故徙前将军广。广时知之，固自辞于大将军。大将军不听，令长史封书与广之莫府，曰："急诣部，如书。"广不谢大将军而起行，意甚愠怒而就部，引兵与右将军食其合军出东道。军亡导，或失道，后大将军。大将军与单于接战，单于遁走，弗能得而还。南绝幕，遇前将军、右将军。广已见大将军，还入军。大将军使长史持糒醪遗广，因问广、食其失道状，青欲上书报天子军曲折。广未对，大将军使长史急责广之幕府对簿。广曰："诸校尉无罪，乃我自失道，吾今自上簿。"

不久，李广随大将军卫青出征匈奴，出边塞以后，他们从俘虏口中得知单于住的地方。卫青自己带领精锐部队去捉拿单于，而命令李广部下与右将军的队伍合并，从东路出击。东路有些迂回绕远，而且缺水少草，不利于部队行进。李广亲自向卫青请求说："我是前将军，如今大将军让我改从东路出兵，况且我从刚成年时就与匈奴打仗，直到今天好不容易有机会碰上单于，我愿做前锋，先和单于决一死战。"大将军卫青曾暗中受到皇上的告诫，认为李广年老，命数不佳，不能让他与单于对阵，否则恐怕不能实现俘获单于的目的。那时卫青的好友公孙敖刚刚丢掉了侯爵，任中将军，随从大将军卫青出征，大将军也想让公孙敖跟自己一起与单于对阵，所以打定主意把前将军李广调开。李广当时也知道内情，所以一再请求大将军收回调令。大将军不答应他的请求，干脆命令长史写文书发到李广的幕府，并催促李广说："赶快到右将军部队中去，照文书上写的办。"李广心里恼怒，没有向卫青辞别就领兵与右将军赵食其合兵，从东路出发。右路军没有向导，有时迷失道路，结果落在大将军之后。大将军与单于交战，单于见形势不利逃跑了，卫青没有捉到单于只好收兵。大将军率部向南走过沙漠，才遇到了前将军和右将军。李广谒见大将军之后，回到自己军中。大将军派长史带着干粮和酒送给李广，向李广和赵食其询问迷路的情况，并向皇帝上书陈述此次活捉单于失利的军情。李广置之不理。大将军派长史责令李广部下前去受审对质。李广说："我的部下没有罪，是我自己迷失道路，我现在亲自到大将军幕府去受审对质。"

至莫府，广谓其麾下曰："广结发与匈奴大小七十余战，今幸从大将军出接单于兵，而大将军又徙广部行回远，而又迷失道，岂非天哉！且广年六十余矣，终不能复对刀笔之吏。"遂引刀自刭。广军士大夫一军皆哭。百姓闻之，知与不知，无老壮皆为垂涕。而右将军独下吏，当死，赎为庶人。

到了大将军幕府，李广对他的部下说："我从刚成年起与匈奴交战，已经打过大小七十多次仗，如今有幸跟随大将军出征，好不容易碰上单于军队，可是大将军偏偏调我的部队去走一条迂回绕远的路，而我军不幸迷路，这难道不是天意嘛！我已六十多岁了，无论如何我也不能再与那些刀笔吏们对质了。"说完拔刀自刎了。李广军中的所有将士都为之痛哭。百姓听到这个消息，不论认识的不认识的，男女老少都为李广落泪。右将军赵食其接受审判，应判为死罪，他出钱赎罪，降为平民。

选自《史记》卷一百零九　李将军列传第四十九

感言：李广杀敌心切，又因迷路贻误战机。但他敢于担当，把责任归于自己，保护部属，自刎受罚的精神感动了全军将士。

218. 张骞爱国不叛汉

　　张骞，汉中人。建元中为郎。是时天子问匈奴降者，皆言匈奴破月氏王，以其头为饮器，月氏遁逃而常怨仇匈奴，无与共击之。汉方欲事灭胡，闻此言，因欲通使。道必更匈奴中，乃募能使者。骞以郎应募，使月氏，与堂邑氏胡奴甘父俱出陇西。经匈奴，匈奴得之，传诣单于。单于留之，曰："月氏在吾北，汉何以得往使？吾欲使越，汉肯听我乎？"留骞十余岁，与妻，有子，然骞持汉节不失。

　　张骞是汉中人，在汉武帝建元年间当过郎官。有一次，汉武帝问投降的匈奴人，那些人说匈奴曾经攻打并战胜了一个月氏国，把月氏王的头骨制成饮酒用的器皿，月氏国的人们只能逃亡他乡，对匈奴人非常怨恨，只是势单力薄，又没有盟国一起攻打匈奴。当时汉武帝正想对匈奴人用兵，听了这话之后，就想派使者去联络月氏。但是从汉朝去月氏必须途经匈奴境内，于是汉武帝就公开招募能够出使月氏的人。张骞以郎官身份应招，出使月氏，他和堂邑氏家一个名叫甘父的匈奴奴隶一起从陇西出发了。经过匈奴境内时，被匈奴人抓到，押送给了单于。单于把张骞扣了下来，说："月氏国在我们匈奴人的北边，汉朝怎能派使者前去呢？我们要想派使者去南越，汉朝能允许我们去吗？"单于把张骞扣留了十多年，给他娶了妻子，张骞也生了孩子，但是张骞一直保持着汉朝使者的符节，没有丢失。

　　　　　　　　　　　选自《史记》卷一百二十三　　大宛列传第六十三

219. 张骞辗转回汉朝

　　居匈奴中，益宽，骞因与其属亡乡月氏，西走数十日至大宛。大宛闻汉之饶财，欲通不得，见骞，喜，问曰："若欲何之？"骞曰："为汉使月氏，而为匈奴所闭道。今亡，唯王使人导送我。诚得至，返汉，汉之赂遗王财物不可胜言。"大宛以为然，遣骞，为发导绎，抵康居，康居传致大月氏。大月氏王已为胡所杀，立其太子为王。既臣大夏而居，地肥饶，少寇，志安乐，又自以远汉，殊不报胡之心。骞从月氏至大夏，竟不能得月氏要领。

张骞留居匈奴的时间长了，匈奴人对他的看管渐渐放松了，张骞趁机带着他的随从逃往月氏，向西跑了几十天，到达大宛。大宛王早就听说汉朝物产丰富，一直想与汉朝结交，但是没有途径。如今见到张骞，心中高兴，便向张骞问道："你想到哪儿去？"张骞说："我为汉朝出使月氏，却被匈奴人扣押了十多年。如今逃了出来，希望大王派人为我引路，护送我们去月氏。如果我到了月氏，得以返回汉朝，汉朝一定会送给大王数不清的东西。"大宛王认为张骞的话有理，就让张骞出发，并给他派了向导和翻译，一直护送他到达康居。康居人又护送张骞到达大月氏。当时，月氏国王被匈奴杀死后，就立了太子为国王。后来新国王率兵征服了大夏，并在大夏定居了。大夏土地肥美，物产丰富，很少有敌人侵犯，因此人们过得舒适安逸。再加上他们觉得汉朝远在千里之外，所以根本没有向匈奴报仇的心意。张骞从月氏到大夏，最终也没有得到月氏王和汉朝结盟共同出击匈奴的明确态度。

留岁余，还，并南山，欲从羌中归，复为匈奴所得。留岁余，单于死，左谷蠡王攻其太子自立，国内乱，骞与胡妻及堂邑父俱亡归汉。汉拜骞为太中大夫，堂邑父为奉使君。

张骞在月氏住了一年多，准备返回汉朝，这次他是沿着南山往东走，想从羌人居住的地方回到长安，却不料又被匈奴人捉到了。他被扣押在匈奴一年多后，老单于死了，匈奴左谷蠡王打跑了太子，自立为单于，国内大乱，张骞乘机带着他在匈奴娶的妻子和儿女，还有那个堂邑家的胡奴一起逃回汉朝。汉朝封张骞为太中大夫，封堂邑家的胡奴为奉使君。

选自《史记》卷一百二十三　大宛列传第六十三

220. 张骞为汉联西域

骞为人强力，宽大信人，蛮夷爱之。堂邑父故胡人，善射，穷急射禽兽给食。初，骞行时百余人，去十三岁，唯二人得还。

张骞为人坚毅果敢，心胸宽大，讲究信用，那些蛮夷人都很喜欢他。甘父是匈奴人，善于射箭，每当粮食断绝时，就射杀飞禽走兽充饥。最初，张骞出使时有一百多随从，离开汉朝十三年，只有他和胡奴甘父两个人回到汉朝。

骞身所至者大宛、大月氏、大夏、康居，而传闻其旁大国五六，具为天子言之。

张骞亲自到过的地方有大宛、大月氏、大夏、康居，听说这些国家周边还有五六个大国，他都详细地向汉武帝做了汇报。

骞曰："臣在大夏时，见邛竹杖、蜀布。问曰：'安得此？'大夏国人曰：'吾贾人往市之身毒。身毒在大夏东南可数千里。其俗土著，大与大夏同，而卑湿暑热云。其人民乘象以战。其国临大水焉。'以骞度之，大夏去汉万二千里，居汉西南。今身毒国又居大夏东南数千里，有蜀物，此其去蜀不远矣。今使大夏，从羌中，险，羌人恶之；少北，则为匈奴所得；从蜀宜径，又无寇。"天子既闻大宛及大夏、安息之属皆大国，多奇物，土著，颇与中国同业，而兵弱，贵汉财物；其北有大月氏、康居之属，兵强，可以赂遗设利朝也。且诚得而以义属之，则广地万里，重九译，致殊俗，威德遍于四海。天子欣然，以骞言为然，乃令骞因蜀犍为发间使，四道并出：出駹，出冉，出徙，出邛、僰，皆各行一二千里。其北方闭氐、榨，南方闭嶲、昆明。昆明之属无君长，善寇盗，辄杀略汉使，终莫得通。然闻其西可千余里有乘象国，名曰滇越，而蜀贾奸出物者或至焉，于是汉以求大夏道始通滇国。初，汉欲通西南夷，费多，道不能，罢之。及张骞言可以通大夏，乃复事西南夷。

张骞说："我在大夏时，看见过邛竹杖、蜀布，便问他们：'从哪儿得到了这些东西？'大夏国的人说：'我们的商人到身毒国买回来的。身毒国在大夏东南大约几千里。那里的人们也是过着定居生活，风俗和大夏大致相同，但地势低洼，气候炎热潮湿。那里的人民打仗时都习惯骑着大象。那个国家紧挨着一条大河。'根据我的推测，大夏离长安有一万二千里，在汉朝的西南方。身毒国又处于大夏东南几千里，有蜀郡的产品，可以推测身毒国离蜀郡不远了。现在我们出使大夏，要途经羌人居住区，那里地势险要，而且羌人很讨厌我们经过他们的境地；要是稍微向北走，又有被匈奴人停获的危险。如果我们改从蜀地前往，应是直道，又没有人捉拿汉朝使者。"汉武帝听后认为大宛、大夏、安息等都是大国，出产很多稀罕物产，人民过的是定居生活，与汉朝人的生活风俗很相近，而他们的军队又不强大，还很看重汉朝的财物；他们北边的大月氏、康居等国家，军队尽管强大，但可以用赠送给他们财物的办法，诱使他们来长安朝拜。如果真的能够采取适当的手段，使他们归属于汉朝，那么汉朝的疆域就可以拓展上万里，经过辗转翻译，招来不同风俗的人民，使汉朝天子的政德与威名传遍四海。汉武帝心中高兴，认为张骞的话很有道理。于是命令张骞从蜀郡、犍为郡派遣秘密行动的使者，分四路同时出发：一路从駹县出发，一路从冉起程，一路从徙出动，一路从邛僰启行。四条路线都走了一二千里后，结果走北线那一路被氐和笮堵住，南边那一路被嶲和昆明人阻截。昆明那一带的少数民族没有君长，经常抢劫偷盗，常杀死和抢掠汉朝使者，因此这条路最终也没有打通。在这些活动中，使者打听到了昆明西边一千余里的地方，有个乘象国，这个国家叫滇越，蜀地的商人曾偷偷带着货物去那里交易，汉朝为了打通前往大夏的道路，开始同滇越国交往。最初，汉朝想打通到西南夷的道路，浪费了很多钱财，道路也没开通，就作罢了。待到张骞说可以由西南夷通往大夏，汉朝又重新从事开通西南夷的事情。

选自《史记》卷一百二十三　大宛列传第六十三

感言：张骞人格高尚，品德纯正，一心报国，建功立业。

四、智慧幽默

221. 幽默风趣劝齐王

　　淳于髡者，齐之赘婿也。长不满七尺，滑稽多辩，数使诸侯，未尝屈辱。齐威王之时喜隐，好为淫乐长夜之饮，沉湎不治，委政卿大夫。百官荒乱，诸侯并侵，国且危亡，在于旦暮，左右莫敢谏。淳于髡说之以隐曰："国中有大鸟，止王之庭，三年不蜚又不鸣，不知此鸟何也？"王曰："此鸟不飞则已，一飞冲天；不鸣则已，一鸣惊人。"于是乃朝诸县令长七十二人，赏一人，诛一人，奋兵而出。诸侯震惊，皆还齐侵地。威行三十六年。语在《田完世家》中。

　　淳于髡是齐国的一个上门女婿，身高不足七尺，滑稽幽默，能言善辩，屡次出使诸侯国，从未使国家受过屈辱。齐威王在位时，喜好说隐语，他当时正日夜沉迷于酒色之中，不能自拔，把国家大事都抛在一边，委托给卿大夫去管。结果文武百官荒淫放纵，诸侯各国都趁机前来侵犯，国家危亡就在旦夕之间，齐威王身边的近臣都不敢进谏。淳于髡用隐语规劝奉谏齐威王说："有一只大鸟，落在了大王的庭院里，已经三年了，既不飞也不叫，大王知道这只鸟是怎么一回事吗？"齐威王说："这只鸟不飞则已，一飞就直冲云霄；不叫则已，一叫就使人惊异。"说完立刻诏令全国七十二个县的县令全都入朝奏事，会上奖赏一人，诛杀一人，接着又发兵御敌。此举吓得各诸侯十分惊恐，赶紧把侵占的土地归还齐国。从此齐威王称霸三十六年，详情记录在《田完世家》中。

　　　　　　　　选自《史记》卷一百二十六　滑稽列传第六十六

222. 委婉比喻作用大

威王八年，楚大发兵加齐。齐王使淳于髡之赵请救兵，赍金百斤，车马十驷。淳于髡仰天大笑，冠缨索绝。王曰："先生少之乎？"髡曰："何敢！"王曰："笑岂有说乎？"髡曰："今者臣从东方来，见道傍有禳田者，操一豚蹄，酒一盂，祝曰：'瓯窭满篝，污邪满车，五谷蕃熟，穰穰满家。'臣见其所持者狭而所欲者奢，故笑之。"于是齐威王乃益赍黄金千溢，白璧十双，车马百驷。髡辞而行，至赵。赵王与之精兵十万，革车千乘。楚闻之，夜引兵而去。

齐威王八年，楚国派遣大军攻打齐国。齐威王派淳于髡出使赵国请求救援，让他携带黄金百斤，驷马车十辆作为礼物。淳于髡一看哈哈大笑，笑得连系帽子的带子都挣断了。齐威王说："先生是嫌礼物太少吗？"淳于髡说："怎么敢嫌少！"齐威王说："那你究竟是为什么笑呢？"淳于髡说："今天我从东边来时，看到路旁有个人在祭田地，他一手拿着一个猪蹄，一手端着一杯酒，祈祷说：'请保佑我高地上收获的谷物满筐量，低田里收获的庄稼满车装；五谷丰登，粮食满仓。'我看见他拿的祭品很少，但所祈求的东西却不少呢，所以笑他。"于是齐威王就把礼物增加到黄金千斤、白璧十对、驷马车百辆。淳于髡这才告辞起行，来到赵国。赵王很快拨给他精兵十万、一千辆战车。楚国听到这个消息，连夜退兵而去。

选自《史记》卷一百二十六 滑稽列传第六十六

223. 淳氏婉转劝齐王

　　威王大说，置酒后宫，召髡赐之酒。问曰："先生能饮几何而醉？"对曰："臣饮一斗亦醉，一石亦醉。"威王曰："先生饮一斗而醉，恶能饮一石哉！其说可得闻乎？"髡曰："赐酒大王之前，执法在旁，御史在后，髡恐惧俯伏而饮，不过一斗径醉矣。若亲有严客，髡蒂韝鞠脆，待酒于前，时赐余沥，奉觞上寿，数起，饮不过二斗径醉矣。若朋友交游，久不相见，卒然相睹，欢然道故，私情相语，饮可五六斗径醉矣。若乃州闾之会，男女杂坐，行酒稽留，六博投壶，相引为曹，握手无罚，目眙不禁，前有坠珥，后有遗簪，髡窃乐此，饮可八斗而醉二参。日暮酒阑，合尊促坐，男女同席，履舄交错，杯盘狼藉，堂上烛灭，主人留髡而送客，罗襦襟解，微闻芗泽，当此之时，髡心最欢，能饮一石。故曰酒极则乱，乐极则悲；万事尽然。言不可极，极之而衰。"以讽谏焉。齐王曰："善。"乃罢长夜之饮，以髡为诸侯主客。宗室置酒，髡常在侧。

　　齐威王非常高兴，在后宫摆下酒宴，请淳于髡喝酒。齐威王问他："先生喝多少酒才醉？"淳于髡回答说："我喝一斗酒也能醉，喝一石酒也能醉。"齐威王说："既然先生喝一斗酒就醉了，又怎么能喝一石呢？你倒是把这个道理说给我听听。"淳于髡说："大王当面赏酒给我喝，执法官站在旁边，御史站在背后，我战战兢兢地跪着喝酒，这样喝不了一斗就醉了。假如父母有尊贵的客人来家，我卷起袖子，躬着身子，奉酒敬客，客人也不时地赏我一些酒喝，屡次举杯敬酒应酬，喝不到两斗我就醉了。假如好朋友好久不曾谋面，忽然相遇，高兴地回顾往日的情分，互诉衷肠，大约喝五六斗就醉了。至于乡里之间聚会，男男女女坐在一起，彼此敬酒，又完全没有时间的限制，大家高兴地玩着六博、投壶等各种游戏，呼朋唤友，相邀成对，握手言欢不受处罚，眉目传情不遭禁止，身前有女人落下的耳环，背后有男人丢掉的发簪，在这种时候，我最开心，可以喝上八斗酒，也不过两三分醉意。如果夜色朦胧之际，酒席将散，大家把剩下的酒菜拼到一张桌子，男女挤坐在一起，鞋子混杂，杯盘散乱。再加上堂屋里的蜡烛已经熄灭，主人单留住我，出去送别的客人，这时女人的上衣已经解开，我隐约能够闻到她们肌肤的香气，这时我满心微酸，能喝下一石酒。所以说，酒喝得过多就容易出乱子，欢乐到极点就会发生悲痛之事。世间的事情都是这样。无论什么事情不可走向极端，到了极端就会衰败。"淳于髡以此来婉转地劝说齐威王。齐威王有所悟地说："好。"于是立刻改掉了彻夜纵酒寻欢的坏习惯，并任用淳于髡负责接待诸侯使者。从此之后，齐国宗室设置酒宴，淳于髡常常作陪。

选自《史记》卷一百二十六 滑稽列传第六十六

224. 优孟反话劝庄王

优孟，故楚之乐人也。长八尺，多辩，常以谈笑讽谏。楚庄王之时，有所爱马，衣以文绣，置之华屋之下，席以露床，啖以枣脯。马病肥死，使群臣丧之，欲以棺椁大夫礼葬之。左右争之，以为不可。王下令曰："有敢以马谏者，罪至死。"优孟闻之，入殿门。仰天大哭。王惊而问其故。优孟曰："马者王之所爱也，以楚国堂堂之大，何求不得，而以大夫礼葬之，薄，请以人君礼葬之。"王曰："何如？"对曰："臣请以雕玉为棺，文梓为椁，楩枫豫樟为题凑，发甲卒为穿圹，老弱负土，齐赵陪位于前，韩魏翼卫其后，庙食太牢，奉以万户之邑。诸侯闻之，皆知大王贱人而贵马也。"王曰："寡人之过一至此乎！为之奈何？"优孟曰："请为大王六畜葬之。以垄灶为椁，铜历为棺，赍以姜枣，荐以木兰，祭以粮稻，衣以火光，葬之于人腹肠。"于是王乃使以马属太官，无令天下久闻也。

优孟原是楚国的歌舞艺人，他身高八尺，能言善辩，通常在谈笑之中对楚王进行劝诫。楚庄王在世时，有一匹心爱的马，他给马穿上华美的彩锻，养在富丽堂皇的屋子里，睡在设有帐幔的床上，用枣干做的蜜饯来喂它。结果这匹马因为吃得太好过于肥胖死了。楚庄王非常伤心，让大臣给这匹马治丧，在棺材的使用及安葬礼仪上，要按照大夫的规格来办。左右大臣讨论此事，认为不可以这样做。楚庄王下令说："在葬马的问题上，谁要是再进谏，一律处死。"优孟听到此事，急忙赶了过来，一进殿门就仰天大哭。庄王吃惊地问他哭的原因。优孟说："这匹马是大王的心爱之物，就凭楚国这样强大的国家，有什么事情办不到？只是用大夫的规格来埋葬它，太薄待了，请用葬人君的礼仪来埋葬它。"楚庄王问："那是怎样一种葬法？"优孟回答说："我请求用雕刻花纹的美玉做棺，用细致的梓木做椁，用楩、枫、豫、樟等名贵木材做护棺的木块，调集大批士兵给它挖掘墓穴，让老人儿童都来背土筑坟，让齐国、赵国的使臣在前面陪祭，韩国、魏国的使臣在后面护卫，还要为它建立祠庙，用牛、羊、猪祭祀，再划出万户大邑来供奉。让各国的诸侯知道，大王是多么的爱马，又是多么的轻贱人。"楚庄王说："我的过错竟到这种地步吗？那该怎么办呢？"优孟说："请大王准许按埋葬畜牲的办法来葬埋它：在地上堆个土灶当作椁，用大铜锅当作棺材，用姜枣来调味，再放一点木兰去腥，用粳米给它做祭品，用大火给它当衣服，最后把它埋在人的肚子里。"于是庄王立即派人把马送到宫中膳食房，并让大家以后不要再传扬此事。

选自《史记》卷一百二十六　滑稽列传第六十六

225. 一句幽默崗减半

优旃者，秦倡侏儒也。善为笑言，然合于大道，秦始皇时，置酒而天雨，陛楯者皆沾寒。优旃见而哀之，谓之曰："汝欲休乎？"陛楯者皆曰：

"幸甚。"优旃曰:"我即呼汝,汝疾应曰诺。"居有顷,殿上上寿呼万岁。优旃临槛大呼曰:"陛楯郎!"郎曰:"诺。"优旃曰:"汝虽长,何益?雨中立。我虽短也,幸休居。"于是始皇使陛楯者得半相代。

优旃是个侏儒,在秦国宫廷里当歌舞艺人,他擅长说笑话,然而都能合乎大道理。有一次,秦始皇在宫里举行宴会,正遇上天下大雨,在台阶上站岗的士兵都冻得瑟瑟发抖。优旃看见他们很可怜,就问他们说:"你们想下去休息一会吗?"卫士们都说:"如果能休息就太好了。"优旃说:"等一下我叫你们,你们要马上答应我。"过了一会儿,宫殿里的大臣向秦始皇祝酒,高呼万岁。这时优旃就在栏杆边向下大声喊道:"卫士!"卫士们立即回应道:"有。"优旃说:"你们虽然长得高大,有什么好处?你们只好站在露天淋雨。我虽然长得矮小,却能够在屋里休息。"秦始皇一听,马上让卫士减半值班,轮流站岗。

选自《史记》卷一百二十六 滑稽列传第六十六

226. 优旃反话效应大

始皇尝议欲大苑囿,东至函谷关,西至雍、陈仓。优旃曰:"善。多纵禽兽于其中,寇从东方来,令麋鹿触之足矣。"始皇以故辍止。二世立,又欲漆其城。优旃曰:"善。主上虽无言,臣固将请之。漆城虽于百姓愁费,然佳哉!漆城荡荡,寇来不能上。即欲就之,易为漆耳,顾难为荫室。"于是二世笑之,以其故止。居无何,二世杀死,优旃归汉,数年而卒。

秦始皇曾经计议要扩大射猎的区域,东到函谷关,西到雍县和陈仓。优旃说:"这个主意很好。多养些禽兽在里面,敌人从东面来侵犯,让麋鹿用角去顶他们就足以应付了。"秦始皇听了这话,就停止了扩大猎场的计划。二世皇帝继位，又想用漆涂饰咸阳城墙。优旃说："好极了。皇上即使不提，我原本也打算这样做的。油漆城墙虽然浪费老百姓的钱财，可是很美呀！城墙漆得油光光，敌人来了爬不上。涂漆是一件很容易的事情，但是搭一个晾干它的棚子可是一件为难的事情。"二世皇帝一听，笑了，油漆城墙的事情也就作罢了。没过多久，二世皇帝被杀死，优旃归顺了汉朝，几年后就去世了。

　　太史公曰：淳于髡仰天大笑，齐威王横行。优孟摇头而歌，负薪者以封。优旃临槛疾呼，陛楯得以半更。岂不亦伟哉！

　　太史公说：淳于髡仰天大笑，齐威王因而称霸天下。优孟摇头歌唱，打柴糊口的人因此得到了封邑。优旃靠近栏杆大喊一声，站岗的卫士得以减半值勤，轮流倒休。他们三个难道不是奇伟的人么！

　　　　　　　　　　选自《史记》卷一百二十六　滑稽列传第六十六

227. 艺人一语救乳母

　　武帝时有所幸倡郭舍人者，发言陈辞虽不合大道，然令人主和说。武帝少时，东武侯母常养帝，帝壮时，号之曰"大乳母"。率一月再朝。朝奏入，有诏使幸臣马游卿以帛五十匹赐乳母，又奉饮糒飧养乳母。乳母上书曰："某所有公田，愿得假倩之。"帝曰："乳母欲得之乎？"以赐乳母。乳母所言，未尝不听。有诏得令乳母乘车行驰道中。当此之时，公卿大臣皆敬重乳母。乳母家子孙奴从者横暴长安中，当道掣顿人车马，夺人衣服。闻于中，不忍致之法。有司请徙乳母家室，处之于边。奏可。乳母当入至前，面见辞。乳母先见郭舍人，为下泣。舍人曰："即入见辞去，疾步数还顾。"乳母如其言，谢去，疾步数还顾。郭舍人疾言骂之曰："咄！老女子！何不疾行！

陛下已壮矣，宁尚须汝乳而活邪？尚何还顾！"于是人主怜焉悲之，乃下诏止无徙乳母，罚谪谮之者。

汉武帝时，有个受宠爱的艺人郭舍人，他说话虽然不合乎大道理，却能让皇上心情愉悦。武帝年幼时，东武侯的母亲曾经乳养过他，武帝长大后，就称她为"大乳母"。大乳母每月两次入朝拜见皇帝。每次入朝的通报呈送进去，皇帝就让宠臣马游卿赏给大乳母五十匹绢，还有一些吃的喝的。有一次大乳母上书说："某处有块公田，我想借来用用。"武帝说："乳母想得到它吗？"便把公田赐给了她。乳母无论想要什么，汉武帝没有不答应的。汉武帝还下诏乳母所乘坐的车子可以在御道上行走。一时之间，满朝大臣没人敢对她不尊敬。乳母家里的子孙奴仆等人在长安城中横行霸道，大白天拦路抢劫，夺人车马，剥人衣服。汉武帝听说后，还是不忍心对乳母家人绳之以法。主管的法官奏请把乳母一家迁移到边疆去。武帝批准了。乳母进宫去向武帝辞行。乳母先去会见郭舍人，当着郭舍人的面哭了起来。郭舍人给他出主意说："等会儿你见过皇帝辞别后，你就边告退边回头看。"乳母照他说的做了，见了武帝辞行，快步退出，一边向外疾走一边屡屡回头看汉武帝。郭舍人大声骂乳母说："啐！老婆子，为什么还不快滚！皇上已经长大了，难道还要等你喂奶才能活命吗？还转身看什么！"一句话说得汉武帝可怜起她来，就下令免了乳母一家的搬迁，还处罚了建议让乳母搬迁的官员。

选自《史记》卷一百二十六　滑稽列传第六十六

228. 狂人隐居金马门

朔行殿中，郎谓之曰："人皆以先生为狂。"朔曰："如朔等，所谓避世于朝廷间者也。古之人，乃避世于深山中。"时坐席中，酒酣，据地歌曰：

"陆沉于俗，避世金马门。宫殿中可以避世全身，何必深山之中，蒿庐之下。"金马门者，宦者署门也，门傍有铜马，故谓之曰"金马门"。

　　有一天，东方朔从殿中经过，有个郎官对他说："人们都说先生你是位狂人。"东方朔说："像我这样的人，就是所谓在朝廷里隐居的人。古时候的人，都是隐居在深山里。"有一次酒宴中，喝到酣畅痛快时，东方朔就从在地上唱道："隐居在世俗中，避世在金马门。宫殿里可以隐居起来，保全自身，何必隐居在深山之中，茅舍里面。"所谓金马门，就是宫廷中管理官员的办公机构，因其大门前面有铜马，所以叫作"金马门"。

选自《史记》卷一百二十六　滑稽列传第六十六